本书由复旦大学出版基金资助出版

A STUDY ON REDUNDANT NEGATION CONSTRUCTIONS
OF MODERN CHINESE

现代汉语羡余否定格式研究

王 蕾 著

復旦大學出版社

序

王蕾是 2011 年进入复旦大学中文系的博士生。我们的博士学习,都是师从戴耀晶先生,只不过我早毕业若干年,当她进入师门的时候,我已经在复旦工作了好几年,算是师兄吧。不幸的是,戴先生于 2014 年 9 月因病去世,当时尚未毕业的同学都转由我负责。作为师兄兼师长,我的压力很大,好在同学们都很努力。2015 年夏天,王蕾和其他 6 位同学一起通过答辩,2 人获得硕士学位,5 人获得博士学位,可谓成果空前。在答辩之中,王蕾表现极好,得到了答辩委员会的赞赏,被认为是其中的优异者。

当初,王蕾选择这一题目作为博士论文的研究对象,我是颇有担心的。她参加了戴耀晶先生承担的国家社会科学基金重点项目"现代汉语及方言中的否定问题研究"(12AYY001),并对其中的羡余否定现象特别感兴趣。这一问题也是戴耀晶先生当年有过专门论述的,见戴耀晶(2004)《试说"冗余否定"》(《修辞学习》第 2 期)一文,此后不少学者都对此类现象发表了重要的研究成果。在王蕾之前,多种羡余否定的格式都已经有了一定的研究,但是,全面、系统地描写和解释汉语羡余否定现象,划分羡余否定类型的研究,还没有看到。并不是没有人试图这么做,关键的问题是,研究者们尚未找到一个系统的理论视角。有的研究者致力于对每一个羡余否定格式进行历史溯源,有的研究者致力于分析羡余否定格式和相应的肯定格式的异同,有的研究者提出过一些概况性的分类,但是为什么要这样分类,却不大清楚。

因此这一研究既意义重大,又充满挑战。不过王蕾非常努力,肯下功夫,她系统梳理了前人几乎所有的在该领域的研究,总结了对该类现象的理论解释,并创造性地提出了 3 类 4 种动态模式,以囊括汉语 18 种羡余否定格式,这是一个严谨的理论体系。王蕾通过结构分析,得到了由"固化载体 X、否定标记 Neg 及附加成分 Att"三要素组成的羡余否定形式模型,尤其是强调载体的重要性。根据她的归纳,汉语羡余否定有三种生成模式:构式的添加及强化模式、否定标记的脱落及省略模式、平行构式和意义的耦合模式。参见本书表 46,可以看到,生成模式与载体的类别以及载体与 Neg 标记的关系,具有重要的互动性。

王蕾还分析了羡余否定式的否定焦点和否定辖域。她的数据搜集和整理工作也做得相当扎实,绘制了大量的图表,给出了很多统计数据,客观、清晰地展示所列观点的正确性。与前人的研究相比,她的重点在理论阐释,而不是现象描写,因此提出了不少新的理论观点,对今后的研究者也有重要的启示。

这次拿到的书稿,相比博士论文又有所改进。看见这部书稿,不禁又想起了当初的种种。这本书代表了目前国内在汉语羡余否定现象领域的前沿成果,读者可以从中感受到汉语羡余否定研究的复杂性,还有很多问题值得进一步深入讨论,一些传统的结论也值得商榷。令人遗憾的是,我们敬爱的导师戴耀晶先生,已经不能看到这一成果,只好由我代他作序。相信老师在天之灵,看见王蕾的成就,也会感到欣慰吧!

学术研究需执着的信念才能坚持下去,希望王蕾今后能够在此基础上继续努力,取得更大的成就。

陈振宇
2020 年 7 月于上海

目录

第 1 章 引言 ·· 1
    1.1 选题缘由 ·· 1
    1.2 研究对象和方法 ···································· 4
    1.3 研究内容 ·· 11

第 2 章 研究综述及意义 ································· 12
    2.1 研究综述 ·· 12
    2.2 研究意义 ·· 34

第 3 章 羡余否定格式的分类系统及共性 ············ 36
    3.1 羡余否定格式的分类系统 ······················· 36
    3.2 各类格式概貌 ····································· 43
    3.3 羡余否定格式的整体性特征 ···················· 51
    3.4 小结 ·· 99

第 4 章 羡余否定格式的形式制约性 ·················· 101
    4.1 肯否式受限的三类制约条件 ···················· 101
    4.2 格式内部的形式制约条件 ······················· 102

4.3　格式外部的形式制约条件 ……………………… 138
　　4.4　羡余否定格式语义等值解析 …………………… 140
　　4.5　小结 ……………………………………………… 146

第5章　羡余否定标记的添加及强化模式 …………………… 148
　　5.1　羡余否定生成的三分模式 ……………………… 148
　　5.2　主观量的泛化 …………………………………… 151
　　5.3　小结 ……………………………………………… 189

第6章　羡余否定标记的脱落及省略模式 …………………… 190
　　6.1　否定式的裂变与后端否定词的脱落 …………… 190
　　6.2　"无时无刻(不)VP"的裂变路径 ……………… 191
　　6.3　框式结构"非VP不可"的裂变路径 …………… 203
　　6.4　"不由得(不)VP"的裂变路径 ………………… 231
　　6.5　双重否定式对载体显性否定词的语义压制 … 258
　　6.6　小结 ……………………………………………… 259

第7章　平行构式和意义耦合模式 …………………………… 261
　　7.1　平行格式的形式差值 …………………………… 261
　　7.2　句法形式的差异与意义的耦合 ………………… 261
　　7.3　特殊语气情态下的中介格式 …………………… 282
　　7.4　特殊语气情态格式构成羡余否定模式的共性 … 337

第8章　羡余否定标记的从属性及所在格式层级解析 ……… 339
　　8.1　羡余否定标记的静态解析 ……………………… 339

    8.2 层级切分的三维系统判定标准 ················· 340
    8.3 "X+Neg+Att"类格式的层级切分 ·············· 342
    8.4 "Neg+X+Att"类格式的层级切分 ·············· 358
    8.5 其他位置关系的格式验证 ····················· 361
    8.6 小结 ··· 364

第9章 羡余否定格式的否定辖域及焦点考察 ············ 366
    9.1 否定辖域及焦点的界定模式 ················· 366
    9.2 羡余否定的辖域与焦点 ····················· 368
    9.3 模糊量载体格式"X+Neg+Att"特殊的否定辖域
        及焦点特征 ································ 373
    9.4 小结 ·· 401

第10章 结语 ··· 403
    10.1 本书主要结论 ································ 404
    10.2 创新及不足之处 ····························· 414
    10.3 今后的研究方向 ····························· 417

参考文献 ··· 419

图目录

图 1　语体结构示意图 …………………………………… 94
图 2　"VP 之前"与"没 VP 之前"的时间意义 ………… 112
图 3　"每 VP 之前"的时间意义 ……………………… 113
图 4　构式层面的添加或强化模式 …………………… 150
图 5　构式层面的脱落及省略模式 …………………… 150
图 6　平行构式及意义耦合模式 ……………………… 150
图 7　"一会儿"相关时量分布 ………………………… 153
图 8　重量量域分布模式 ……………………………… 154
图 9　事件概率的量级模式 …………………………… 154
图 10　避免量级模式 …………………………………… 155
图 11　程度量级模式 …………………………………… 157
图 12　时间量域模式 …………………………………… 157
图 13　"难免"格式中"不"的产生机制 ………………… 167
图 14　"好不 AP"的主观量化路径 …………………… 171
图 15　主观量级模式下"不要"的生成机制 …………… 178
图 16　"没+(状态动词)VP 之前"的时间量级 ……… 182
图 17　"没+(动作动词)VP 之前"的时间量级 ……… 184
图 18　"没+(完结动词)VP 之前"的时间量级 ……… 187

图 19	"无时无刻"所在的构式演进	194
图 20	"非……不可"的语义演变顺序	218
图 21	"非……不可"所在的构式演进	219
图 22	X 与 Y 语义关系的分流机制	224
图 23	"不由+(NP)+(不)+VP"演变路径	242
图 24	格式 c 到 d 的演进机制	245
图 25	"不由"的虚化模式	246
图 26	肯定式的意象图式特征	272
图 27	否定式的意象图式特征	280
图 28	"(还)(不)得 VP"的意象图式	291
图 29	"看我(不)VP"的构式义	313
图 30	"看我 VP"的形成机制	317
图 31	"别不是 VP"的构式整合机制	335
图 32	语气情态类羡余否定的中介形成机制	338
图 33	对应性的三维系统判定标准	342
图 34	概念叠加意象图式对应结构层级	347
图 35	焦点算子到焦点标记的连续统	390
图 36	"AD+VP"否定形式与否定意义的扭曲对应性	392
图 37	"没"的双向否定	397
图 38	句子意义的分类	398
图 39	"没"语用否定的表层投射	400

表目录

表 1　羡余否定格式的分类系统(三要素位置关系) ………… 40
表 2　五种位置关系的羡余否定格式数量及比例 ………… 42
表 3　各类羡余否定格式充任的句法成分 ……………… 62
表 4　各类羡余否定格式的句法功能分布比例 …………… 65
表 5　羡余否定格式的核心语义分布 ……………………… 69
表 6　羡余否定格式的肯否式使用频率 …………………… 87
表 7　部分羡余否定格式的语域分布 ……………………… 96
表 8　否定副词与他类副词共现情况 ……………………… 104
表 9　谓头为 AD 的形式限定 ……………………………… 114
表 10　主谓结构 S-V 的形式限定 ………………………… 123
表 11　V 单及否定性 VP 的形式限定 ……………………… 138
表 12　羡余否定格式的语义结果取向 …………………… 141
表 13　否定标记羡余的绝对性及相对性分类 …………… 143
表 14　羡余否定格式肯否频率分布类型 ………………… 146
表 15　三大认知要素在模糊量载体羡余否定格式中的
　　　表现 ……………………………………………… 160
表 16　春秋至唐宋各时期"非……不可"格式分布情况 …… 209

表 17	元明清民国语料中"非……不可"格式分布情况统计	210
表 18	不同时期的语义分布比例	218
表 19	"不由得"和"不由"在 CCL 现代汉语语料库中的使用情况	233
表 20	"不由"的历时用法分布	240
表 21	"不₁由 NPVP"的分化结果对比	247
表 22	"不由得(的/地)"的历时用法分布	250
表 23	肯定式的谓宾结构特征	267
表 24	格式中与否定词搭配的附着成分	269
表 25	例句的答语类型	286
表 26	否定式的语义关系类型	289
表 27	与"不得"共现的语气副词分布	293
表 28	"(还)不得＋VP"的句类分布	294
表 29	语义域对句类的选择	295
表 30	客观必然性 VP 信息意义类型	303
表 31	句尾语气词分布情况	307
表 32	"看我(不)VP"的句尾标点分布情况	312
表 33	VP 语义的情感色彩类型	312
表 34	"看我"的话语功能分类	317
表 35	"别不是(VP)"句式的历时分布	327
表 36	话语标记"不是"的分类及演变链	332
表 37	"X＋Neg＋Att"可能的层级切分	344
表 38	三维系统验证下的"X＋Neg＋Att"类格式层级切分	353

表 39	三维系统验证下的"Neg＋X＋Att"类格式层级切分	361
表 40	三维系统验证下的其他位置格式层级切分	364
表 41	羡余否定格式否定标记的组合类型	364
表 42	句子焦点与否定焦点的分合关系	368
表 43	例句对应的焦点和先设类型	382
表 44	焦点算子与焦点标记的同异特性	385
表 45	"X＋Neg＋Att"对应的语义类型	398
表 46	载体类别与羡余否定生成机制的对应性	415

第1章 引言

1.1 选题缘由

20世纪以来,关于语言本质的研究发现,自然语言有三大特性:羡余性、模糊性和生成性。其中,"羡余"又称"冗余"(redundancy),由信息学的创始人——美国科学家香农(Shannon)于1948年提出,是指在信息传递过程中,所提供的信息超出了所需要的最小量。一切自然语言都有羡余(redundancy)性,羡余反映了语言的本质特征(伍铁平,1983:31),不同语言在羡余度上存在差异。汉语中的羡余现象也不少见,比如由赵元任(1981:48)提出,他认为"句法词常常发生羡余、矛盾等问题","'虽然'中的'然',原来的意思是'如此',现在只作为后缀,因而有了'虽然这样''虽然如此'这样的羡余形式";戴耀晶(2004:3)则认为,"冗余/羡余"指的是"在一个语言结构体当中,某个符号形式所表现的语义内容不是理解它所在的语言结构体的意义时所必需的",如"那些孩子们""those child-ren"中的"那些/those",既然表达了复数概念,因此名词中的复数标记"们/-ren"就是冗余/羡余的。其他研究者,如吕叔湘、朱德熙等都对汉语羡余现象进行过论述和探讨。就汉语历史来看,研究表明羡余现象存在于上古以来的每一个发展阶段;就其范围来看,羡余体现在汉语的各个要素中,如语音、语法和语义层面。其中,语法层面的羡余最为突出。

羡余否定(redundant negation),或称冗余否定,是语法羡余的典型形式,是汉语羡余现象的重点研究对象。在现代汉语中,肯定和否定是两个互相对立的语义范畴。一般来说,同一个句子的肯定形式和否定形式所表示的意思相反,如:

① 他今天来上课了。
② 他今天<u>没</u>来上课。

这是很典型的肯定句和否定句。肯定表示对句中信息或事实的肯定;而否定表示句中信息不存在或事实没有发生。上面的例子也表明,相较于没有特定标记词语的肯定形式,否定形式通常以"不""没"等否定词作为特定标记,较易判断。然而,在很多情况下,肯定和否定之间的关系并非如此简单,其形式和所表达的意义并非一致。肯定和否定在很多情况下,关系繁复而多变,常因句中其他成分的作用及句子所在语言环境的影响而产生不同的结果。如常见的双重否定特殊句式,就是否定形式不表示否定意思而表示其对立面的典型例证,这已成为汉语中一种特殊的句式,如:

③ 1988年,凌东一病情恶化,<u>不得不</u>住进医院。(《人民日报》1995年)

另外,更为复杂的是肯定否定同义的特殊现象,如:

④ 于是,两代人之间各有各的想法,各有各的愿望,<u>难免</u>发生冲突。
⑤ 于是,两代人之间各有各的想法,各有各的愿望,<u>难免不</u>发生冲突。(《人民日报》1995 年)

以上例句为肯定和否定两种不同形式的句子表示相同的意义的情况,否定形式不再表否定义,即否定词"不"的出现与否,不影响语义真值,因此否定成分"不"成为羡余成分,构成羡余否定现象,吕叔湘先生(1985:248)在《中国语文》上发表的《疑问·否定·肯定》一文谈到"否定作用的模糊化"时,就指出了这一现象。

羡余否定所涵盖的句式也是多样的。自 20 世纪 80 年代以来,研究者们对有些句式的研究比较深入,分析得也比较透彻,如"好(不)"类、"差一点(没)"类,尤其是对"好不容易"和"好容易"的分析,已经取得了很有价值的研究成果。然而,也有一些句式研究得不够或根本未曾涉及,因此,在羡余否定的不同句式的研究中,出现了部分研究空白,造成了不平衡现象;在对具体某一句式进行研究时,也多注重平面描写,忽略了理论建构;注重表达效果,忽略了形成机制。在羡余否定句式的界定、否定词的冗余度、同义之异等方面,都缺乏深入、整体性的探讨和挖掘。

朱德熙(1985)认为:"语法研究的最终目的就是弄清楚语法形式和语法意义之间的对应关系",汉语中的羡余否定现象,从本质上说,体现了语言形式和意义的不一致,前者相对于后者表达出现错位。总之,汉语中的羡余现象体现了语言形式与意义的不对称,因此分析其机制及功用,有助于揭示这种特殊现象的特殊规律,探讨语言形式与意义搭配的内在机制。

1.2 研究对象和方法

1.2.1 研究对象

首先,笔者对本书研究对象的名称作一个界定。本书研究的对象都属于肯否形式同义现象。以往,对此类现象的固定结构的名称有多种说法:朱德熙和石毓智称其为句式;戴耀晶称其为格式;沈家煊称其为结构;另外还有比较模糊的说法,即称为形式或现象。本书拟从形式结构的角度,将其统称为羡余否定现象,下位分类为各个羡余否定的具体格式。

其次,对本书研究对象的范围作一个界定。上文已提到,学界内一般称此类现象为羡余否定,基本特征即否定词成为羡余成分,然而,在具体分析时,判断哪些格式能进入羡余否定类属,哪些格式应被排除,还需确立更为严格的标准,才能保证研究的科学性和准确性。

以往的研究者曾对此下过定义,如张谊生(2004:213)的界定:"虽然在形式上含有'不、没、别、非、未'等否定成分,但实际上并不表示否定的语言现象,叫作羡余否定。"这些界定大多是从结构入手,揭示了羡余否定的形式特征,下文将结合前人研究,分别从句法、语义和语用三个层面对羡余否定的特征进行描述,力求能完整地、深入地界定这一语言现象。

第一,从句法层面来说,表现为否定形式,存在显性否定标记

"不""没""别""非""未""无"等。形式标记是本书判断否定形式的必要条件,吕叔湘(1956)在《中国文法要略》中就提到,"形式标志是一般情况下判断否定形式的直接依据"。因此对于一些含有否定义,但无形式标记的隐性否定结构,将其排除出研究范围;

第二,从语义层面来说,肯定形式和否定形式的语义等值,即否定标记词的隐现不改变命题意义;

第三,从语用层面来说,否定形式具有一定的语用功能,能传达言者的某种语用意图。

此外,在确定标准的基础上,还需进一步明确和规范能进入羡余否定类属的格式。在实际运用中,羡余否定一般都以句子的形式出现,然而为了研究便捷起见,需将部分结构从句中切分出来,分离为具体的羡余否定的格式。格式应最简化,包含以下几个必需成分。

(1) 载体(Vector):即承载羡余否定的关键词或短语,是一类羡余否定格式的固有成分,如"差点儿""之前"等。载体是形成羡余否定的关键因素,像以下情况就不属于羡余否定,如:

⑥ 你<u>聪明</u>啊!竟然这么简单的道理都不明白!

这里的"你聪明"和"你不聪明"其实是一个意思,是反语的修辞手法,也可以看成肯定否定同义,但这种同义由具体的情境推导话语含义,无固定载体,是临时用法,不属于羡余否定。

(2) 否定标记(Negative markers):"不"和"没"等。否定标记一般位于载体后,如"差点没";也可位于载体前,如"没……之前"。

(3) 吸附成分(Attachment):吸附成分连接载体和否定标

记,构成羡余否定的基本格式,如"差点儿+VP"格式,"好不+AP"格式,VP和AP即吸附成分。相较于载体和否定标记的固定性,吸附成分具有可变性,因具体句子而异,可为单个词,也可为短语结构,可为VP,也可为AP等句法结构。

(4)以上三者的线性排列有多种情况,假设将载体设为X,否定标记设为Neg,吸附成分设为Att,根据排列组合规律,理论上它们之间的位置关系有六种,而在实际语料中,三者的位置关系按照频率从高到低则有以下五类:

Ⅰ.X+Neg+Att("差点没VP");Ⅱ.Neg+X+Att("不要太AP");Ⅲ.Neg+Att+X("没VP之前");Ⅳ.Att+Neg+X("VP了不一会儿");Ⅴ.X+Att+Neg("非VP不可")。

也就是说,除了"Att+X+Neg"外,排列组合中的其他五种位置关系在实际语料中都得以表现,这五类位置关系构成了羡余否定格式的系统,仅于"Att+X+Neg"上出现空位。

另外,在语料中还发现一种特殊的位置关系,即Att并非一个词或结构,而是由两部分组成,分别出现在Neg前后,也就是说,Neg被插入Att内部,形成"X+Att1+Neg+Att2"("除非……,才(不)……")的位置关系,这种位置关系常以复句的形式呈现。

综上所述,本书将具体研究对象界定为:满足羡余否定在句法、语义和语用三个层面的条件,且包括呈现一定位置关系的载体、否定标记(否定式中)和吸附成分的最简结构。

总之,本书研究对象的范围包括:根据前人研究概况,经上述界定条件检验,并从语料库中筛选出的最具代表性的格式,具体格式和类别将在3.1中详加说明。

此外,关于所研究的格式,有两点需要补充说明。

其一,研究对象必须满足羡余否定的限定条件。某些形式或语义类似,但不满足限定条件的格式一概不纳入研究范围。例如,"差一点"在表企望义(朱德熙,1980:89)时,所在的"差一点没＋VP"格式,尽管结构类似,但不存在肯定否定同义,不满足语义上的限定条件,不属于本书的研究范围,如:

⑦ a. 他差一点就考上大学了。
b. 他差一点没考上大学。(朱例)

为了与羡余否定格式进行对比性研究,上述格式在行文中也会被提及,下文将在鉴别格式肯否式的限定条件类型时予以说明。

又如,张谊生(2004:290)认为,"白"类否定副词,包括"白""瞎""空""干"等,若其后出现否定义动词,也属于羡余否定,如:

⑧ 都说好了你怎么不来呢?(白)浪费了我一张电影票。

句中"白"出现与否并不影响句义的表达。张谊生解释说,这样的句子属于预设否定,"白"的否定作用消失了,成为羡余,并由否定性副词演变为评注性副词。张先生的说法具有一定理据,而在本书中,依据上文对羡余否定格式的界定,"白"类副词＋否定性动词所在的结构,并未出现通常意义上的否定标记"不""没"等,"白"类副词并非否定标记,充其量可将其看成是蕴含否定义的载体,"白"类结构也充其量可看成是表隐性否定的结构。因此,"白"类结构在本书中不作为羡余否定格式进行研究。

其二,根据上文关于羡余否定格式的严格界定,从形式上看,否定标记词的出现与否无碍语义的理解,则有:

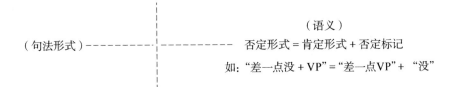

也就是说,从语义上看,肯定形式＝否定形式－否定标记。然而,某些羡余否定的格式并不完全符合以上形式特征,肯定形式和否定形式在句法结构上的差值不仅包括否定标记,还包括一些必不可少的成分:

(1) 肯定形式＝"否定形式－**否定标记**"＋必要成分

如,否定形式"除非……,不……"和对应的肯定形式"除非……才",肯定式中必须有"才"可成句;

(2) 肯定形式＝"否定形式－**否定标记**"－必要成分

如,否定形式"非……不可"及对应的肯定形式"非……",肯定式必须去掉"可"才能成句。否定式"不要太＋AP"及对应的肯定式"太＋AP",肯定式必须去掉"要"才能成句。

由此可见,羡余否定有两种情况:(1)肯定形式直接加上否定标记就成为同义的否定形式;(2)肯定形式加上否定标记后,再添加或删减某些必要成分,成为同义的否定形式。前者是严格意义上的羡余否定格式,后者从肯定形式变为否定形式,尽管有增减部分成分的需要,但格式的关键部分:载体、吸附成分和所构成的框式结构基本没有变化,也属于宽泛的羡余否定格式。

1.2.2 研究方法和语料来源

1.2.2.1 实证研究

这一研究方法主要用于搜集语料的阶段,材料来源主要包括:

1. 现代汉语语料

(1) 北京大学语言学中心 CCL 现代汉语语料库

这一语料库包括 5.81 亿汉字的现代汉语语料,涵盖范围很广,语料来源也较为丰富,主要有以下三个途径:当代著名作家的作品,包括小说、散文等多种文体;报纸和杂志的文章和报道;词典,如《现代汉语词典》上的例句。这些语料都属于当代语料,在具体操作中,它会选择整个语料库中的语料进行穷尽性的搜索和统计,覆盖面广,统计结果的广度和信度能得到保证。

(2) 北京大学《人民日报》标注语料库

该语料库约 1 300 万字,多为新闻语体的书面语料,是对《人民日报》的纯文本语料进行了词语切分和词性标注制作而成的,严格按照《人民日报》的日期、版序、文章顺序编排,文章中的每个词语都带有词性标记。

(3) 中国传媒大学传媒语言文本语料库[DB]:http://ling.cuc.edu.cn/ylk/

(4) 互联网语料

对于一些羡余否定格式的用法,尤其是上述几个语料库中少出现或未出现的用法,本书还参考了网络语料。网络语料也是语言使用真实语料的重要来源,笔者在引用时会加以筛选鉴别,选择规范的、具有普遍性的用例。

2. 古代及近代汉语语料

(1) 北京大学语言学中心 CCL 古代汉语语料库

(2) 中国台湾"中研院"古汉语语料库

(3) 大型古籍文献资料库　国学宝典

上述语料库所搜集的语料已涵盖上古汉语(先秦至西汉)、中古汉语(东汉魏晋南北朝)、近代汉语(唐五代以后)大部分的重要语料。检索这几个语料库中的语料主要供羡余否定现象的历史来源及形成机制研究之用。

1.2.2.2　共时研究

在统计、分类的基础上,本研究主要运用多种语言理论进行描写和解释:综合运用三个平面理论、描写语言学等对羡余否定现象的特点、使用条件和使用规律进行细致的描写和说明,并试图得出规律性认识。例如,运用对比分析法对具体语料进行分析,这是美国描写语言学派提出的研究语言现象的普遍方法,即比较两个或两个以上的语言片段,找出它们相同和不同的部分,通过对比确定这些部分的性质,探究其共性及差异的根源。笔者对羡余现象的对比分为两个层面:第一,同类格式内部的对比。如"小心别"类格式肯定形式和否定形式的细微差别;第二,同类现象各种格式的对比,即"小心别"和"差点没"类格式的异同。又如,笔者引入了认知语言学、主观化理论、标记理论、意象图式等理论概念,对羡余否定现象的成因进行解释,探讨其形成机制的规律性,并建立基于形成机制的羡余否定格式系统。另外,在笔者对具体语料进行分析时,由于涉及频率等问题,还采用了综合和统计的研究方法,以得出具体数据,作为验证的依据。

1.2.2.3　历时研究

本研究通过对古代及近代汉语语料的考察,运用历史语法学和语法化、词汇化等理论方法探究羡余否定格式产生的进程和演变轨迹,重点分析肯定与否定形式产生的先后顺序、同一格式内部不同语义的形成和相互关系及否定词的脱落或移位机制等。研究时遵循意义和形式相结合、静态与动态相结合、描写与解释相结合的原则。

1.3 研究内容

本研究是基于现象的系统性研究,其系统性主要表现在两方面。

第一,以往研究多为现象内部个别格式的个案分析,对其他大多数格式关注甚少,且缺乏共性的探究和系统的分析,本书不再囿于过往对单个格式的描述性分析,而试图以羡余否定词的形成机制为核心,建立羡余否定的格式系统,系统内部同类格式的形成机制具有共性。

第二,以往研究大多孤立地从形式或意义角度对格式进行描写分析,割裂多角度间的联系,缺乏在句法形式、语义表达及语用功能等抽象层面的接口(interface)研究。本书不再囿于过往孤立地从形式或语义角度对格式的描写分析,而转向句法形式、语义表达及语用功能等抽象层面的接口研究,包括和韵律、词法等的接口研究,在梳理和归纳前人研究基础上,引入句法语义接口理论、韵律规则、认知语言学等相关理论,如主观化理论、认知凸显观、语法化理论等,探讨羡余否定现象的类别、共性特征、形式制约、语义等值取向、生成机制、层级切分、否定辖域及焦点界定等问题,理论结合语言事实,个案研究结合共性探讨,试图建立羡余否定格式的系统模型。

第 2 章 研究综述及意义

如上文所述,现代汉语中的"羡余"曾由赵元任先生(1981)在《汉语结构各层次间形态与意义的脱节现象》中提出,"虽然如此"中的"然",即"如此",这就是"羡余"。朱德熙(1980)在《汉语句法中的歧义现象》也用了"羡余"一词,之后,"羡余"逐渐取代"冗余""对立""赘余"等称谓,成为被广泛接受的说法。羡余否定是汉语语法羡余现象中最突出、最具争议和研究价值的层面之一。

2.1 研究综述

2.1.1 已有研究的历时概貌

下文就以时间为线索,结合研究者及其论文简要回顾羡余否定现象的历年研究概貌。

2.1.1.1 近代纯现象的描述

羡余否定现象在古代汉语中就已存在,相关论述最早可见于杨树达(1928)的《词诠》、裴学海(1954)的《古书虚字集释》等虚词相关著作。书中指出,否定词"不"有时并不表否定义,而是位于句首或句中充任语气助词,起补足音节之用,如:

① 不显不承,无射于人斯?(《诗经·周颂·清庙》)

意为"文王的盛德实在显赫美好,他永远不被人们忘掉!""显""承"表示显赫美好,其前的"不"无否定义,相当于语气助词。
又如:

② 不谷不德,政事不时,国家罢病,不能胥匡,二三子不尚助不谷。(《逸周书·大匡》)

意为"我无德行,政事不合时宜,致使国家疲病,不能相救,各位来辅佐帮助我吧。"句中"尚助"前的"不"也不表否定义。

书中还指出了近代汉语中的羡余否定现象,如:

③ 公子只随了一个店伙、两个骡夫,合那些客人一路同行,好不凄惨!(文康《儿女英雄传》)

"好不凄惨"与"好凄惨"同义,极言"凄惨"的程度之高,"不"成为羡余成分,"好不"+AP构成了羡余否定,这也是现代汉语中羡余否定的典型格式。

然而,杨、裴等人的这些论述,只是针对某一否定标记词羡余现象的客观描写,不具有针对性的研究性质。

2.1.1.2 潜伏期(20世纪50—70年代)

现代汉语中关于羡余否定现象的研究性论文,可检索到的最早可追溯到1959年,朱德熙先生在《中国语文》上发表了《说"差一点"》。然而,这篇文章发表后,却并没有引起其他研究者对这一问题的关注,仅有黄盛璋(1954)在讨论词的习惯用法时提到,语言中有时用肯定形式跟用否定形式意义一致,但也未展开论述。因此,在整个20世纪60—70年代,对于这一现象的研究基本为空白。

2.1.1.3　萌芽期(20世纪80年代)

1980年,朱德熙先生又一次在《中国语文》上发表了《汉语句法中的歧义现象》,指出"差一点"在某些情况下,其肯定形式和否定形式都表达否定的意思。而后,一些研究者也开始关注这一现象,比如:1981年,卢钦在《中国语文》上刊有《好不……》一文,首次关注"好不＋AP"这一羡余否定格式,扩展了研究范围。1984年,袁宾在《中国语文》上发表了《近代汉语"好不"考》,再次对"好不"格式从语法化的角度进行考察。1985年,吕叔湘先生在《中国语文》上发表了《疑问·否定·肯定》,在讨论否定的语义时将这种现象称为"否定作用的模糊化",指出有些词语的否定形式与肯定形式是一个意思,毛修敬同年在《语言教学与研究》上发表了《汉语里的对立格式》,称此现象为"对立格式",自此,羡余否定现象有了专门的名称。1986年,沈家煊在《中国语文》上发表了《"差不多"和"差点儿"》,对"差点儿＋VP"格式进行了一些相关论述。

总之,从20世纪50年代末至80年代,研究界还未出现明确针对此类现象进行的研究,基本上只是对某种句法格式进行客观的描述。

2.1.1.4　发展期(20世纪90年代)

自20世纪90年代以后,一些学者开始对这些现象作专门性研究,并提出了理论假设。主要的研究者及论文如下:王还(1990)在《语言教学与研究》发表了《"差(一)点"和"差不多"》,马庆株(1992)在《语法研究和探索》上发表了《与"(一)点儿""差(一)

点儿"相关的句法语义问题》一文,这两位研究者都继续关注"差点儿(没)＋VP"格式,从不同角度进行了同义结果的分析。张谊生(1992)在《徐州师范学院学报》(哲学社会科学版)发表了《"非 X 不 Y"及其相关句式》一文。石毓智(1993)在《汉语学习》上发表了《对"差点儿"类羡余否定句式的分化》一文,首次使用了"羡余否定"的名称;2001 年,他又写作了《肯定和否定的对称与不对称》一书。沈家煊(1994)在《中国语文》上刊登的《"好不"不对称用法的语义和语用解释》,从语用角度对"好不"的用法进行了解释和考察。1995 年,孙玉洁在《绥化师专学报》(现名《绥化学院学报》)上发表了《谈谈"除非……不"与"除非……才"之异同》一文,首次探讨了"除非……不……"这类羡余否定格式。郑剑平(1996)称这种格式为"兼用肯定/否定性格式的副词"。孔令达(1996)在《中国语文》上发表了《"好容易"的功能和意义》一文,对"好容易"和"好不容易"同义的结果及其限制条件进行了探讨。方绪军(1996)在《上海师范大学学报》(哲学社会科学版)发表了《析"好/好不＋形容词"的同义现象》。蒋平(1998)在《南昌大学学报》(人文社会科学版)上刊登了《汉语"差一点＋(没)DJ"句式的再讨论》,在前人研究基础上对"差一点没"类格式做了进一步的探讨。沈家煊(1999)在所著《不对称和标记论》中将这类格式列为肯否定的不对称现象。1999 年,另有三位研究者撰写了羡余否定相关的论文:张谊生在《中国语言学报》上发表《说"难免"——兼论汉语的虚化方式和羡馀否定》,从语言虚化的角度对"难免"类格式进行了分析和解释;郭攀在《华中师范大学学报》(人文社会科学版)上发表了《"非 A 不 B"句型的出现及其发展》,涉及了"非……不可"的羡余否定格式;周明强在《汉语学习》上发表了《论"好不 AP""好 AP"中的 AP》。

2.1.1.5 深入期(21世纪初期至今)

21世纪以来,对这类现象进行探讨和分析的论文进一步增多,研究的格式范围不断扩大,研究的层次也日益深入。戴耀晶(2000)在《语言研究与探索》上发表了《现代汉语否定标记"没"的语义分析》;同年在《语言教学与研究》上他也发表了《试论现代汉语的否定范畴》;而后,他又在《修辞学习》上发表了《试说"冗余否定"》(2004)等系列论文。董为光(2001)在《语言教学与研究》上发表了《语言认知心理对"差点儿DJ"结构的影响》。刘承峰(2002)在《枣庄师范专科学校学报》(现名为《枣庄学院学报》)发表了《对"冗余否定"一例的再思考》,对"怀疑(不)"类格式的同义结果进行了探究。周一民(2003)在《语言教学与研究》上刊登了《北京话里的"差点儿没VP"句式》一文。张东华(2004)认为"差点儿没"中的"没"还有焦点标记的作用。王灿龙(2004)在《中国语文》上对"VP之前"与"没(有)VP之前"同义的现象进行了分析。曾少波(2004)在《黔南民族师范学院学报》上发表了《肯定、否定和羡余》一文,针对"差点儿没"等几类格式展开了总结和归纳。刘长征(2006)在《世界汉语教学》上发表了《"一会儿"和"不一会儿"》。许有胜(2006)在《宁夏大学学报》上发表了《"VP之前"和"没有VP之前"语义差别探微》。同年许艳艳在《高教论坛》上发表了《奇怪的肯定与否定——从"好/好不+形容词"谈起》一文,从"好不+AP"格式入手,探讨羡余否定现象。仍是这一年,邹立志在《世界汉语教学》上发表了《"好不A"诸现象的语义语用考察》,张爱玲在《语文学刊》上发表了《"不要太……"冗余否定成分分析》一文,专门针对"不要太"这一方言中的羡余否定格式进行了描述和分析。侯国金(2008)在《语言教学与研究》上刊登了《冗余否定的语用条件——以

"差一点＋(没)V、小心＋(别)V"为例》,针对两类格式的共性探讨其语用条件。江蓝生(2008)在《中国语文》上发表《概念叠加与构式整合——肯定否定不对称的解释》,提出用概念整合理论来解释羡余否定现象。杨洪建(2010)在《新疆大学学报》(哲学·人文社会科学版)上发表了《现代汉语羡余否定的类别与成因》,指出了研究这类现象在汉语教学中的重要意义。袁毓林(2012)在《中国语文》上刊登了《动词内隐性否定的语义层次和溢出条件》,从否定溢出的角度对羡余否定中的隐性否定动词类格式进行了探讨。王志英(2012)在《阜阳师范学院学报》(社会科学版)上刊登了《羡余否定的格式及制约条件》,揭示了这类格式使用时的一些规律和限制条件。以上两篇论文都力图从共性的角度对这类现象进行总结和归纳。

另外,除单篇论文外,以羡余否定为特定研究对象的硕士论文也开始出现。有针对某个具体格式进行的分析,如曾少波(2005)的《"没有VP之前"研究》、朱迪(2010)《"差点没……"结构的考察研究》,也有针对这种现象的普遍性研究,如王蕾(2006)《肯定否定同义现象研究》、王进文(2008)《现代汉语羡余否定及其格式研究》、石婧(2011)《现代汉语羡余否定现象研究》等。

以上提及的主要是同期具有代表性或是对某一格式率先开展研究的论文,在后文针对具体问题分析时会有更深入、全面的引述。

2.1.2 主要研究成果及角度

2.1.2.1 认知角度的解释

1. "主观企望"或"心理期待说"("差点儿没"格式)

对羡余否定现象的研究,起始于对"差点儿没 VP"类的 VP 的主观预期分析。

朱德熙在《说"差一点"》中首开先河,提出了判断这类句式所表达的意义的两条规律:

(1) 凡是说话人企望的事情,肯定形式表否定义,否定形式表肯定义,如:

④ 他的另一篇小说《小果》,在第二届全国短篇小说评奖中又<u>差一点儿</u>得奖。(陈冲《大山的价值》)

⑤ 为了这,爸<u>差一点没有</u>拿到毕业证书。(《读者》1992年第1期)

(2) 凡是说话人不企望发生的事,不管是肯定还是否定形式,意思都是否定的,如:

⑥ 毒品<u>差一点</u>毁了我和我的家庭啊!(《人民日报》1995年)

⑦ 汉城的天<u>差一点没</u>塌下来。(《读者》1997年第3期)

在这种情况下,"差点儿"的肯定和否定形式的对立消失,形成羡余否定。

另外,他也提出,除企望与否之外,还存在一种中性态度,此时的格式语义需结合上下文具体语境来判断,如:

⑧ 上个月我<u>差一点(没)</u>去上海。

⑨ 她<u>差一点</u>留起辫子来了。

⑩ 毕业以后,我差一点当了数学老师。
⑪ 昨天晚上我差一点找你去。(朱例)

对说话人来说,"差点儿"后的 VP 无所谓企望不企望,因此,诸如这类情况,无法从孤立的语句来判断其态度及结果,即企望与否的标准并不是绝对的。

朱德熙首次提出了表达说话人主观感受的"企望"和"不企望",具有开创性意义,对后来的研究产生了很大的启示作用。

此后,毛修敬(1985)将"差点儿"后的 VP 分为消极、积极和中性三类;石毓智(1993)在《汉语学习》上发表了《对"差点儿"类羡余否定句式的分化》,又提出了"积极成分"和"消极成分"的概念,这些都是对朱德熙观点的继承。

渡边丽玲(1994)曾经试图从逻辑关系入手,将"意图/非意图"作为判断语义的标准,对后来研究产生了启发作用。

蒋平(1998)提出"差点没"的不平行性与其语法功能有关,用插入"就"的方式来解释两种结果,但又因解释的困难性,从语法回到语用,试图从"事实"的正反面、在言者的话语有无惊叹语气及语气强弱等入手作出解释,尽管她认为朱德熙的解释流于简单化、表面化,并有局限性,但她的结论仍与朱德熙的研究殊途同归。

另外,吕叔湘(1985)及多部权威辞典(如《现代汉语词典》《现代汉语虚词词典》等)也持有相似的观点。

沈家煊(1999)认为,"差一点没"格式一般涉及不如意的事情,这种看法与朱德熙的"企望说"相合。他指出,词语的积极或消极意义是客观且固定的,而期待与否随说话人的主观愿望而变,词义的积极或消极最终是由期待度决定的。

董为光(2001)认为"差点儿没"的复杂语义与人们"趋利避害"的心理相关,具有偶发趋向和结果趋向。

申小龙(2003)也在《汉语与中国文化》中从文化的角度,提出了所谓"正面的"和"负面的"说法,与朱德熙的"企望说"基本一致。

周一民(2003)也重点关注了这一格式,认为朱德熙的解释与语言事实不符,"差点儿没 VP"的结果取决于客观事实,而非主观企望;无论主观企望与否,甚至中性态度,格式的结果都有两种解释,都可表示肯定和否定意义。判断的标准应是语感和上下文语境,如:

⑫ a. 我二大爷得那病<u>差点儿没死</u>喽,住了半年院后来好了。(没死)
  b. 那老王八蛋上回<u>差点儿没死</u>喽,住了半年院又还阳了。(没死)

a 中说话人对二大爷死的态度无疑是不企望的,结果是没死;b 中说话人对老王八蛋死的态度是企望的,结果也是没死。因此,企望与否并非判断结果的标准。

"差点没"的这种歧义结果与重音有关,两种重音形式的"差点没 VP"格式的表义是相反的,如"差点儿没进去",当重音在"差点儿"的时候,表示否定;而当重音在"没进去"的时候则表示肯定。

杨静夷(2004)提出,企望与否是就一般情况而言,在现实情境中,"差一点没"的 VP 有可能对当事人而言不企望而对说话人而言企望,这种情况周一民也已提到,如例⑫b 中对"老王八蛋死"的态度。"差一点"既表示极其接近肯定、就要到达肯定之义,又表示超越了那个接近肯定的极限,已经接近否定了的意义。这种将"差一点"置于肯定与否定临界点的解释理解起来相对模糊。

侯国金(2008)用合意性与非合意性来代替"企望说",他提出:(1)假如言者以为 V 部分(对己或对人)具有合意性,那么该格式有无"没"的意思相反;(2)假如言者以为 V 部分(对己或对人)不具有合意性(或具有非合意性),那么该格式有无"没"的意思基本相同,不同的是语效:

① 无"没"取得的语效是纯粹叙事的腔调,显得较消极悲观。

② 有"没"取得的语效是调侃打趣的口吻,显得积极乐观。

判断 V 合意与否,在于它在常识、语感、语境知识以及认知结构里对于任何当事人的心理接受程度,其中对当事人的考虑顺次为己方、对方和他方。

综上所述,自朱德熙开创性地提出"企望说"起,研究者一方面沿用其观点,继承其认知角度的解释思路,依据说话人主观感受而判断句义肯定与否;另一方面,研究者们也意识到认知上的"企望/不企望"存在不完善的一面。"企望说"在某些情况下无法消除"差点儿没 VP"格式的歧义,因而研究者们又从细微的角度提出一些新的解释观点,来补充细化该格式的语义受限条件,如"合意说"、对言者与当事者的区分、具体语境的作用等。然而,现有的各种假说,尽管从不同角度对构成羡余否定时 VP 的心理条件进行了限定和修正,且都在一定范围内具有解释力,但都无法解释全部"差点儿"句式,尤其是"语境判定说",过于笼统,缺乏可操作性和针对性。

2. 礼貌原则与反语用法("好不"格式)

"好不 AP"格式所受的关注度仅次于"差点儿(没)VP"格式。吕叔湘于《好不……》一文中提出,一些形容词的否定形式("不"前置)可用"好"来强化。

沈家煊(1994)在《"好不"不对称用法的语义和语用解释》中首次引入 Brown & Levinson(1978)的交际原则(礼貌原则、委婉原则)分析"好不"这一格式。他指出,"好不"后的 AP 有两种情况:其一为道义词,"好不 AP"与"好 AP"为相反意义,如"好不讲理"意为不讲理的程度很高,"好讲理"为讲理的程度很高,两者意义完全相反,但有一种情况除外,即"好讲理"作反语用,"好讲理"的语义同"好不讲理",此时尽管否定词"不"从表面上看也为赘余成分,但这是特殊语境作用下的修辞用法,不属于羡余否定;其二为表示性状的贬义词,此时"好不 AP"与"好 AP"的语义相同,这主要是出于礼貌原则的考虑,不能直接揭示别人的缺点,而要用委婉的语气从反面说出别人的不足,如"好不粗鲁=好粗鲁"。

周明强(1998)在《汉语学习》的《论"好不 AP"、"好 AP"中的 AP》中,将"好不 AP"中的 AP 分为三种情况:AP1 统称为消极词,一般表达悲伤、疼痛、愁闷、惊疑等心理活动或其他贬义色彩,"好不 AP1"为肯定义,加强批评或感叹语气;AP2 称为积极词,不能用"好"来强化,表示关于某种对人处事的态度及行为的评议性形容词或其他褒义色彩词;"好不 AP2"为否定义,"好不"将 AP2 积极义转化为消极义,从反面加强批评语气。AP2 有两种类型:一为道义词,表示道德规范和行为标准;二为期待词,表示行为结果的某种期待。AP3 也为积极词,表示心情愉悦或前置"好"来表达对他人行为及客观情况的肯定评价,前置"好"表肯定义,前置"好不"表否定义。

邹立志(2006)在《"好不 A"诸现象的语义语用考察》中也指出,"好不 AP"有三种类型:否定式、肯定式和肯否式。只有第二类肯定式和第三类肯否式的肯定义部分存在羡余否定,肯定式中语义等值的"好 A"和"好不 A"其语用价值有细微差别,"好不"的感叹意味更浓。

由以上对各研究的分析可见:"好不 AP"格式自沈家煊起,均根据 AP 的形式分为几种类型,将礼貌原则、反语、委婉否定等语用原则引入分析,并进而区分语义相同情况下语用的细微差别。值得注意的是,研究者多关注"好不 AP"格式整体的语用功能,关注"好"与"不 AP"的结合过程,对"好不"词化后的结构特征及功能进行界定和分析却甚少。

3. 主观思维视角的差异

人类依靠思维认识和分析世界。思维与语言密不可分,语言是思维的基本工具,思维以话语为具体表现形式。人类在观察和判断事物时,由于思维视角的不同,会引发关注焦点的不同,关注点的差异必然导致语言上的不同表达形式。

(1) 不同视角的形式差异

王寅(2008:3)指出,"对同一事件,如从不同角度去体验,就会认识或突显事物的不同特征,因此就会出现不同的名称。同样,对同一事件若从不同视角,以不同态度,采取不同认知方式,就会突显事件的不同成分,从而就会形成不同的格式。"

部分研究者认为,有些羡余否定的肯定式和否定式分别对应不同的视角,视角焦点的不同引发句法形式的不同,对应的视角及格式主要有以下几类。

1) 已然视角和未然视角

代表格式:"(没)VP 之前/以前"

石毓智(2001)注意到,"……之前"和"没……之前"在语义等值的同时,存在某种差异,如:

⑬ 在没修赵州桥之前，一条河横断南北，阻碍了人们的往来，造成了不便。

⑭ 结婚之前，我没想到她这工作那么艰苦。（石例）

⑬中的"没……之前"强调某种行为一直延续到否定结构中的动词实现这一时刻才结束；⑭中的"结婚之前"无否定标记，没有强调没想到工作这么艰苦的状态一直持续到结婚的时候才结束，也可能是婚后很长时间还没想到（石毓智，2001：223）。由此可见，石毓智已注意到从时间轴上对"没……之前"与"……之前"观察结果的区分。

王灿龙（2004）进一步提出，"VP 之前"和"没 VP 之前"都以 VP 事件发生的时间为参照基准：在表微观时点义时，"VP 之前"关注的焦点为靠近 VP 发生的时间（时间轴的正向），"没 VP 之前"关注的焦点则为远离 VP 发生的时间（时间轴的反向）；在表宏观时点义时，两者的关注范围都为 VP 发生之前的一段整体时间。两者之所以能互换，是因为说话人在具体使用时，忽略了关注视角的不同这种弱语用因素。

张文超（2010）提出，"VP 之前"侧重 VP 的实现，能呈现事件的时间顺序；"没 VP 之前"重点关注 VP 的未实现，"没"是语用焦点。江蓝生（2008）则认为，"没 VP 之前"即"VP 之前"，重点强调时间时用肯定式，重点强调状态和条件时用否定式。

由此可见，对于"没 VP 之前"和"VP 之前"构成羡余否定的现象，研究者大多倾向于以 VP 发生时间为参照，区分两种不同的关注视角来解释：当人们的视点集中于事件本身，以 VP 的发生（时间轴的正向）事实为关注点时，多用肯定式"VP 之前"来表达；当人们的视点集中于 VP 未发生时(时间轴的反向)的状态,关注宏观的时间段时,多用否定式"没……之前"来表达。思维视角的不同,使得人们在具体语言表达时,采取了不同的肯否形式,从而产生了"没……之前"格式的羡余否定现象。

2) 主观视角和客观视角

代表格式:"(不)一会儿"格式

从视角差异角度针对这类格式的研究始于张发明,他于 1984 年在《汉语学习》上发表了文章《"一会儿"和"不一会儿"》,在文中,他不仅从句法功能、句中位置等语法角度对"一会儿"和"不一会儿"进行了对比研究,而且也认识到两者在主客观视角上的差异。他指出,"一会儿"是客观的叙述,"不一会儿"有较强的主观情态,是说话者主观上强调时间很短。

水行(1987)提出,"一会儿"和"不一会儿"使用时在心理前提下略有差异,"不一会儿"只能表示感觉时间快,"一会儿"可以是感觉时间快,也可以是感觉时间慢,后者常加副词"好"构成"好一会儿"。

最有代表性的是沈家煊(1999)的观点:由于心理视角的不同,从听话人的期待来说,"一会儿"可以是相对于零而言,为客观量和主观大量;也可以是相对于一个较大的量而言,为主观小量。"不一会儿"只适用于后者,"不"为主观性标记。

刘长征(2006)指出,"不一会儿"和"一会儿"都是短时量词,但表达的侧重点不同:"一会儿"所表示的短时概念具有客观性,在具体语境中既可表客观量,也可表主观量,既可表主观大量,也可表主观小量;"不一会儿"只能表示主观量,不能表示客观量,同时只能表主观小量,不能表主观大量。否定词"不"是主观性标记;"不一会儿"体现说话人的视点和态度,是语言主观性的表现。

张谊生(2006)也指出,"不一会儿"中的"不"并非逻辑否定,而是一种主观性标记,是对客观量进行减量的主观评价。当说话人主观上认为事件发生的时间比预期早或快时,就会在客观时量词"一会儿"前加上"不"来主观减量。这种看法实际上是对沈家煊及刘长征"主观量"等观点的综合和总结。

因此,在对"一会儿"和"不一会儿"羡余否定格式进行比较性研究时,研究者多着重从心理视角的层面,区分表客观描述的"一会儿"和表主观评价的"不一会儿",并把否定词"不"定性为主观标记词。

3) 正向视角和反向视角

代表格式:"除非……,才(不)……"

这类格式颇具争议性。胡适先生(1922)提出,"除非"是表否定意义的词,如被用在上半句中,下半句也应使用否定意义的词与之相呼应;吴承仕先生的意见却与之相反,他认为,"除非"为双重否定表肯定义的词,下半句应用肯定义的词如"才"相搭配。对于"除非"的肯否形式在实际使用中同时存在的情况,张谊生(2004)从认知视角的立场阐述如下:"'除非'及其连接的成分的一个重要的特征就是,几乎都是作为后续句以补充或修正前面的或显或隐的先导句的。"由此可见,"除非"与"才"或"不"所构成的句子,是作为先导句的追加补充,肯定式"才"从正面追加补充,与"除非"构成唯一条件义;否定式"不"从反面追加补充,与"除非"构成排除条件义。两种不同的追加方式,分别由思维的正反两个视角衍生,都突出了"除非……"后所设条件的唯一和无可取代性,构成了句法形式上的羡余否定现象。

(2) 不同视角的叠加和整合

代表格式:"差点(没)VP""拒绝(不)VP"等

研究者认为,这类格式是主客观等不同视角的叠加和整合。任鹰(2007)认为,"差点儿"从主观视角上看表对状况几近出现的渴望,"没"则是在客观视角下分析事情的结果,主客观视角在认知中的叠加形成"差点(没)VP"格式。类似解释还有张谊生,他(2004)指出"差点没VP"格式是由客观表述与否定性主观意愿紧缩而成,即"差点VP"为客观事实,"幸好没VP"为主观意愿,为避免重复,即在保留否定词的基础上归并两种表述。尽管任和张对格式中主观意愿和客观结果的认定有所差异,但对其为格式的叠加整合的观点基本一致。

另外,江蓝生(2008)明确提出了概念叠加与格式整合说,将解释的范围扩大到更多格式。她认为,概念叠加和格式整合基于两个意义基本相同的概念,这两个概念叠加后,通过删减部分相同的成分整合成新的构式。这一观点与张的"归并说"如出一辙。江把"差点(没)VP"类格式看作是传达客观命题意义的肯定式"差点VP"与主观评价意义的"(庆幸)没VP"的叠加整合,是正反意念的同义叠加结果。"难免(不)VP""拒绝(不)VP"等都可用这一观点来解释。

江同时指出,在正反叠加构成的否定式中,语义重心在主观评价的否定义上。这一观点与多位研究者趋同,最早起源于Jespersen(1924)对累积性否定现象的解释;沈家煊(1999)也提出,为强调句子的否定意义,言者会在否定意义较为隐晦的句子中再加上一个否定成分;袁毓林(2012)提出的"否定溢出"的观点认为,如果句中动词包含隐性否定意义,其否定意义则会溢出至其降级述谓结构(downgraded predication)上,表现为附加显性的否定副词。

归根结底,以上研究者都认为部分羡余否定格式为分别表现为肯否式的客观视角和主观视角的叠加和整合,即正反同义结构的组合,尤以突出后者为中心。

2.1.2.2 语法化角度的解释

从认知角度解释羡余否定现象是一种共时的解读,而近年来不少研究者则另辟新径,主张从历时的角度来阐释这一现象产生的源头和历史发展进程。在这一研究领域,被广泛运用的理论是语法化理论。作为一种解释语言现象的研究框架,语法化一般包括以下三种情况:实词虚化、句法化现象和词汇化现象,羡余否定现象与这三者都有涉及,但主要集中于前两方面。研究者通常将羡余否定格式定位为一种不断演变的句法现象,通过考察其起源、发展和形成,勾勒出格式从无到有的来龙去脉和演变轨迹,为肯否两种形式的并存和同义现象提供历史佐证。主要的研究情况如下:

(1)"好不"的副词化

"好不AP"格式在近代汉语中大量出现,是一种半固定的语法格式,是研究者最早并最多用语法化理论考察的格式。袁宾(1984、1987)一连撰文两篇,提出,"好不AP"格式的语法化经历了三个阶段:第一阶段,否定词"不"承载否定义,非羡余,最早出现于五代的《敦煌变文集(卷三)》;第二阶段,肯否形式并存,"不"时表否定时表肯定,这种情况大量出现在明代后的语料中;第三阶段,以肯定式为主,"好不"由程度副词+否定副词的成分演变为单个程度副词,"不"虚化而致羡余。他明确指出,"肯定式'好不'是明代下半叶即16世纪产生的,15、16世纪之交是'好不'的否定式独用期和否定、肯定式并用期的分界"。

其后研究者对"好不AP"的出现年代考证略有差异。何金松(1990)发现"好不"在《元曲选》中的用例,将"好不"肯定式的出现时间提前至14世纪;而后曹澂明(1992)认为袁宾先生的结论是正确的,《元曲选》的部分词句为后人所改,"好不"用例并不可信;孟庆章(1996)则认为肯定式"好不AP"在13世纪已出现,肯否式并用的例证可见于南宋佛经《五灯会元》,远早于袁宾所论证的《西游记》一书。曹小云(1996)提出,"好不"的肯定式早在13世纪初就出现,最早用例载于新编《五代史平话》。张海涛(2008)提出,"好不X"格式的演变分为四个时期,萌芽期最早出现于唐代,有三例,X均为动词性结构;宋金元为发展期,X出现了名词和形容词的情况,元代也出现不少"好不AP"的肯定式;明清为成熟期,X语法性质多样化,该格式异常活跃;现代汉语为更替期,"好不X"逐渐被"很X""多么X"等取代,使用频率渐弱。

研究者对"好不"肯定式的产生年代有不同的考证,但关于"好不X"的总体发展轨迹,各家的意见基本一致:"好不X"经历了"否定义→肯否义并存→肯定义为主"的演变过程,"好不"逐渐副词化,"不"成为羡余成分。

(2)"除非……不"格式的来源

学界对"除非……才"和"除非……不"的历时考察大致如下:

胡丽珍(2007)认为,"除非……不"格式最早出现于唐朝,"除非……才"格式在元代戏曲中开始连用,表必备条件,"除非……不"和"除非……才"是来源于同一底层结构的肯定式和否定式。席嘉(2010)则认为,现代汉语的"除非……不"来源于"除非……,

才……,否则……"的套叠,将"除非"义限定为表必要条件,而非排除条件。

综合各家之见,"除非……不"的可考年代早于"除非……才",即否定式的出现先于肯定式,这已毋庸置疑,但研究者对于两者并存的渊源、形成机制、不同时代的使用频率及变化等问题并未像"好不"格式一样做深入探讨。

(3) "非 X 不可"格式中"不可"的虚化

邵敬敏(1988)认为,"非……不可"格式的凝固化,导致"不可"语义虚化,从而由"非"负载格式信息。

郭攀(1999)提出,"非 X 不可"之所以向"非 X"转变,与其同义形式"必须 X"的同化作用不无关系。

洪波、董正存(2004)将"非"的情态副词用法看作"非……不可"语法化的结果,"非……不可"格式在强调主观意愿用法上语法化为高位谓语,"非"成为唯重音形式,为主要功能负载项,"不可"成为轻读形式,在功能上羡余,被语境所吸收。

王灿龙(2008)指出,在"非 VP 不可"格式的 VP 前添加"要""得"等语义实在的助词,与"不可"的功能相重合,造成语义表达的羡余,根据语言的经济原则,应删其一。由于"要""得"表义明确,与"非"构成双音节化新词,"不可"则被隐去。

总之,学界对"非……不可"格式的普遍看法是:"非……不可"由古代的"非……不"格式衍生而来,在历时演变进程中,格式的信息承载重心逐渐向"非"偏移,"不可"日益虚化致羡余。

从语法化角度出发的研究主要集中于以上三种格式,其历时演变的过程与主观化、信息重心偏离、结构重析等分析机制息息相关,但以往研究一般是针对个别格式,未建构成羡余否定的语法化历程的系统性模式。

2.1.2.3 语言类型学下的解读

如前所述,羡余是自然语言三大特性之一,那作为羡余现象的主要类别之一——羡余否定,也并非汉语所独有。学界已有部分研究者关注汉语的羡余否定与其他语言的对比分析,如:沈家煊(1999)提出,英语中的羡余否定现象,如"I wonder + whether/if"句型,"whether"和否定词在句中并存,表肯定义,否定词成为羡余成分,如"I wonder whether he doesn't think too much of himself"等同于"I think he does think too much of himself"。

法语中也有羡余否定现象,且与汉语的同类现象存在联系。法语中有相当于汉语"差点儿"的词语"s'en est falloir de peu",加上否定词"ne"的否定式与肯定式同义。和汉语不同的是,法语中的这一羡余否定格式在积极和消极成分下都成立。王助(2006)进一步指出,除"s'en est falloir de peu"外,法语中还存在其他与汉语相类似的羡余否定格式,如:表避免阻止义(相当于汉语中的"小心别 VP")以及表怀疑义(相当于汉语中的"怀疑……不……")的格式等。

另外,仇虹(2007)描述了汉日语言中的同类现象,指出:日语中含有"先"或"前"的惯用句型,表避免义,肯定式和添加否定标记"ない""ぬ"的否定式意义趋同。

与其他研究相比,从语言类型学的角度研究羡余否定现象,尚属起步阶段,所对比分析的语言仅限于上述三种,对比时也仅是简单地罗列现象,并未归纳其异同点及认知的产生机制,还有待作更深入的探讨,总结规律和类型学特征。

2.1.3 结论和不足

上文一方面以时间为线索勾勒了羡余否定现象的研究概貌，另一方面从认知和语法化等角度出发针对重点格式总结了主要研究成果。纵观过往，关于这一现象的研究情况，可得出以下几点结论。

第一，自从朱德熙先生开创性地提出这一问题以来，羡余否定现象日益引起研究界关注：就数量而言，针对性的论文数量呈增长趋势，由 20 世纪 50 年代末的个位数（2 篇），到 20 世纪 80 年代的 9 篇，再到 20 世纪 90 年代的 18 篇，进而发展到 21 世纪初以来的近百篇；就论文规模而言，从起初的单篇论文，发展到以硕士论文为形式的专题性研究；就范围而言，研究格式类型不断增加，由"差点没 VP"起，日渐扩展至"好不 AP""没 VP 之前"等各类格式；就研究深度而言，从单纯的描述语言现象到试图以新的语言理论如认知观、语法化等来解释说明现象的源头。总之，关于羡余否定现象的研究，正在逐步推进和深化。

第二，尽管羡余否定的相关研究无论在数量或是深度上，都在逐渐发展过程中，且已经取得了一些成果，然而，就总体而言，尚处于浅尝辄止的阶段，发展的速度较为缓慢，状况也不尽如人意，主要表现为以下几个方面：

（1）从 20 世纪五六十年代至今，论文数量略有上升，然而并不可观，增长的幅度缓慢，十年间期刊论文的数量仍停留在年均个位数的水平上，硕士论文的数量较少，且多为重复性研究，还未出现相关现象的博士论文研究。

（2）相关研究比较零散，集中于对具体某类羡余否定格式的研究,总体性的现象研究并不多见,总结的一些使用规则和限制条件虽有一定价值,但缺乏具体的系统性分析。现有的总体性研究的论文,在归纳其共性时,也往往大而化之,语焉不详,或混淆产生机制与语用功能,或套用西方的羡余研究理论来解释汉语现象;另外,现象内部各类格式的研究状况并不均衡,多数研究者的研究往往囿于个别格式,如"差点没 VP",它被研究的历史最久,所受关注也最多,占所有格式研究的 44.83% 之多;其次是"好不 AP",占 12.07%;再次是"非……不可""没……之前",占 8.62%。而其他相关格式的研究论文极少,即使涉及也是在探讨前几种格式时顺便提到,因此还有一些遗留格式有待分析。戴耀晶(2004)提出,对汉语中的羡余否定现象只能进行具体的个案分析,然而事实上,各种羡余否定格式都是共性与特性的结合体,因此,在对每一类羡余否定格式做个案研究的基础上,更应关注其共性的层面,进行全面而系统的分析。

(3) 重复性的研究较多,有新意、有建树性的观点较少,提出的理论性假设缺乏充分的事实验证。在几位语言学家建构理论基础之后,不少研究者往往采用以下三种研究模式:①用相近或类似的说法,将现有理论改头换面,视为从新的理论视角解释问题;②套用基于某一具体格式的理论来解释另一类具体格式,并将其视为针对后者的新发现;③针对某种格式,往往侧重于使用某种热门理论的角度去探讨研究,例如,对"好不"的研究,基本都按照袁宾先生的语法化路线和沈家煊先生的礼貌原则角度进行分析,鲜见新见解。

2.2 研究意义

2.2.1 语言理论层面

就现有研究来说,目前取得的成果及进步无须赘言,但其中存在的问题和缺憾也不容忽视。

首先,研究者多针对某一个或一类羡余否定格式进行具体微观的研究,而宏观的整体性研究则相对薄弱。例如,自朱德熙先生起至今,有关"差一点(没)VP"的研究论文多达几十篇,而有关"不由得(不)VP""别(不)是 VP""还(不)得 VP"等格式的研究则几近于无。

其次,进行纯汉语事实和现象的描写性研究较多,而结合新的语言理论及研究方法的深层次探讨则较少。

再者,从共时的角度对此类现象进行阐释的研究较为丰富,而从历史演变的角度进行探究的则较少,且多集中于个别格式,如"好不""非……不可"等。

最后,针对汉语普通话的语言现象研究较深入,但在联系方言、外国语进行语言的对比分析及语言的类型学研究则有些欠缺。

因此,本书将系统地探讨羡余否定格式的分类系统及共性、肯否式的制约性、否定词表羡余的系统性规律及羡余否定的载体与格式构成的类型、羡余否定的形式特征及形成机制的对应性等问题,在对前人研究综合归纳整理的基础上,拓展羡余否定研究的视角,丰富羡余否定探讨的范围,为某些语言规律的概括总结提供一定的理论说明。

另外,在讨论这类语言现象的形成机制及使用规律时,引入主观化、语法化理论、量域理论、认知凸显观、认知意象图式等新的语言理论,对羡余否定现象的特点和方式作进一步的解释,确立羡余否定的三类四种动态生成机制和模式。

2.2.2 语言教学层面

羡余否定现象的研究在语言本体研究层面,是一个新兴的研究热点,它对探究语言形式与意义的关系,尤其是形式、意义的不对称性,存在特殊的意义。以往研究者多从语言现象本身出发,对其形式特征、使用规律、语用功能等方面进行探究,力求在理论上有所发现和创新。值得注意的是,对于这一现象的研究,不仅在语言理论上相当重要,而且也体现在对外汉语教学的需求上。在对留学生的教学中,肯定否定间的复杂关系,特别是羡余现象,是教学和学习上的一个难点。学生面对此类句子往往一筹莫展,或是理解错误,或是运用不当,或是直接回避这种用法。中国人理解这类现象的意思往往凭借母语的语感,而对留学生来说,目前最有效的办法是运用已发现的限制条件及其与母语的关联现象去判断。然而,针对这类现象的教学研究寥寥无几,致使留学生在实际运用中难以正确得体地使用此类句式。因此,对这类特殊现象的研究,在对外汉语教学中是非常有意义的,尤其是在教学的中高级阶段。笔者认为,在现有教学大纲及教材设计中,都应注意到这一问题并加以探讨。

第 3 章 羡余否定格式的分类系统及共性

3.1 羡余否定格式的分类系统

羡余否定现象是一个系统,包括多种格式,其中既有共性,又有差异,为保证研究的清晰性和整体性起见,有必要对其进行分类。

首先,应确定分类的标准。标准主要有三种:语法上的形态标准、语义标准和语用标准。

3.1.1 语法上的形态标准

3.1.1.1 载体的句法功能

王进文(2008)曾根据羡余否定的载体的句法功能来分类,可分为:

(1) 副词性格式:如"差一点(没)VP""(没)VP 之前"

(2) 动词性格式:如"忍住(不)VP"

(3) 关联性格式:如"非 VP(不可)"

3.1.1.2 否定标记的类型

也有根据羡余否定的否定标记分类(王蕾,2006),可分为:

(1) 否定标记为"不"：如"好(不)AP""不由得(不)VP""非VP(不可)"

(2) 否定标记为"没"：如"差点儿(没)VP""(没)VP之前"

(3) 否定标记为"别"：如"小心(别)VP"

(4) 否定标记为"不"或"没"：如"(不)一会儿""难免(不)VP"

这两种分类标准分别从载体的句法功能和否定标记入手，看似简单易行，但在实际操作中却存在着弊端：其一，在羡余否定格式内部，载体、否定标记、吸附成分缺一不可，共同构成了这种特殊语言现象，以上分类标准过分倚重载体或否定标记词，却忽略了载体所在格式的整体特征；其二，在部分格式中，载体本身的句法功能难以确定，如"难免(不)VP"格式，"难免"究竟为动词、形容词还是副词，学界尚存在争议。分类标准讲求严谨性和客观性，而部分载体在句法功能上较为模糊，不宜用来给格式分类；其三，否定标记角度的分类也并不适用，部分羡余否定格式，如"(不/没)一会儿""忍住(别/不/不要)VP"，可能出现两到三个否定标记，但格式的基本意义没有变化，因此人为将其分成几类并无价值。

3.1.1.3 格式句法层次类型

从载体所在的格式层次来看，羡余否定格式可分为以下几类：

(1) 词语或短语层面：动词如"拒绝""阻止""埋怨"等，副词如"不由得""差一点""几乎"等。从严格意义上说"不由得"等是有凝固性意义的副词性词组，它在句中的功能与副词基本一致。

(2) 构式层面：该类格式经历时发展，已成为意义固定的构式，如"好不AP""不要太AP"。

(3) 句子层面：这类格式常为由前后两个分句构成的复句，并由关联词连接，如"除非……不……"，为条件复句，后一分句中的

"不"羡余。

此分类标准与前一种相比,已注意到载体和否定标记的联系,并试图从结构的角度对其进行分类,但内部类别存在交叉性,如(2)中的构式和(3)中的句子层面,构式也可称为句式,本身也是一种句子存在的形式,两者的差别并不明显。

3.1.2 语义标准

3.1.2.1 表达作用

张谊生(2004)在《现代汉语副词探索》中指出,羡余否定根据表达作用,可分为表时量和动量"(不)一会儿"、表回顾与推测"差一点(没)VP""难免(不)VP"、表训诫与责备"小心(别)VP""责怪(不该)VP"、表先时与表后接"(没)VP 以前""非……(不)……"。

张先生自己也提到,这种四分法以表达作用为分类标准,将羡余否定现象分为四类,是一种举例性的分类方法,只是权宜之计。笔者赞同这一看法,所谓表达作用,本身含义较为模糊和笼统,以此来对某种羡余否定格式归类较难确定客观的标准。

3.1.2.2 表意功能

曹婧一(2007)从表意功能角度将羡余否定格式分为以下七类:

(1) 表时量、数量的不足:"差点(没)VP""(没)VP 之前"

(2) 猜测类:"怀疑……(不)……""保不齐(不)VP"

(3) 必然类:"难免(不)VP""拒绝(不)VP"

(4) 提醒类:"小心(别)VP""看我(不)VP"

(5) 劝阻类:"忍住(不)VP""责怪……(不)……"

(6) 条件类:"非……(不)……""除非……(不)……"

(7) 反语类:"好(不)AP"

这种分类标准综合了以前研究者的多种方法,比较全面细致,但也不可避免地产生了内部格式表意杂糅、分类角度不一等问题,如"小心(别)VP"类,从严格意义上来说,包括多种含义,有提醒义、也有劝阻义和警戒义。因此,单从表意功能出发,很难分类;又如(6)类,实质上是一种复句的关联关系,(7)类是一种修辞手法,都不宜笼统地归入表意功能。

3.1.3 句类标准

从句类角度来看,羡余否定可分为陈述、祈使、感叹等类别,这是一种语用标准。

这种分类标准一般不存在判断上的模糊性,但是绝大部分格式都属于陈述句,只有个别格式如"小心(别)VP"是典型的祈使句、"(不要)太 AP"是感叹句。这种内部类别的不均衡性使分类失去了意义。

3.1.4 三要素的位置关系标准

综上所述,羡余否定现象是一个相当复杂、内部差异较大的系统,对于这一形式和意义复杂交叉的现象,应如何确立清晰统一的分类标准呢?以往研究表明,与语义和语用等标准相比,句法上的形态标准最为清晰直接。因此,本书仍从句法形态的角度出发,对羡余否定的各种格式进行归类,但不同于过去仅从格式内部某个成分入手,而是将结合羡余否定格式内部各成分之间的关系,建构层次分明的类别系统。

在分类前,有必要再次确认羡余否定格式内部的成分,如

1.2.1中所述,以"差点(没)VP"为例,"差点"是引发羡余否定的主要成分,将其称为羡余否定格式的载体X(vector),"没"是羡余否定标记(Neg)。另外,与载体和否定标记共同构成羡余否定格式的成分,常以动词或动词性结构的形式出现,偶尔也会有形容词,如"好(不)AP"和"(不要)太 AP",为吸附成分(Att)。

在羡余否定格式中,载体、否定标记和吸附成分之间的位置关系是句法形态的一大特征,三者间的位置关系有以下五种:

Ⅰ.X+Neg+Att;Ⅱ.X+Att+Neg;Ⅲ.Neg+X+Att;Ⅳ.Neg+Att+X;Ⅴ.Att+Neg+X。

表1 羡余否定格式的分类系统(三要素位置关系)

	三要素位置关系	羡余否定格式
Ⅰ	X+Neg+Att	差点/几乎(没)VP①; 好(不)AP; 小心/当心/留神/注意/看(别)/(不要)VP; 难免/保不住/保不定/保不全/保不齐/保不准(不)VP; 拒绝/防止/后悔(不)VP; 忍住(不/没/没有/别)VP; 怪/责怪/责备/埋怨(不该)VP; 看我(不)VP; 别(不)是 VP; 阻拦/阻止(不/不让)VP; 不由得(不)VP; 无时无刻(不)VP
Ⅱ	X+Att+Neg	非 VP(不可)

① 实际语料中也可写为"差一点""差点儿"和"差一点儿"。

续 表

	三要素位置关系	羡余否定格式
Ⅲ	Neg+X+Att	(不要)太 AP； (还)(不是/不)得 VP； (不)一会儿 VP
Ⅳ	Neg+Att+X	(没/未/尚未/还没(有))VP 前/以前/之前
Ⅴ	Att+Neg+X	VP 了(不)一会儿

有以下几点需加以说明。

(1)载体为同义词或近义词的结构归为一种格式,它们的基本意义和用法是一致的,如"差点(没)VP"和"险些(没)VP""小心(别)VP"和"当心(别)VP"等。在下文讨论中笔者将选取其代表性结构进行分析,如"小心(别)VP"即为"小心"类羡余否定格式的代表性结构;

(2)"(不)一会儿"比较特殊,它能出现于两种位置关系的格式中,分别为"(不)一会儿 VP"和"VP 了(不)一会儿"。究其原因,这与载体"一会儿"本身的特性密不可分:"(不)一会儿"表短时量,既可前置于 VP 表事件的发生时间,亦可后置 VP 表动作的持续时间;

(3)本书所指的羡余否定格式,只限于句子内部结构。条件性关联句如"除非/非……,(不/才)……"(位置关系也可写为"X+Att1+Neg+Att2"),其肯否式同义的原因涉及分句间的句际关系,较为复杂,不列入本书的研究范围。

参考过往研究,笔者选择 18 种常见的羡余否定格式,将其分门别类,五种位置关系按格式数量从高到低依次排列为 X+Neg+

Att＞Neg＋X＋Att＞Neg＋Att＋X＝X＋Att＋Neg＝Att＋Neg＋X。

表2　五种位置关系的羡余否定格式数量及比例

位置关系	种类数量(18)	比例
X＋Neg＋Att	12	66.66％
Neg＋X＋Att	3	16.66％
X＋Att＋Neg	1	5.56％
Neg＋Att＋X	1	5.56％
Att＋Neg＋X	1	5.56％
总计	18	100％

从不同格式比例的差异中可以得出以下两点结论。

(1) 吸附成分Att一般出现于载体X后,属于从属成分。对比占比重较大的三种位置关系和比重较小的三种位置关系,可以发现,X出现在Att前是羡余否定的定式;

(2) "X＋Neg＋Att"是羡余否定的原型格式。"X＋Neg＋Att"位置关系的比例达一半以上,可以说是羡余否定的常态格式,这种情况也并非偶然。在"X＋Att"的肯定形式中,"X和Att"在句法形态上紧密相连,形成一定的语义关系,构成表意固定的整体性结构,而Neg插入两者的中间位置,最易受其前X和其后Att的牵制和排斥,其否定义因受X和Att的结构语义的影响而弱化,甚至消失,进而使否定标记成为羡余成分。然而,当Neg出现在X和Att构成的语义体以外时,它所受的结构义的影响较小,否定意义消失的可能性降低。因此,当Neg进入"X＋Att"内部时,最易形成羡余否定。

3.2 各类格式概貌

下文笔者将按位置关系标准对每一类格式举例并简要说明。

3.2.1 X + Neg + Att

(1) "差点(没)VP"

① 他一路赶去,<u>差点摔死</u>。(汪曾祺《故里三陈》)
② 李国安愣在那里,鼻子一酸,<u>差点没哭出声来</u>。(《人民日报》1996 年)

这类格式表达说话人的主观感受,和说话人的意愿有关,即上文提到的"企望"和"不企望"的问题。

(2) "好(不)AP"

③ 一时弄得我<u>好狼狈</u>。(罗君《不怕触电的作家》)
④ 店主嘴上称谢,心里<u>好不懊丧</u>。(邓友梅《烟壶》)

表示感叹语气,多用来描述状态的程度。这类结构大多用在形容词前面,强调程度比较高。"好不"后所跟形容词限于双音节形容词,"好"后面不限。

(3) "难免(不)VP"

这类格式表示某种情况的发生无可避免,"难免"后的情况限

于说话人所不希望发生的事情,如:

⑤ 不摔坏,也难免扭伤脚。(彭荆风《绿月亮》)

⑥ 秀莲跟男朋友朝夕相处,难免不出差错。(老舍《鼓书艺人》)

(4) "不由得(不)VP"

"不由得"本身已存在一个否定词"不",它与"由得"不可分割,因此,在这里笔者仍把含"不由得"的句子看成肯定形式,把含"不由得不"的句子看成否定形式。这类句子多表示不禁、无法控制的意思,肯定形式用得比较多,否定形式比较少见,如:

⑦ 既然看清了历史的法则,朱自清不由得不问自己。(许纪霖《朱自清与现代中国的民粹主义》)

⑧ 郭沫若想到这些,不由得怀着感激的心情久久地端详着安娜那张闪着光耀的圣洁的面孔。(桑逢康《郭沫若和他的三位夫人》)

(5) "无时无刻(不)VP"

⑨ 在瞬息万变的生活环境里,我们无时无刻不受到数以亿计的病菌的侵袭。(《中国儿童百科全书》)

⑩ 一个产品的成功,一个集团的发展,无时无刻都需要一流的管理人才和科技人员。(《1994年报刊精选》)

这类格式表示某种行为时时刻刻、随时都在进行,载体"无时无刻"本身含有两个否定词,且否定形式多于肯定形式。

(6)"小心/当心/留神/注意/看(别)/(不要)VP"

⑪ 不过,家长同志,您千万要注意,<u>小心</u>上当!(《1994年报刊精选》)

⑫ 小心啊,她欠了一下身子说,<u>小心别</u>摔着了。(野莽《坐公共汽车指挥交通的黑呢子礼帽》)

"小心/当心"等词语都表示提醒、警戒义,后接消极义的VP,表提醒不要发生某种消极情况。

(7)"拒绝/防止/后悔(不)VP"

⑬ 见我<u>拒绝</u>再为她画像,她像抓住了我的把柄似的耍赖皮说。(卞庆奎《中国北漂艺人生存实录》)

⑭ 其实自己也是这样,当初之所以<u>拒绝不</u>当魔术师,就是因为他对骑士怀着憧憬。(水野良《罗德岛战记》)

该类结构的载体X都含有隐性否定义(袁毓林,2012),表示使VP所指的某种消极结果不会发生。

(8)"忍住(不/没/没有/别)VP"

⑮ 小姑娘抿着嘴,<u>忍住</u>笑:"没有姑娘的吩咐,我连碰都不敢碰他。"(古龙《天涯明月刀》)

⑯ 一次阿必气呼呼地<u>忍住不</u>哭,看阿七画到"鸭蛋其脸",

就夺过笔,在脸上点好多点儿。(《读书》1994年第12期)

该类格式为自控类格式,表示把某种情绪或行为抑制住,使其不表现出来,载体"忍住"后连接的Att常为单个动词,并与情绪有关,如"笑""哭"等。

(9)"看我(不)VP"

⑰ 这一定是犯人们在闹事,等天亮了看我来收拾他们。(《1994年报刊精选》)

⑱ 你等在那里,看我不收拾你。(高阳《红顶商人胡雪岩》)

该类格式中载体"看我"出现在句首,为话语标记,具有会话含义,表提醒、警示对方,说话人将对其作出某种不利行为,Att常为对听话人而言的消极动作。

(10)"阻拦/阻止(不/不让)VP"

⑲ 恩来总理的讲话和建议完全可以作为讨论的基础,但是美国"完全是阻止达成和平解决"。(迪克·威尔逊《周恩来传》)

⑳ 各被告人在自我辩解及被告人律师发表辩护观点时,多次被审判长、审判员阻止不让发言。(新浪河南2013年5月17日)

该类格式中载体为"阻止"类动词,如"阻止""阻拦""妨碍"等,表示人为使Att所指的行为停止,Att对阻止行为发出者来说是不希望发生的。

(11) "怪/责怪/责备/怪/埋怨(不该)VP"

㉑ 同时,以老朋友的资格,写了一封信,<u>责备王安石侵犯其他官员的职权</u>。(林汉达、曹余章《中华上下五千年》)

㉒ 董宣可没有被吓倒,他拔出宝剑往地下一划,当面<u>责备湖阳公主不该放纵家奴犯法杀人</u>。(林汉达、曹余章《中华上下五千年》)

该类格式的载体都为责备或不满意动词,否定式中,否定标记后必须加上"该"(或"应""应该"),表示对他或对己所做的事情持责备、不满或后悔的态度。

(12) "别(不)是 VP 吧"

㉓ 申涛<u>别是</u>病了吧?(礼平《小站的黄昏》)
㉔ 车停了一会儿,<u>别不是</u>前边出事儿了。(曹禺《曹禺选集》)

这类格式的载体为"别是"(表揣测),句尾常有语气词"吧"或"了"与之呼应,分别表对未然和已然事件的估计,出现否定标记叠加("别不")后羡余的特殊现象。Att 所指示的事件一般具非主观预期性。

3.2.2　Neg + X + Att

(13) "(不要)太 AP"

这种格式有两个意思:一表示祈使;一表示感叹。表示祈使时不会产生肯定否定同义,不属于研究的范围。表示感叹时强调程度深,和"好不"类似,句尾常有"啊""哪"等感叹词作为感叹标记。

㉕ 昨天的晚会<u>不要太</u>热闹啊!
㉖ 昨天的晚会<u>太</u>热闹啦!

但经过调查分析发现,这种说法多用于南方吴方言区,是一种特殊的方言用法。

(14)"(还)(不/不是)得 VP"

㉗ "去就去,到时候你们就后悔了,还<u>得</u>乖乖地把我送回来。"(皮皮《比如女人》)
㉘ 人们余暇多了,吃饱喝足了,还<u>不得</u>找地方"消化消化"。(《1994年报刊精选》)

该类格式的载体为"得"(děi),表客观必需义,整个格式表达推测结果的必然性,句前常有语气词"还"起强调作用。

(15)"(不/没)一会儿 VP"

㉙ 就是七月初七的中午,拿一碗水在太阳下曝晒,<u>一会儿</u>水面便产生一层薄膜。(林崇德《中国儿童百科全书》)
㉚ 吴强只好坐在一边等着,<u>不一会儿</u>就蜷缩在沙发上睡着了。(卞庆奎《中国北漂艺人生存实录》)
㉛ 这晚的宴会,各有各的心事,各有各的状况,大家都酒

到杯干,没一会儿就都醉了。(琼瑶《水云间》)

该类格式载体为"一会儿",否定标记一般为"不",偶尔也能用"没",出现于复句中的后一分句,表前后两事件间隔时量之短。

3.2.3　X + Att + Neg

(16) "非 VP(不可)"

㉜ 小吕想象,若叫自己数,一定不行,非把它数乱了!(汪曾祺《羊舍一夕》)
㉝ 售货员非把他拉到公安局去不可。(汪曾祺《讲用》)

这类格式载体为"非",其特殊性在于本身即为一文言否定词(相当于"不是"),否定标记"不"以"不可"的形式出现,格式义为强调意愿或出现某种结果的必然性,后者对当事人而言一般为消极性。

3.2.4　Neg + Att + X

(17) "(没/未/尚未/还没(有))VP 前/以前/之前"

㉞ 没来赤峰之前,我们以为赤峰一定是风沙弥漫,不见天日。(《人民日报》1995 年)
㉟ 张浚生指出,中方希望英方能作出承诺和保证,在中英双方没有达成协议前,不要单方面行动。(《人民日报》1995 年)

这种格式的载体为"前",和时间有关,表示在某件事发生前的时间段,一般存在后续句,在书面形式中,否定标记为"未"或"尚未",载体为"之前"。

3.2.5　Att + Neg + X

(18)"VP 了(不)一会儿"

这是一类特殊的羡余否定格式,它与(15)载体相同,语义相似,但具有不同于其他任何格式的句法位置关系,因此,为了整个羡余否定分类系统的完整性,笔者将其单独归为一类。

㊱ 她们聊了<u>一会儿</u>,相互留下了联系方式就告别了。(卞庆奎《中国北漂艺人生存实录》)

㊲ 和维嘉闲谈了<u>不一会儿</u>,李蕴昌由老淡开门引进屋里来。(杨沫《我一生中的三个爱人》)

该类格式的载体为"一会儿",Att 一般为单个动词,出现在格式首位,其后常出现动态助词"了",表示动作的已然状态,并有后续句与之连接,整个格式表示某一事件发生后短时间内,又发生了另一事件。

以上从不同的句法语义关系出发,对 5 大类、18 种羡余否定格式的特征和格式义一一做了简要描述。通过所列语料可知,这些格式分别具有各自的特点和用法,但整体而言,它们也存在着某些层面的共性,且不同的格式之间还存在着一定的渊源和联系,下文将通过具体的数据及语例对这些问题进行探究。

3.3 羡余否定格式的整体性特征

上节从羡余否定现象的句法语义关系层面出发,对其进行了分门别类,并结合语料针对每一种格式进行了简要描述,概括了每类的格式义及其基本特征。那么,从宏观的角度上考察,这一现象有何总体特征和规律呢?在以往的研究中,在分析羡余否定结构的特点时,多针对某一种或一类格式进行,而忽略了其系统性和共性。因此,本节拟在上文分类描摹的基础上,从整体性上总结这类现象的语言学特征。

3.3.1 句法角度的基本定位

笔者在1.2.1中已对羡余否定格式做了严格的界定,提到三方面关键要素:Ⅰ.载体,它是引发肯定式否定式同义的根源,有时表现为一个词,如"难免""小心""好""非";有时表现为更偏向于固定短语的成分,如"差(一)点""不由得""之前"。载体是羡余否定格式中最固定的存在,同一种格式载体相同;Ⅱ.否定标记,它是羡余否定式的重要标记,有"不""没(有)""别"等,有时还会以书面形式出现,如"未""无"等。同一种格式一般否定标记相同,不同的格式也会出现相同的否定标记,否定标记是羡余否定格式中较固定的成分;Ⅲ.吸附成分,它的表现形式比较多样,有单个词,也有短语结构,甚至小句。同一种格式中吸附成分不同,它是格式里最多变的成分。

上文曾强调,羡余否定格式是最简化的形式,那么怎样定义最简化的形式呢?即包含固定成分——载体,如"差(一)点""小心"

"不由得"等,并连同与载体有密切联系的成分——否定标记和吸附成分所组成的最基本的结构,这种结构加上一些附加成分和标点符号就能构成一个完整的句子,如:

㊳ 我单位一个同事,就是在 H 市买回个假钻石戒指来,憋闷得<u>差点没跳楼</u>。(《市场报》1994 年)

㊳中研究对象为羡余否定格式"差点没跳楼"。必须说明的是,由于很多句子结构比较复杂,存在很多层次,本书只考虑羡余否定格式直接所属的最小层次,如上句"差点没跳楼"实属句中谓语动词"憋闷"的补语成分。

3.3.1.1　羡余否定格式所充任的句法成分

羡余否定格式作为一个表义固定的整体性结构,必然在句中充任一定的成分,发挥相应的句法功能。下文将按羡余否定格式所能充任的不同句子成分,分别进行解释说明。

1. 充任谓语

这是这类结构在句中最基本的用法,整个结构用来陈述主语。包括以下两种情况。

(1) 载体跟动词或动词性吸附成分相搭配,陈述主语的动态行为。

除了"没 VP 前"格式外,几乎所有的羡余否定格式,如"差点(没)VP""难免(不)VP""无时无刻(不)VP""小心(别)VP"等都有这样的用法,例句如下:

㊴ 毒品<u>差点毁了我和我的家庭</u>啊!(《人民日报》

1995 年)

㊵ 地区各个县甚至乡镇之间,由于各种原因,经济发展总是不平衡的,难免存在着贫富差距。(《人民日报》1995 年)

㊶ 小心别打破我的茶杯。(钱锺书《猫》)

㊷ 什么紧急任务非要杨中渝去不可呢?(《人民日报》1995 年)

㊸ 吴强只好坐在一边等着,不一会儿就蜷缩在沙发上睡着了。(卞庆奎《中国北漂艺人生存实录》)

㊹ 在瞬息万变的生活环境里,我们无时无刻不受到数以亿计的病菌的侵袭。(林崇德《中国儿童百科全书》)

上述例子都体现了这一特点,羡余否定格式的载体与其后的动词或动词性结构相配合,共同组成了句子的谓语部分。

值得注意的是,在一些句子中,羡余否定格式与其他动词性短语共同组成谓语部分,即构成连谓结构,如下:

㊺ 实在累得不行,就和衣躺一会儿继续工作。(迪克·威尔逊《周恩来传》)

㊻ 传球后就要快速移动,因为防守者会盯着球看一会儿。(姚明《我的世界我的梦》)

从以上例句可以发现,羡余否定格式既可出现于多项谓语的前项,也可出现于后项。因其作为多项谓语的组成部分,故仍将其视为充任谓语的句子成分。

(2) 载体与形容词或状态词相搭配,描述主语的状态或性质,比较侧重于静态的描写。

这一特点主要集中于"好(不)AP"格式和"(不要)太 AP"格式。这两种格式的载体分别为"好"和"太",具有程度副词的共性,因此,这两种格式本身都有提升程度的作用。吸附成分一般只能为单个形容词,而已具有程度规约性质的状态词则不能进入此类格式,如下:

㊼ 一家四口三代茶余饭后,围在电视机前,悦目赏心,<u>好不自在</u>!(《人民日报》1995 年)

㊽ 瞧他那样子,<u>不要太开心</u>哦!

"自在"和"开心"都是单个形容词,能在这类格式中使用,而像与之意义接近的"自由自在""开开心心"等状态词,则不能进入格式。

另外,"难免"和"不由得"类在大多数情况下跟动词或动词性结构连用,但有时也可以跟形容词或状态词连用,只是出现几率较低。在语料中,"难免"类羡余否定句共出现 3 451 例[①],其中带形容词或状态词的句子有 62 个,占总数的 1.79%,且主要集中于"紧张""落寞""腼腆"等表示人的心理、情绪的词语;而"不由得"类句子,语料库中出现 2 620 个,与形容词或状态词连用的情况也只有 38 个句子,占总数的 1.44%,比例也较低,如下:

㊾ 虽然她未受过什么训练,嗓子也有些发紧,心中也<u>难

[①] 包含"难免"的例句达 4 000 多,但经过筛选后,肯否形式同义的为 3 451 个,下文其他格式也仅统计存在羡余否定现象的例句。

免紧张,但毕竟大大方方地唱完了这一段。(王素萍《她还没叫江青的时候》)

㊾ 傅连兴先生每讲及此,就不由得激动。(《人民日报》1996年)

2. 充任状语

羡余否定格式作为句子中的状语出现,这是仅次于谓语的用法,这类句子也有以下三种情况。

(1) 作表示时间的状语,多单独出现在句子开头,有时也可置于谓语前。

最典型的就是"(没)VP前"类格式。这种格式在所选语料中从未出现作为谓语使用的情况,一般都作为时间状语来使用,如下:

㊿ 没来金家工作前,只看着这家是一户仁慈良善、和和美美的人家。(陈建功《皇城根》)

(2) 作表示动作状态的状语。

最典型的是"好(不)AP",与形容词连用再修饰后面的谓语,这也是常见的用法,如下:

㊾ 陈老师看我爸爸态度这样坚决,就好不痛快地答应了。(李小凝《我给陈景润当秘书》)

至于其他的羡余否定格式,从现有语料来看,还未出现整个结构充任状语的情形。

但以下这种句子值得注意,如下:

㊾ 没有考虑周全,难免草率地作出决定。(《人民日报》1996年)

这样的句子不能视为羡余否定格式充当状语的情况。在句中,"难免"并不是和"草率"结合作为一个相当于状语的成分来修饰后面的谓语"作出决定",而是直接修饰"草率地作出决定"这一整体,即难免+[草率地+作出决定],"草率"是"作出决定"的状语,"难免"又是"草率地作出决定"的状语,形成一个嵌套结构。从语义角度分析,"难免"与"作出决定"之间存在直接的语义关系。这一句子仍应看成是以"难免"为载体的整个羡余否定格式在句中充任谓语部分。

(3) "(不/没)一会儿"在句中也能单独出现,充当表示时间的状语,如下:

㊿ 不一会儿,该男子像是听到了民警和家人的呼喊,手指突然间弹动了一下。(东北新闻网2013年9月1日)

在上句中,"(不)一会儿"前后均未出现其他成分,从形式上看是作为一个孤立的表示时量的词语来使用,从实质上看,它是由以下的句子变化而来:该男子(不一会儿)像是听到了民警和家人的呼喊,手指突然间弹动了一下。句中的羡余否定格式为"不一会儿像是听到了民警和家人的呼喊",而为强调其时量之短,"(不)一会儿"被提至句首,成为整句的时间状语,形成上述例句。因此,"(不)一会儿,……VP……"可被视为将"(不)一会儿VP"的时间状语提前,属于"(不)一会儿+VP"羡余否定格式的一种变体。

3. 充任定语

在汉语中,定语的主要作用是用来修饰后面的体词性成分。根据语料,羡余否定格式也可作定语。这种情况较多的是"好(不)AP"格式。它们往往后跟形容词,形成表程度量级的形容词性短语,而形容词性短语的一个基本功能就是充任定语,因此,这也成了"好"类结构的基本语法功能之一,如下:

㉟ <u>好热闹</u>的世界,大家的劲头还那么足!(刘军《张伯驹和陈毅的交往》)

其他羡余否定格式,像"差(一)点(没)VP""难免(不)VP""VP了(不)一会儿""(没)VP之前"和"非VP(不可)"类等,在语料中也出现了充任定语的情况,但与"好不"类相比少一些,如下:

㊱ 规定了必须由她自己写,不能代笔,真是比<u>差点要了她的命</u>的难产还难。(陈世旭《李芙蓉年谱》)

㊲ 同时强调对改革中<u>难免发生</u>的一些错误,必须按党纪处理。(《人民日报》1995年)

㊳ 还是<u>没有改革分流之前</u>的1990年,南航就已经最早在全民航系统制定出了运输岗位程序化、规范化、制度化的"三化"标准。(《人民日报》1995年)

(59) 看来，这一问题已经到了非解决不可的时候了。(《人民日报》1995年)

一些羡余否定格式在语料中未出现定语的用法，如“小心(别)VP”的格式，常用于表提醒注意，因而一般以祈使句的形式出现，从未被作为定语使用；又如“不由得(不)VP”类格式，在所查语料中也不曾用作定语。

4. 充任补语

在汉语中，补语一般是用来补充说明前面的动作或状态的成分。根据现有语料，能在句中充任补语成分的羡余否定格式也有一些，主要集中于“好(不)AP”类。这也是跟该类羡余否定格式的特点分不开的，由于这种格式具有形容词性结构的性质，因而充任补语的频率较其他格式略高，这一频率在下文表格中有比较具体的说明，如：

(60) 观赏电视节目，摆弄电脑，拨弄健身器材，黛薇活得好不自在。(立原《不甘寂寞的苏加诺夫人》)

(61) 才旦卓玛出门放羊，忽然看见一面美丽的红旗，在日喀则城头飘得好鲜艳。(《人民日报》1995年)

除此之外，“差点”“不由得”“非”和“一会儿”类以及它们的否定形式，也都有整体格式作补语的情况，如：

(62) 小军高兴得差点跳起来。(刘杨《外婆》)

(63) 毒妇一明白这些，吓得不由得惊叫起来，紧紧地抱住

了川村。(江户川乱步《白发鬼》)

㉔ 只要他粮食不继,那就逼得<u>非退兵不可</u>,这场功劳可更加大了。(金庸《神雕侠侣》)

㉕ 咱是急得<u>一会儿也在家坐不住了</u>。(《人民日报》1995年)

尽管以上列举的格式可以在句中作补语,但与作谓语的情况相比较,这一频率不高,如在语料库中,"差点"类作谓语的情况占89.41%,而作补语的情况仅占6.67%,频率的高低差别相当明显。

根据现有的语料,其余几种羡余否定格式均未出现作为补语使用的情况,这与格式自身特点有关,如"小心(别)VP"类,主要表示祈使,具有提醒的意味,不具修饰补充动作状态功能,因此不能充任补语。"(没)VP以前"类格式表某一事件之前的时间,只能做对时段定性之用,也不能补充说明动作和状态,因此在语料中未出现充任补语的情况。"难免"类和"不由得"类等在语料范围内也未出现作补语的情况。

5. 充任主语

在汉语中,无论是体词性结构还是谓词性结构,都能充任主语,因此,从理论上说,羡余否定格式不管为何种结构,都应能在句子中充当主语成分,但从现有语料来看,它作主语的情况出现的频率极低,且都出现在"羡余否定格式+是……"的句型中,如:

㉖ 加强和改善宏观调控,<u>防止出现大起大落</u>,是十分重

要而紧迫的任务。(新华社 2004 年 5 月)

羡余否定格式充任主语,"是"作为谓语动词,对主语进行定性,"是"字句是羡余否定格式充任主语的固有框架。

6. 充任宾语

这种情况和作主语的情况类似,这样的位置也往往为体词和体词性成分所充任,谓词和谓词性成分也有出现的可能性,但频率较低。

在现有语料中,出现了一些羡余否定格式充任宾语的情况,如"难免"类、"好"类,但数量很少,且前接谓语均为"觉得"等认知类动词,如:

㊆ <u>觉得难免</u>有记者的笔下生花。(《人民日报》1995 年)
㊇ 杨文景<u>觉得好新鲜</u>,不解地问。(刘文淘《香港的早晨》)
㊈ 我只是<u>觉得</u>①<u>好乏味</u>。(方方《定数》)

判定羡余否定格式所充任的句子成分,一般是依据它直接所属的最小层次,试比较以下两句:

⑦ 我觉得<u>好不沮丧</u>。
⑦ 我觉得他<u>好不沮丧</u>。

---

① "觉得"中的"得"不是表示后接状语的助词,而是一个构词成分,因此"觉得"是一个动词,后面所跟的是宾语,参考黄伯荣、廖序东:《现代汉语》,高等教育出版社,1979 年,第 94 页。

以上两句中都用到了"好不 AP"的格式,但格式所充任的句子成分完全不同。根据上文从最直接层次考察羡余否定格式的原则出发,⑦中的"好不"格式紧跟谓语动词"觉得",是句中的宾语成分,⑦中的句子层次比⑦更为复杂,是典型的主谓宾语句,宾语为主谓结构"他好不沮丧","他"是句子的小主语。"好不沮丧"为小谓语。因此,从"好不"格式所在的最小层次而言,它充任主谓结构的谓语成分。两句看似相近,但羡余否定格式的句法功能却截然不同。

对于有些羡余否定格式,如"小心别"和"看我不"类,也具有单独成句性,但它们所构成的句子,常为非主谓句,如:

⑫ <u>小心别摔倒</u>!
⑬ <u>看我不收拾你</u>!

句中未出现主语,核心部分即由羡余否定格式充任的谓语成分。另外,此类羡余否定格式也能以句中结构的形式出现,如:

⑭ 曹德培一边嘱咐妻子<u>小心别让汤溢出来</u>,一边解下围裙准备出门。(《市场报》1994 年)

在上例中,"小心(别)VP"类格式就是典型的谓语成分。因此,对于这类格式,尽管在某些条件下能构成非主谓句,仍将其视为在句中充任谓语成分。

以上分析的是羡余否定格式在句中作不同成分的情况,为清晰起见,笔者现将不同格式的具体用法归纳为下表。

表 3　各类羡余否定格式充任的句法成分

羡余否定格式		主语	谓语	宾语	定语	状语	补语
X＋Neg＋Att	差点(没)VP	－	＋	－	＋	－	＋
	好(不)AP	－	＋	＋	＋	＋	＋
	难免(不)VP	－	＋	＋	＋	－	－
	不由得（不）VP	－	＋	－	－	－	－
	无时无刻(不)VP	－	＋	＋	＋	－	－
	小心(别)VP	－	＋	－	－	－	－
	防止(不)VP	＋	＋	＋	＋	－	－
	忍住(不)VP	＋	＋	－	－	－	－
	看我(不)VP	－	＋	－	－	－	－
	别(不)是 VP 吧	－	＋	－	－	－	－
	阻拦（不让）VP	－	＋	＋	＋	－	－
	责怪（不该）VP	－	＋	－	－	－	－
Neg＋X＋Att	(不)要太 AP	－	＋	－	－	－	＋
	（还）（不是/不得）VP	－	＋	－	－	－	－
	（不）一会儿 VP	－	＋	－	－	－	＋
X＋Att＋Neg	非 VP(不可)	－	＋	＋	＋	－	＋

续　表

羡余否定格式		主语	谓语	宾语	定语	状语	补语
Neg＋Att＋X	(没)VP前	—	—	—	＋	＋	—
Att＋Neg＋X	VP了(不)一会儿	—	＋	—	＋	—	—

通过上文的一系列分析,可以把羡余否定格式充任句子成分的规律概括为以下几个方面。

1. 主语成分的大量空缺

通过具体语料可以发现,羡余否定格式可以充任六类句子基本成分:包括主语、谓语、宾语、定语、状语和补语。尽管各类格式所担任的句子成分存在种类和数量上的差异性,但大多数成分都在主语成分上出现空缺,只有"防止(不)VP"格式出现大量充任主语的情况。另外"忍住(不)VP"格式也有一例主语的语料,可见,羡余否定格式在大多数情况下都不能充任主语,充任主语的功能多为个例,不具普遍性。

2. 充任句子成分的频率存在差异

语料显示,除个别格式能充任主语外,羡余否定格式在句中能较普遍地充任各种成分,如谓语、宾语、定语、状语、补语,且出现的频率不一。不同的羡余否定格式所充任的句子成分存在差异,但就不同句子成分的出现频率而言,也呈现一种规律性,具体如下:

(1) 除"(没)VP之前"类和"好(不)AP"类外,其他的羡余否定格式按照其所能充任的句子成分的频率排列依次为:谓语最高,补语、状语或宾语次之,除"防止"和"忍住"类外,其他格式的主语出现频率为零。

(2)"(没)VP之前"类格式:它充任状语的频率最高,其次是定语。和其他任一格式不同的是,这类格式是唯一不能充任谓语成分的羡余否定格式,是一类较为特殊的格式,它在大部分情况下只能充任一个前置的时间性状语,规定其后事件的时间范围,或是作为时间性名词的修饰性定语,对名词的时间范围进一步补充说明。它所任句子成分的特殊性与其格式的关系类型密切相关。"(没)VP之前"属于"Neg+Att+X"结构,格式内三个关键成分的位置关系不同于其他任何格式,且Neg前常出现"在",将格式纳入介词性框架,这一特点使格式只能作为句中的状语或定语成分而存在。

(3)"好(不)AP"类格式:在羡余否定格式中,它的用法最灵活,所能充任的成分也最多,能充任除主语外的其他五种成分,按照频率高低依次为状语、谓语、定语、补语和宾语。"好(不)AP"类的状语用法之所以出现较多,是因为在"好(不)AP"类格式中,"好(不)容易"这个特殊结构大量出现,且大多充任例句的状语所致。

(4)有多类羡余否定格式能且只能充任谓语,如"小心(别)VP"和"看我(不)VP"。这些格式之所以特殊,不同于其他格式,百分之百必须充当谓语成分,与它们所属的句类不无关系。就"小心(别)VP"类来说,"小心(别)"只能用于祈使句中,而祈使句表命令、请求或劝告语气,为迅速传达会话意义,句子形式简洁直接,常以简单的主谓结构甚至单个谓语形式出现,甚少使用修饰性结构,如定中、状中、动补等,因此,"小心别VP"类一般只能充当祈使句的核心成分——谓语成分;就"看我(不)VP"类来说,该格式有着鲜明的会话意义,常以感叹句的形式出现,否定形式更有着强烈的反问色彩,表示威慑或警戒对方将采取不利行为,"看我"已成为表警示语气的句首话语标记,"看我(不)VP"格式只能充任句中谓语成分。

以上分析的是羡余否定格式在句中作不同成分的频率情况,为清晰起见,笔者现将分析语料库中句子所得的频率数据归纳为下表。

表4 各类羡余否定格式的句法功能分布比例

句子成分	羡余否定格式	主语	谓语	宾语	定语	状语	补语	总数
X+Neg+Att	差点(没)VP	0	2 895 (89.41%)	0	127 (3.92%)	0	216 (6.67%)	3 238 (100%)
	好(不)AP	0	1842 (40.67%)	38 (0.84%)	324 (7.15%)	2 249 (49.66%)	76 (1.68%)	4 529 (100%)
	难免(不)VP	0	3 424 (99.22%)	1 (0.003%)	26 (0.75%)	0	0	3 451 (100%)
	不由得(不)VP	0	2 619 99.96%)	0	0	0	1 (0.04%)	2 620 (100%)
	无时无刻(不)VP	0	296 (96.11%)	1 (0.32%)	11 (3.57%)	0	0	308 (100%)
	小心(别)VP	0	257 (100%)	0	0	0	0	257 (100%)
	防止(不)VP	259 (3.51%)	6 691 (90.75%)	181 (2.45%)	242 (3.28%)	0	0	7 373 (100%)
	忍住(不)VP	1 (0.64%)	155 (99.36%)	0	0	0	0	156 (100%)
	看我(不)VP	0	58 (100%)	0	0	0	0	58 (100%)

续 表

羡余否定格式		主语	谓语	宾语	定语	状语	补语	总数
Neg+X+Att	别(不)是 VP 吧	0	76 (100%)	0	0	0	0	76 (100%)
	阻拦(不让) VP	0	39 (86.67%)	4 (8.89%)	2 (4.44%)	0	0	45 (100%)
	责怪(不该) VP	0	226 (100%)	0	0	0	0	226 (100%)
	(不要)太 AP	/	/	/	/	/	/	/
	(还)(不)得 VP	0	4 529 (100%)	0	0	0	0	4 529 (100%)
	(不)一会儿 VP	0	7 994 (99.79%)	0	0	0	17 (0.21%)	8 011 (100%)
X+Att+Neg	非 VP (不可)	0	10 652 (92.08%)	36 (0.31%)	869 (7.51%)	3 (0.03%)	8 (0.07%)	11 568 (100%)
Neg+Att+X	(没) VP 前	0	0	0	683 (7.10%)	8 937 (92.90%)	0	9 620 (100%)
Att+Neg+X	VP 了(不)一会儿	0	5 412 (99.80%)	0	11 (0.20%)	0	0	5 423 (100%)

羡余否定格式(18种)	主语	谓语	宾语	定语	状语	补语
数量	2	17	6	9	3	5
比例	11.11%	94.44%	33.33%	50.00%	16.67%	27.78%
总计	18(100%)	18(100%)	18(100%)	18(100%)	18(100%)	18(100%)

附注：
① 表格内百分比分别为格式充当的句子成分占语例总数和格式总类的比例；
② 某些格式的载体可能以一组近义词的形式出现，为统计的方便起见，只选取其中有代表性的载体词进行语料的搜集工作，如"难免/保不住/保不定/保不全/保不齐/保不准 VP"类，在具体操作中，就只对"难免 VP"类格式作了语料调查和数据统计工作；
③ "不要太 AP"为方言用法，故只能对持该方言者进行调查，得出格式的使用特点。各语料库中未见具体用例，因此难以获得各成分的出现频率。

3.3.1.2 类谓词性结构

在汉语中，所有的词都可以通过一定的标准划分为不同的类别，而在句中充任何种成分是最重要的语法标准之一。词可以分为名词、动词、形容词等，又可分为体词和谓词两大类。和词类似，短语结构也可根据它们在句中充任的成分分为两大类，即体词性结构和谓词性结构。它们的语法特点和体词、谓词相似（北京大学中文系现代汉语教研室，2012：293—294）。

若将整个羡余否定格式看作一个整体，我们可发现它和谓词性结构较类似。从表4可以看出：羡余否定格式在句中主要充任谓语，其次也能充当补语，再次是充任定语、宾语和状语，一般不能充任主语。根据上表的统计，按照充任成分的格式数量从高到低排列依次为：谓语、定语、宾语、补语、状语，这些特点和谓词性结构的语法特点类似。由此可以推出，它是一种类似于谓词性结构的结构。

由以上的分析可知,羡余否定格式是一种类似于谓词性结构的结构①。只有一种格式例外,即"(没)VP之前"类,在句中不能用作谓语,而只能充任前置的时间状语成分,属于表时间的介词结构。

3.3.2 语义角度的解析

根据上文所述,羡余否定格式在句法层面上体现出共性:尽管各类格式所承载的具体句法功能有所差异,但绝大多数都被归入谓词性结构的范畴。相应地,从语义层面考察,羡余否定格式也表现出系统性的特征,尤其是基于对所在句句义的作用角度。根据矛盾的普遍性与特殊性之辩证关系,在考察羡余否定格式的语义共性前,须遵循从微观到宏观、从个性到共性的原则。微观方面是指从每个格式的个体出发,概括其所具有的语义特点,偏重于个性;宏观方面是指从这些格式的总体出发,概括这些格式所共同具有的语义特点和语义作用,偏重于共性。

3.3.2.1 核心语义分布

从微观层面进行考察,即具体而微地归纳各种格式的核心语义。这里的核心语义是指各种格式在不同语言环境中的共同意义,笔者在下表中归纳了18种羡余否定格式的核心语义。

---

① 由于不同类的羡余否定格式作句子成分的情况有所不同,因此不能把它看成是纯粹的谓词性结构,只能说比较相似。

表 5　羡余否定格式的核心语义分布

	羡余否定格式	核心语义
X＋Neg＋Att	差点儿(没)VP	接近某种与说话者意愿相违背的情况的临界点
	好(不)AP	某种状态程度高
	难免(不)VP	客观上某种与说话者意愿相违背的情况无法避免地发生
	不由得(不)VP	主观无法控制某种情况的发生
	无时无刻(不)VP	随时发生,不间断的行为或状态
	小心(别)VP	提醒听话者注意避免消极情况的发生
	防止(不)VP	说话者采取措施使某种情况不出现
	忍住(不)VP	自控某种行为的发生
	看我(不)VP	威慑对方将采取不利行为
	别(不)是 VP	对未然或已然消极事件的揣测
	阻拦(不让)VP	采取措施使某一行为停止
	责怪(不该)VP	对已发生的事件持责怪或不满态度
Neg＋X＋Att	(不要)太 AP	感叹程度之高
	(不)得 VP	情理上认为应该使某一事件发生
	(不)一会儿 VP	短时量内发生某一事件
X＋Att＋Neg	非 VP(不可)	限定唯一条件,排斥其他条件
Neg＋Att＋X	(没)VP 前	事件发生前的时间段
Att＋Neg＋X	VP 了(不)一会儿	动作进行或完成后的短暂时间

从宏观层面来看，各类羡余否定格式的语义在句中表现出共同特征，即与相应的一般格式比较，羡余否定格式的运用对句义起到了补充和修正的作用。这一作用尤其体现在格式中的载体上，如羡余否定句"我好(不)激动"，与之对应的普通句为"我激动"。两者相比较，前者采用了羡余否定格式"好(不)AP"，后者未采用任何特殊格式，两者语义基本一致，但前者对句义有一定的补充作用，强调激动的程度之高，是对"激动"状态的补充说明。因此，如果把句中的羡余否定格式替换为一般格式(如直接去掉载体及其否定标记)，相比较可以发现，句子的意义虽然发生了一些变化或偏移，但从整体上仍然可以作为一个意义完整的句子而存在(有些句子要加否定标记或助词使结构完整)。羡余否定格式的使用与否并未影响整个句子的句义的成立，但使用羡余否定格式后，句义被修改得更为精确了。通过对语料的分析，可以将羡余否定格式的语义附加作用归纳为以下两种类型①。

3.3.2.2 加强原有语义

即在不改变原有语义的基础上，羡余否定格式对语义进行强化、强调，有修饰性作用。笔者在下文以一些格式为例作具体说明。

(1) "难免(不)VP"类

"难免(不)VP"的格式义为不可避免地发生。使用一般格式时，句中的事件或行为也发生了，但使用"难免(不)VP"格式后更强调其客观上的必然性和不可避免性，如下：

---

① 由于羡余否定格式的主要语法功能是充任句中谓语，因此下文在分析其语义作用时，一般都就其谓语的句法形式而言，所举例句一般也为谓语用法。

⑦5 工作重点不突出,反腐败工作就**难免**力量分散,减弱攻击力。(《人民日报》1995年)

如果替换为普通格式,即"工作重点不突出,反腐败工作就力量分散,减弱攻击力"。句义也是完整的。根据语境,该句的语义中心为:工作重点不突出会直接导致反腐败工作的力量分散和攻击力减弱。句中还使用了"不……,就……"的句型来强调现象和结果间的必然联系。

而运用"难免"格式后,与"不……,就……"相呼应,更突出了这一结果出现的必然性。假设将一般格式句义设为句义2,将羡余否定句义设为句义1,则有"句义1=句义2+[必然性]"。

(2)"不由得(不)VP"类

若不使用"不由得"格式,句子的基本意思也没有改变,但使用该格式后,句义则增添了主观上无法控制、无法避免的意思,也属于语义上的强调作用,如:

⑦6 我看着,心里<u>不由得</u>产生一种仰慕之情。(《人民日报》1995年)

将上句的羡余否定格式替换为一般格式,则为"我看着,心里产生了一种仰慕之情",句义的重点为看着某一情况,引发某种心理状态。羡余否定格式"不由得不"更强调了"看"的动作与产生心理变化的结果之间的联系,增强了主观上无法控制产生这种情感的意思,即"句义 1＝句义 2＋[不可控性]"。

(3) "差点(没)VP"类

这类格式强调接近一种不企望情况的临界点,但最终没有发生。

总体来说,它在句中所起的作用仍是一种强调作用,强调事件或行为的临界性,强调事件或行为在可发生可不发生的边缘波动,但由于受说话者主观愿望的支配,仍倒向未发生这一边。因而,"差点"强调的就是这"一点",离发生或不发生都只有一线之差的临界状态,如:

⑰ 他瞧着肮脏模糊的镜子里肮脏模糊的自己,<u>差点没有流下眼泪来</u>。(池莉《来来往往》)

将上句的"差点(没)VP"格式替换为一般格式,则有"他瞧着肮脏模糊的镜子里肮脏模糊的自己,(还是)没流下眼泪来"。句子仍然成立,事件的结果也未改变,但结合上下文语境,整句表达却有语焉不详之嫌。根据前句所述,他面对如此的惨况,感情上趋向的结果必然是情绪的低落,使用"差点没"类格式后,突出了情绪变化的游移边缘及最终隐而不发的结果,使整句句义更为完整,前后呼应,即"句义 1＝句义 2＋[临界倾向性]"。

(4) "小心(别)VP"类

这类格式以祈使句的形式存在,但在去除载体"小心"的情况下,使用一般格式也能表示提醒注意的祈使语气。

⑱ 白天别拿,夜黑去背,小心别让人看见!(张贤亮《绿化树》)

替换为一般格式的祈使句"别让人看见!"后,该句的意思仍是完整的,也起到提醒听话者不要进行某一行为的语用效果。而使用"小心别"格式后,"小心"与"别+VP"的语义叠加,增强了表示提醒注意的语义,更突出了对其后出现的消极结果的提醒,即"句义1=句义2+[提醒性]"。

(5)"非VP(不可)"类

这类格式从整体上表示一种唯一的必然性,强调除此之外,别无其他可能。去除该格式之后,虽然句子的意思仍然完整,但缺少了这种必然或唯一的感觉,如:

⑲ 幸亏当时室内没人,否则非出人命不可。(《人民日报》1995年)

把⑲的"非……不可"去掉,句子意思没变,但结果的唯一性和必然性就显得没那么强了,"非……不可"的格式与"……,否则……"句式相照应,突出了结果的唯一性,即"句义1=句义2+[结果唯一性]"。

下文笔者将具语义强化作用的各类格式及其强化特征归并如下:

(左边为羡余否定格式,右边为一般格式,"[ ]"内为强化的语义特征)

差点(没)VP	没 VP+[临界倾向性]
好(不)AP	AP+[程度量级]
难免(不/没)VP/AP	VP/AP+[必然性]
不由得(不)VP	VP+[不可控性]
无时无刻(不)VP	(一直都)VP+[不间断性]
小心(别/不要)VP	别 VP+[提醒性]
防止(不)VP	不 VP+[预止性]
忍住(不/没/没有/别)VP	不 VP+[自控性]
看我(不)VP	VP+[威慑性]
阻拦(不/不让)VP	不让 VP+[滞动性]
责怪/……(不该)VP	不该 VP+[追究性]
(不)要太 AP	AP+[程度量级]
别(不)是 VP	VP+[测度性]
(不是/不)得 VP	VP+[情理必然性]
(不)一会儿 VP	VP+[事件间距短时量性]
非 VP(不可)	VP+[结果必然性]
(没)VP 前,……	VP+[时段性]
VP 了(不)一会儿	VP+[行为持续短时量性]

综上所述,羡余否定格式相较于一般格式,对句义有补充与强化之作用,而这一作用,也是应句义表达之需,由句内语义环境来决定的,主要表现为以下两方面。

(1) 所在句的语境因素

上下文语境隐含之义衍射至句子层面,与羡余否定格式的格式语义相合,由羡余否定格式的句法形式所承载,如:

⑧⁰ 刘丽娜推开窗,带着凉意的微风吹了进来,我<u>不由得</u>打了个冷颤。(卞庆奎《中国北漂艺人生存实录》)

句中羡余否定格式为"不由得打了个冷颤",结合上下文,具体语境为:刘丽娜推开窗后,有凉意的风吹了进来,导致我打了个冷颤,而"不由得"这种羡余否定格式的核心语义即 VP 的主观不可控性,"打冷颤"的行为在吹到冷风时是主观不可控制的,这与语境语义相符合,因此该格式被运用到句中,进一步揭示和强化了语境语义,因此羡余否定格式的运用是语境所需。

(2) 所在句的相关结构

运用羡余否定格式的句中往往出现相关性词语或结构,与之相辅相成,共同烘托语境语义,如:

⑧¹ 工作重点不突出,反腐败工作就<u>难免</u>力量分散,减弱攻击力。(《人民日报》1995 年)
⑧² 吴强只好坐在一边等着,<u>不一会儿</u>就蜷缩在沙发上睡着了。(卞庆奎《中国北漂艺人生存实录》)

上句中,"难免(不)VP"格式与"不……就……"结构前后呼应,"不一会儿"和"就"相映衬,强调所在句义。

因此,羡余否定格式明示了语境的隐含之义,与句中相关语词互相呼应,加强了句义的表达作用。

3.3.2.3 规定时间意义

除强调补充句义外,羡余否定格式还有附加、修正语义的作用,具体表现为它规定了所在句的时间意义。此处所说的时间意义涉及两个层面:一为行为层面,即句中主要谓语动词所持续的时间量度、行为发生的间隔等;二为事件层面,即句中事件的外部时间构成——时的概念,以及句中事件的内部时间构成——体的概念。由于汉语无时间指向的语法范畴。因此,此处所指的时间意义主要指行为层面的时间意义及体的范畴。

在这里,羡余否定格式对句子意义,尤其是对句中事件或行为的时间意义的附加,与一般意义上的词语语义的直接附加是截然不同的,它一般不直接表现出来,是一种较为隐性的附加,即在羡余否定格式的作用下,句中事件或行为所发生的时间意义并不是任意的,而需要根据这些羡余否定格式做出选择。关于这一问题,王志英(2012)曾提出,羡余否定的事件,具有一定的时态和模态的特征,如"不一会儿 VP""差一点没 VP""责怪/抱怨不该 VP""没 VP 之前"的 VP 主要表已然事件,"难免不 VP"后面 VP 主要表未然或或然事件。羡余否定格式之所以具有以上时态和模态特征,与每个羡余否定格式的表义特征有关。然而,她对格式的时间意义的归纳并不全面,且对某些格式的时间意义的规定有所偏差,如"难免",下文将对该格式进行系统性地分析。

(1)"差点(没)VP"类

它一般只在现实体的句中使用,表事件或情状的已然性。

从语料中可以发现,凡是出现"差点"或它的否定形式的句子,句中的事件或情状都已成为现实,如:

㊸ 李国安愣在那里,鼻子一酸,<u>差点没</u>哭出声来。(《人民日报》1996 年)

句中事件为“李国安没哭出声来(处于将哭未哭的状态)”,这种情状相对于说话时间而言已经成为现实,为一种已然状态。这与“差点没”格式的时间属性密切相关,因为“差点”本身就强调一种有倾向性的临界状态,而这种临界状态的倾向结果根据上下文语境就能推断,因此句中的情状必然已经成为现实。“差点”的否定标记只能用已然体标记“没”,而不能用“不”,这一规律也印证了这一点。

(2)“难免(没/不)VP”类

“难免”用在现实体句中,表事件或情状变化相对于某一事件参照已经完成,具有已然性,如:

(84) 当惯了老大的大英帝国一下子屈居老二,心中难免(没)有些愤愤不平。(《人民日报》1995年)

句中“难免(没)VP”格式强调在“当惯了老大再屈居老二”情况下,产生愤愤不平的情绪在所难免。该格式体现了一种规律性,说明在一定的条件下,必然会出现后面的结果。

该句为一种已然状态,表现了过去的状态对现在事件的影响,与句中否定标记“没”相呼应,又如:

(85) 中国农业如不及时补充“营养”,恢复“体力”,难免不出问题。(《人民日报》1995年)

尽管句中事件的时间相对于说话时间来说为将来时态,但“难免”格式强调,在“中国农业不及时补充营养,恢复体力”的状况下,“出问题”是客观上无法避免的结果。“出问题”对于参考时间来说会成为一种现实,本质也是强调一种无可避免性,该句为虚拟情境"如不及时……"中的现实已然状态。

(3)"小心(别)VP"类

该格式所在的句子中,事件相对于说话时间来说是一种将来的未然状态。

"小心(别)"之所以具有未然性,是因为其本身有提醒注意消极结果发生的意思,而只有未发生的事情,才有提醒别人注意避免的必要。如果是已经发生了的事件或行为,再提醒注意就毫无意义了,如:

㊠ 小心啊,她欠了一下身子说,<u>小心别</u>摔着。(野莽《坐公共汽车指挥交通的黑呢子礼帽》)

"摔着"这一行为相对于她的提醒时间而言,并未发生,具有未然性。值得注意的是,"小心(别)"句中,尽管 VP 具有未然性,但其 VP 可能发生的时间与说话者的提醒时间,间隔很短。VP 可能发生的时间离说话时间极近,是与说话时间紧挨着的将来时间,这也是跟"小心"所强调的提醒意思分不开的,因为提醒一般都是在事件或行为将要发生前的短暂时间内作出的。"小心"对句中时间的规定比"差一点"类等更为精确。

(4)"不由得(不)VP"类

"不由得"格式出现在句中的时候,句中的事件多为现实体的已然状态,如:

㊡ 再看那两个女青年,<u>不由得</u>想到自己的女儿。(《人民日报》1995 年)

"不由得"类格式规定句中行为为现实体,也与"不由得"的格式属性有关,"不由得"表主观的不可控状态,句中 VP 相对于参考时间来说产生了不可控的结果,VP 后亦可加上现实体标记"了"。

"不由得"类格式只能用于已然状态,因其是指一种由客观事件引发的主观反应无法控制的情况,而只有对于已经发生的事情,才能判断其在主观上确实有无不可控性。如果事情处于未然状态,则主观上能否控制和避免都是无法预测的。它与"难免"不同,"难免"强调客观条件产生必然的结果,因此可以推测出当同样的客观条件出现时,仍会发生同样的结果,形成了一种客观的规律,句中事件可为现实中的已然,也可为虚拟中的已然状态;而"不由得"强调客观条件引发的主观反应,其结果是无法推测和估计的。因此,"不由得"格式所选择的事件状态均具有已然性。语料中出现的"不由得"类的句子也印证了这一点。

(5)"非 VP(不可)"类

通过分析语料,可以判断出,"非"类格式所在的句子,其事件和行为呈现一种未然的状态,即以句中时间为基准,这些事件和行为还未发生,如:

㊳ 史、罗坚持认为英方情报确实,<u>非</u>去<u>不可</u>,我坚决反对,并力陈利害。(杜聿明《中国远征军入缅对日作战述略》)

句中行为为"史、罗去某个地方",相对于说话人反对的时间来说,是一种未然状态。而一定要去某个地方这一状态,相对于说话者现在的时间来说,是已经成为现实的,因此,它属于现实体。"非 VP 不可"对句中的时间意义的这种规定,与该格式的特性是密不可分的,“非 VP(不可)”表示说话者一定要做什么事情,一定会出现什么情况或结果,除此之外,别无其他选择。说话者有如此强烈的意愿,那么他要求的事情、要做的行为或产生的结果一定还未发生,只有发生前才能做选择。如果已经发生了,它作为一个事实存在,就没有一定要做的必要了。

(6) “无时无刻(不)VP”类

该类格式所在句为持续体的已然状态,如:

(89) 在瞬息万变的生活环境里,我们无时无刻不受到数以亿计的病菌的侵袭。(林崇德《中国儿童百科全书》)

句中行为为“受到数以亿计的病菌的侵袭”,这一行为一直在不间断、持续地进行中,属于持续体,句中 VP 后常出现进行体标记“着”,如“我们无时无刻不受着数以亿计的病菌的侵袭”,也印证了这一点。

句中事件为“我们一直受到病菌的侵袭”,这一状态相对于参考时间来说,是一种已然的状态,且这一状态还会一直持续下去。

另外,“无时无刻”这一载体本身也具有时间意义,它与否定词“不”相结合,形成双重否定结构,在时间轴上表示从过去到现在,并向将来无限延伸。句中行为在时间轴上的任一时点,都在进行之中,而该格式的肯定式中载体与范围副词“都”的搭配,也成为这一时间意义的旁证。

(7) “好(不)AP”类

这类格式规定的时间意义为状态的已然性。

“好不”的格式义多表示状态的程度,表达一种感叹的语气。它

对时间的选择不是很明确。但从语料也能判断出,其出现的句子都表示过去或现在的状态,而这种状态对于说话时间具有已然性,如:

⑨ 一家四口三代茶余饭后,围在电视机前,悦目赏心,<u>好不自在</u>!(《人民日报》1995 年)

该句对"好不自在"这一状态的感叹,可为现在,也可为过去,但都属于已然的情状。只有对已然性的状态,才能感慨其程度之高,而对将来的状态,还不能清楚预测出它的程度,当然也不必用强调程度的格式来说明,因此语料中未见表示将来时间的句子。

(8)"(不)一会儿"类

该载体本身即为时间词,有时量限制作用,表时间的短暂,而对句中事件的发生时间,具有以下的规定性,如:

⑨ 两人跟了上去,<u>不一会儿</u>在拥挤的人群中把人跟丢了。(《人民日报》1995 年)

⑨ 我<u>一会儿</u>就回来。(《作家文摘》1995 年)

⑨ 她们聊了<u>一会儿</u>,相互留下了联系方式就告别了。(卞庆奎《中国北漂艺人生存实录》)

上文例句中的前两句为"一会儿 VP"格式,后一句为"VP 了一会儿"的格式。从上面的例句可以看出,"一会儿 VP"的格式,指动作经过很短暂的时间后发生,句中情状相较说话时间可为已然状态,如例⑨,"两人跟丢了",为现实体的已然态,又有现实体标记"了"加以印证,表示该事件于短时内已发生;而当句中为未然状态,如例⑨2,"我回来"这一事件还未发生,但在最近即将发生,为最近将来体的未然态,然而,否定式无法成立,因而不属于羡余否定格式,而对于"VP 一会儿"的格式,多表示现实体的已然态,如例⑨3,"她们聊天"这一事件相对于说话时间来说已经成为现实,且该事件持续了一段短时间。

因此,载体"(不)一会儿"具有鲜明的时间色彩,具短时义。它在"一会儿VP"格式中对时间有规定性,表已然态;在"VP 一会儿"格式中,它规定句中的时间意义为现实体的已然态。

(9)"(没)VP 之前"类

该格式表示某事件或行为发生前的时间,对句中时间的选择也是比较宽松的。句中有两个 VP,分别为"没 VP 之前"中的行为,以及"没 VP 之前"为状语修饰的行为,并将其分别设为 VP1 和 VP2,VP1 和 VP2 在时间轴上形成互补状态。"(没)VP 之前"本身含时间义,"(没)"后的行为 VP1 是已然还是未然状态未定。因此,在这一行为前发生的事件 VP2 的时间即句中时间也是不定的,如:

㉔ 我们在没弄清真相之前,不能进攻西安。(邢建榕、端纳《斡旋西安事变的洋人》)

㉕ 没有和他恋爱之前,我们是好朋友。(王素萍《她还没叫江青的时候》)

㉔中,"弄清真相"这一行为对于说话时间来说为未然状态,而"进攻西安"在"弄清真相"行为之后发生,必然也处于将来时间下的未然状态。

㉕中,"和他恋爱"这一行为对于说话时间来说为现实体的已然

状态,而结合上下文语境,可以推断出,"我们是好朋友"这一情状已成为过去,暗含现在这种朋友关系已不复存在之义,这一状态与现在之间存在一个时间缺口,在过去某段时间内是持续的已然状态。

以下将各类格式对时间意义的规定性归并如下:

(箭头左边为羡余否定格式,右边为所在句被规定的时间意义。)

差点(没)VP	现实体(已然)
好(不)AP	状态的已然性
难免(不/没)VP/AP	现实体(已然)
不由得(不)VP	现实体(已然)
无时无刻(不)VP	持续体(已然)
小心(别/不要)VP	最近将来体(未然)
防止(不)VP	将来体(未然)
忍住(不/没/没有/别)VP	将来体(未然)
看我(不)VP	近将来体(未然)
阻拦(不/不让)VP	将来体(未然)
责怪/……(不该)VP	现实体(已然)
(不)要太 AP	现实体(已然)
别(不)是 VP	现实体(已然)
(不是/不)得……	近将来体(未然)
(不)一会儿 VP	现实体(已然)
非 VP(不可)	将来体(未然)
(没)VP 前	现实体(已然)
VP 了(不)一会儿	现实体(已然)

综上所述：

(1) 以上羡余否定格式中，有 4 类比较特殊，其格式本身尤其是载体包含了鲜明的时间意义，分别为：

1) "无时无刻(不)VP"：载体表持续性和不间断性，该时间意义覆盖了句中事件的发生时间；

2) "(不)一会儿 VP"：载体表示短时量，格式包含的时间意义为间隔短时间后即发生某一事件，规定了句中事件的发生时间；

3) "VP 了(不)一会儿"：格式所包含的时间义为行为持续的短时量，整句的时间意义则为某一事件在较短时间内持续进行，现已结束；

4) "没 VP1 之前，VP2……"：格式所包含的时间义为某一行为发生前的时间段，所在句包含两个行为，即 VP1 和 VP2。VP2 为主要行为，两者在时间轴上形成互补关系，即羡余否定格式的时间范围指向限定了主要行为的时间范围。

(2) 其他 14 类格式载体不具明确的时间意义，其格式也无显性的时间指向意义，然仍对其所构成的句子形成时间上的规定性。

由此可见，以上格式分别从两方面对句中事件的时间形成限制：其一为载体的显性时间意义：载体本身为时间词或结构，其显性的鲜明的时间意义延伸至整个格式，进而覆盖到整句，句中的事件在载体及其格式的时间规约之下；其二为格式的隐性时间意义：格式并无明显的时间表征，但其隐含的时间意义对所在句的事件时体有修正和限制作用。

(3) 格式规定了所在句的时间意义，而所在句中也常有相应的时间标记词与之呼应：如"差点(没)"中的现实体标记词"没"；"无时无刻(不)VP"中，肯定形式中的时间范围副词"都"，以及 VP

后的持续体标记"着"。

（4）羡余否定格式大多数都存在于现实体句中，只有少数所在句为近将来体。而关于行为的状态，已然状态占大多数。

总之，各类羡余否定格式对句中事件的时间意义具有规定性，这与格式本身的表义特征有关，也与格式所用否定标记词相互印证。各种格式的事件状态及时间性也反映在否定形式中体标记词的使用上。

3.3.3 肯否形式的使用频率及不对称性

从传统标记理论的角度而言，肯定句和否定句形成有标记和无标记的对立，肯定句为无标记项，否定句为有标记项，以否定词为标记特征。相应地，羡余否定格式的肯定式和否定式分别以肯定句和否定句的形式存在。按照上述理论，羡余否定的肯定式应为无标记形式，而否定式应为有标记形式。这种观点沈家煊(1999)曾提出过，但经过实际语料分析显示，该格式内部这两种形式的对立情况并非如此简单，而应作进一步分析，各种格式的形式间关系存在着一种共性，但也呈现出内部的差异性。

每类羡余否定格式都为一个具体的语义范畴，其内部存在两个成员，分别为肯定式和否定式，两者构成一种标记模式，呈不对称性。按照沈家煊的标记论理论，对于有标记项和无标记项的判定标准有6类：Ⅰ.组合标准；Ⅱ.聚合标准；Ⅲ.分布标准；Ⅳ.频率标准；Ⅴ.意义标准；Ⅵ.历时标准。前两条为形态标准，可参照具体语言形式，后几种依循的语言形态是隐性的。其中，频率标准是最基本的。对于汉语这样缺乏形态的语言来说，分布标准和频率标准尤为重要，笔者在下文就从其中的 3 类判定标准特别是频

率标准角度对羡余否定范畴的标记形式进行解释:

(1) 组合标准

此类标准指一个语法范畴中用来组合成有标记项的语素数目比无标记项多。羡余否定的否定式相较于肯定式,多了否定标记词"不""没"等,因此,从这个角度理解,否定式为有标记项,否定标记词即为标记特征。然而,在实际语料中,通过对两种形式的比较发现,形成羡余否定的肯定式和否定式的形式差值不仅包括否定标记词,还包括成句所必须的一些副词、连词等,如否定式"除非……不……"所对应的肯定式为"除非……才……",否定式中有否定副词"不",肯定式中必须有语气副词"才"方能成句。因此,仅从组合标准简单地判断哪种形式为无标记,哪种形式为有标记项是不可行的。

(2) 分布标准

此类标准指在句法中无标记项可出现的句法环境比有标记项的多。

(3) 频率标准

此类标准指无标记项的使用频率比有标记项的高。

这两类标准之间具有互通性,一般来说,某种形式出现的句法环境越宽泛,它构成句子的可能性也就越大;它被使用得更为频繁,其使用频率也就越高。上文也提到,在分析汉语的语言现象时,分布标准和频率标准尤其重要,因此,下文将从这两个标准出发,对语料中羡余否定格式的两种形式出现的频率进行统计,判断其有标记与无标记项,并归纳其共性和差异。

王进文(2008)曾用 60 万语料对 7 类羡余否定格式形式的使用频率进行了统计,得出以下结论:肯定式在使用频率上远超过否定式。然而,笔者在结合 CCL 语料库的所有语料,对上述 18 种格式类型进行穷尽性地调查后发现,肯否形式使用频率的差异性绝非肯定式单方面占数量优势如此简单,而有多重情况,且每种情况后都有一定的理据支撑。

表 6　羡余否定格式的肯否式使用频率

	羡余否定格式	肯定式	否定式	总数
X＋Neg＋Att	差点(没)VP	1 865(97.14%)	55(2.86%)	1 920(100%)
	好(不)AP	3 115(68.78%)	1 414(31.22%)	4 529(100%)
	难免(不)VP	3 245(94.03%)	206(5.97%)	3 451(100%)
	不由得(不)VP	2 503(95.53%)	117(4.47%)	2 620(100%)
	无时无刻(不)VP	33(10.71%)	275(89.29%)	308(100%)
	小心(别)VP	193(75.10%)	64(24.90%)	257(100%)
	防止(不)VP	7 366(99.91%)	7(0.09%)	7 373(100%)
	忍住(不)VP	96(61.54%)	60(38.46%)	156(100%)
	看我(不)VP	18(31.03%)	40(68.97%)	58(100%)
	别(不)是 VP	71(93.42%)	5(6.58%)	76(100%)
	阻拦(不让)VP	44(97.78%)	1(2.22%)	45(100%)
	责怪……(不该)VP	213(94.25%)	13(5.75%)	226(100%)
Neg＋X＋Att	(不)要太 AP	/	/	/
	(不是/不)得 VP	4 311(95.31%)	212(4.69%)	4 523(100%)

续　表

羡余否定格式		肯定式	否定式	总数
	(不)一会儿VP	6 946(86.71%)	1 065(13.29%)	8 011(100%)
X＋Att＋Neg	非VP(不可)	3 831(33.12%)	7 737(66.88%)	11 568(100%)
Neg＋Att＋X	(没)VP前	7 970(82.85%)	1 650(17.15%)	9 620(100%)
Att＋Neg＋X	VP了(不)一会儿	5 405(99.67%)	18(0.33%)	5 423(100%)

上表为各类羡余否定格式在CCL语料库中的肯否形式使用情况,其具体统计数据表明:尽管羡余否定式与肯定式在语义层面的对立性已基本消失,但是在使用频率上仍存在着明显的对立性。主要从以下几个方面加以说明:

3.3.3.1　使用频率的三分差异

1. 肯定式使用频率大大超过否定式,占绝对优势

绝大多数羡余否定格式都属于这种情况。如"阻拦(不让)VP",语料库中45例句子中,否定式只出现1例,肯定式占比高达97.78%。

2. 肯定式使用频率低于否定式

只有少数格式呈现这一统计结果,如"无时无刻(不)VP"共有308例语料,其中肯定式33例,占10.71%;否定式275例,占89.29%,否定式所占比例远远超过肯定式。另外,"非VP不可"也属于这种情况。

3. 肯定式使用频率高于否定式,但并未占绝对优势

这种情况也只包括少量格式,如"忍住(不)VP"格式,共有156

个例句,肯定式为 96 例(占 61.54%),否定式为 60 例(占 38.46%)。

总体而言,在绝大部分羡余否定格式中,肯定式的使用频率远远高于否定式。因此,按照沈家煊的标记理论——"以频率标准为先"的原则,一般情况下,肯定式为无标记形式,否定式为有标记形式。肯定式为羡余否定范畴的典型形式是一般情况下羡余否定格式的标记共性,这也与标记理论第一条组合原则相吻合。

3.3.3.2 肯定式数量占绝对优势的依据

在羡余否定格式中,绝大多数情况下,肯定式的数量远高于否定式。这种现实不是偶然出现的,而是有其内在的依据。

1. 肯定式的数量远超过否定式,与其句法分布的范围密切相关,即与标记理论的分布标准相契合

根据语料,相较否定式,肯定式出现的句法环境更为宽泛,也就是说,在某些句法条件下,只适用肯定式,而不适用否定式。因此,肯定式的使用频率自然居高不下。例如:"差点儿(没)VP"类格式,将句子中的否定式替换为肯定式,基本都能成立;而当"差点儿"后出现副词"就"时,如"他差点儿就摔倒了",则只能使用肯定式而非否定式;对于这种句法语义环境对肯否形式的选择性和限制性,笔者将在以后章节谈到形式差异性时展开深入论述。这一句法语义环境层面的限定是肯定式频率占数量优势的语言事实依据。

2. 符合语言的经济原则

G. K. Zipf(1949)提出的经济原则为语言学的一个重要特征,他认为语言在日常交际时,应遵循省时省力的原则。语言作为最重要的交际工具,从根本上需遵循经济原则,羡余否定格式也自然受到这一原则的限制。然而,这一语言现象一贯被看成是与经济

原则相悖。为表达同样的语义,同一语言出现了两种形式:否定式形式更为复杂,因此违反了经济原则;而肯定式使用则更为省时省力,自然适用于更多情况,占绝对优势。当然,还有两个问题值得注意:其一,为何在肯定式已能最经济省力地表达语义的情况下,还要费时费力地制造一个否定式来表达相同的语义?即否定式出现的内在动因是什么;其二,否定式的存在有何价值,它是如何出现的,即否定式产生的语言轨迹是怎样的。这些问题都将在后文详加论述。总而言之,语言的经济原则是肯定式之所以成为无标记形式的语言理论依据。

3.3.3.3 否定式占数量优势的解释

在大多数格式呈现肯定式为无标记项的共性下,少数否定式占主导的格式就形成了别具"个性"的语言现象。因此,对这一现象的解读也显得更为重要。为何这些格式呈现与众不同的特征?它们之间有何共性?这些问题是我们研究的重中之重。上文也提到,这类现象共有三种格式:Ⅰ."无时无刻(不)VP";Ⅱ."非VP(不可)";Ⅲ."看我(不)VP"。第一章中曾提到,一种羡余否定格式的构成,主要由三个关键成分——载体、否定标记、吸附成分按照一定的位置关系组合而成,因此,这些格式在形式上的特殊性也必然与以上因素有关。笔者通过分析发现,它们的否定标记都为"不",与其他格式并无不同之处;吸附成分也都为VP;位置关系分别为"X+Neg+Att"和"X+Att+Neg",不存在位置关系上的共性;唯一存在特异性的就是载体,即"无时无刻""非"和"看我",显而易见,前两种载体均为否定性成分,含有否定词,分别为"无"和"非",与羡余否定标记"不"构成双重否定格式,后一种载体为"看我",且一般用于感叹句中,其否定式带有强烈的反问语气。鉴于双重否定句式和反问句都有鲜明的否定色彩,其所在格式的典型形式也体现出不同于其他格式的趋向性。至于这两种特殊的句式是如何影响其格式对无标记形式的选择,就与载体与否定标记的否定性叠加与缩略有关,这一影响机制将在下文谈及羡余否定标记及格式的形成时作专门的论述。

3.3.3.4 形式的频率差异性及冗余度

尽管绝大多数羡余否定格式都以肯定式为无标记形式,并且肯定式与否定式间形成频率的不对称性,但各类格式之间仍存在着频率高低的差异,如"阻拦(不让)VP"的否定式仅为2.22%,"(不)一会儿VP"的否定形式为13.29%;而"小心(别)VP"的否定形式为24.90%,因此各种否定式频率有着明显的差异。依据标记理论的观点,其范畴内某一成员的使用频率越高,另一成员的使用频率越低,则前者的无标记特征越明显;同样地,对于羡余否定范畴,肯定式的使用率越高,那么它作为无标记形式的地位则更为确定,否定式的存在则更为多余。根据信息论的原理,语言是人类社会特有的一种信息传递,语言传递的原则即用有限的语言形式负载尽可能多的信息,当人们在传递某种信息来表达语义时,语言形式中出现了未表达信息实质内容的那部分编码符号,即所谓的冗余信息。另外,笔者认为应引入冗余度的概念,冗余度即信息在传递和存贮过程,冗余信息的多少程度。在羡余否定格式中,羡余信息就表现为否定词,这一否定成分是表达足量语义的多余成分,而冗余度则表现为否定词未能表达任何句义的程度。因此,否定式使用的频率差异,也从一定程度上反映了否定词冗余度的差异。否定式出现的频率越低,说明其存在的必要性越低,则该形式的冗余度越高;反之,否定式出现的频率越高,则该格式的冗余度越低。而对于否定式占主导的羡余否定格式,从某种意义上说,否定式不再形成冗余,肯定式形成"羡余肯定"。因此,在肯否形式中,谁为冗余并不是绝对的。笔者将它们之间的关系,按否定词的冗余度从高到低为轴,作成一连续统,具体如下:

```
肯定式占数量优势 ——————→ 两者接近 ——————→ 否定式占数量优势
肯定式的使用频率:高 ——→ 低
否定式的使用频率:低 ——→ 高
100% ———————————————————————→ 0

否定词的冗余度:高 ——→ 低
```

由此可见,否定词的冗余度与肯定式的使用频率成正比,而与否定式的使用频率成反比。随着以上轴线从左向右延伸,否定词的冗余度不断降低,从100%降至0。左端为肯定式使用频率占100%的情况,此时不存在否定式,或者说,即使有否定式存在,否定词的冗余度也为100%;上图右端为否定式使用频率占100%的情况,此时不存在肯定式,或者说,即使有肯定式存在,否定词的冗余度也为0,即否定词是必不可少的成分。左端和右端为两种极端情况,它们不再形成羡余否定,前者为一般情况的肯定句,后者为一般情况的否定句。而羡余否定现象,则覆盖了从左端到右端的轴线范围,它从左端出发,但不包含左端,向右端无尽延伸,但又不到达右端。每一个羡余否定的句子的肯否式都有如下特征:

$$频率 \in [一般肯定句,一般否定句] + [语义同值]$$

另外,上文已对肯定式或否定式占数量优势的缘由进行了初步的解释,那么,为何在肯定式为无标记形式的状态下,各种格式之间也呈现出频率高低的差异呢?这种频率高低的差异性是怎样具体影响否定词的冗余度的？这也应从构成格式的关键要素和位置关系入手：Ⅰ.载体：载体是承载羡余否定的最关键成分，它本身的性质尤其是否定性是影响形式使用频率的重要因素。具体语料表明，羡余否定的载体分为 3 种，其否定性的程度存在差别，分别为无否定性、隐性否定及完全的否定成分，无否定性如"之前"，隐性否定如"阻拦"，完全的否定词如"无时无刻"；Ⅱ.否定标记：否定标记具有鲜明的否定性，自然是影响否定式使用频率的重要成分；Ⅲ.吸附成分：由于各种格式的吸附成分各异，多变而繁复，因此较难作为比较标准，不纳入参考范围；Ⅳ.位置关系：这里所指的位置关系主要为载体和否定标记的位置分布。由于载体存在不同程度的否定性，与否定标记的否定性共同作用，两种否定义或相互抵消、或削弱、或强化、或叠加，最后形成整个格式的语义。而载体和否定标记的相互作用也受到两者位置的影响，因此，位置关系对于形式的频率高低也是重要的因素之一。

由此可见，羡余否定格式的形式频率高低具有一定的规律性，它和载体的否定性程度、载体与否定标记的位置关系以及其相互作用的结果密切相关，至于载体和否定标记是如何相互作用、产生的语义结果有哪几种类型等问题，笔者将在后章谈及否定标记的生成及从属性时进一步详细的分析。

总体而言，在羡余否定范畴中，肯定式为无标记形式，否定式为有标记形式，肯定式的使用频率远远超过否定式；另外，否定词的冗余度受载体和否定标记间关系的作用，与肯否形式的使用频率密切相关。

3.3.4 格式的语域特征

所谓语域(register),是指语言随着使用场合环境不同而区分的语言变体,正如韩礼德(1988)在语域论中指出,语言为追求最佳的表达效果,会根据特定的语言环境,选择有一定特征的语言变体,即语域模式的选择性。如,同一位说话者,在外交场合使用的语言模式,与他在家中教育孩子的语言模式,是截然不同的,这种差异性就由不同的语言使用环境来决定。根据题材(subject matter)、或话语范围(field of discourse),语域可分为两类:一类为政治、新闻、法律、科技、新闻、广告等;另一类为家庭对话、口头自述等,前者对应正式语体,后者对应非正式语体(随便语体)。经过语料调查发现,羡余否定格式的语域范围具有选择性,它所适用的语体也存在某种共性。

根据冯胜利(2010)对语体类型的区分,则有下图:

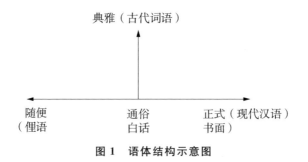

图 1　语体结构示意图

根据该结构图,可看出语体坐标系有正负两级,分别为正式语体与随便语体,在正负之间是既不正式也不随便的中性零度语体(亦称通俗体或白话体)。其中,正式语体即现代汉语中的书面语,非正式语体包括随便语与通俗语(白话文),一般所称的口语语体也属于这类。按照过往的研究标准,语体大多被简单地划分为书面语体和口语语体两类。这种新的语体划分模式确立了更为严格的书面语界定标准,并将语体范畴视为一个连续的系统,大多数语域下的语言使用都归属于随便语体与正式语体之间,即中性零度语体的情况。

在语料库中,所涉及的语域主要有以下几种:政论事务性、新闻类、报刊评论类、科技论文、文学语言、日常口语(如北京话)等。根据语域与语体的关系,笔者可以得出语体分布如下:

语域类型	正式	非正式
政论事务	＋	
新闻广播	＋	
报刊社论	＋	
科技/美文	＋	(＋)
文学报道		＋
日常聊天		＋

在以上 6 类语域环境中,前 3 类属于正式语体,后 2 类属于非正式语体。其中,文学小说为通俗体,日常聊天为随便体,第 4 类科技比较特殊,两属皆可,但需视情况而定,如专业的科技性论文属于正式语体,而科普介绍性的文章则可采用通俗体,以便读者理解。另外,虽同属文学语言,但美文为正式体,而文学小说则属于通俗体,前者为诗歌、散文等艺术层次较高的文类,风格或典雅或庄重,所用词语或句式一般只用于书面,而无法用日常言语来表

达;后者为一般的记叙型文章,旨在陈述一个有情节的故事,即可以文字形式出现,也可用言语做口头表述。当然,这些文类之间的界限并不是绝对的,比如,诗歌中的打油诗惯用通俗的"大白话"语言,来表现诙谐直白的风格,这类诗歌就属于非正式体。总之,在对语料进行考察的过程中,统计的是绝大部分的情况,对打油诗等边缘现象,因其比例较小不影响调查结果,笔者在此故不另作分析。

以下是部分羡余否定格式在不同语域下的使用频率,为研究方便,仅列出最有代表性的格式及频率最高的情况:

表7 部分羡余否定格式的语域分布

羡余否定格式	使用频率最高的语域类型	频率	总数
差点(没)VP	文学报道	1 440(75%)	1 920(100%)
好(不)AP	文学报道	4 529(100%)	4 529(100%)
难免(不)VP	文学报道	3 444(99.80%)	3 451(100%)
小心(别)VP	文学报道	255(99.22%)	257(100%)
忍住(不)VP	文学报道	156(100%)	156(100%)
责怪……(不该)VP	文学报道	165(73.01%)	226(100%)
(不)要太 AP	日常谈话	100%	/
(没)VP 前	文学报道	5 887(61.20%)	9 620(100%)

由上表可见:

(1) 羡余否定格式出现最多的语域类型为文学报道,即各类小说及报道文学,一般不出现在政治事务、法律文件和科技美文中;

(2) 完全口语化的"不要太 AP"格式,由于该格式为方言类格式,因此只在日常谈话语域中出现,被彻底地口语化,换言之只出现在口语体中,不能以书面形式出现;

(3) 有少数格式,其载体为典型的书面词语,例如"无时无刻""以免"等,其肯定式可出现于正式语体如法律文本中,但这种情况为小概率事件,且其否定式不能出现在正式语体中。因此,就总体而言,羡余否定格式一般不能在政论等正式书面语体中出现。

总而言之,羡余否定现象多存在于非正式书面语体和口语中,而不存在于正式的书面语体中。这种语体使用上的共性不是偶然的,而有其理据可循:首先,羡余否定格式的一大特性即冗余性,形式上形成意义的空位,而对于正式的书面语体来说,它具有庄重、文雅、准确的风格,语言表达具有明确性,用词精确规范,句子结构完整,多用长句和完全句,尤其是政论公文类,语言准确严密,具有很强的逻辑性,因此,冗余性被这类语域所排斥,羡余否定格式自然也不为这类语域所用;其次,文学报道大量使用通用的一般词语,且注重句式的多样化,广泛运用各种修辞方式,而羡余否定格式也带有强烈的修辞色彩,较一般句式有加强和修饰句义的作用,因此极其适用于文学报道这类艺术化的语言。

3.3.5 格式的句类和语气特征

王进文(2008:10)提出,当"差点儿(没)VP"受到语气的制约,表示夸张的语气时,不管 VP 是积极的成分还是消极的成分,都可以加"没"或去掉"没"形成羡余否定格式,其表示的意义是"没VP"。也就是说,在这种情形下,语气使得该类格式突破了 VP 性质的限制,无论 VP 是否企望都构成了羡余否定。其他多种羡余否定格式也表现为某种语气或情态,属于某种句类,如:"小心(别)VP"表示羡余否定时必须是祈使句;"(不要)太 AP"表示羡余否定只能用于感叹句,并且后面要跟语气词"噢""哦""呦"。在下文,笔者对具有该种特征的格式分类列举说明:

(句类和语气的规定性)

差点(没)VP	夸张语气
好(不)AP	感叹语气(感叹句)
难免(不/没)VP/AP	必然语气
不由得(不)VP	不自控语气
无时无刻(不)VP	夸张语气
小心(别/不要)VP	祈使语气(祈使句)
防止(不)VP	强制命令
忍住(不/没/没有/别)VP	控制语气
看我(不)VP	威慑语气
阻拦(不/不让)VP	不允准语气
怪/……(不该)VP	不允准语气
(不)要太 AP	感叹语气(感叹句)
别(不)是 VP	测度语气
(不是/不)得 VP	必要语气
(不)一会儿 VP	确认语气
非 VP(不可)	必然语气
(没)VP 前,……	确认语气
VP 了(不)一会儿	确认语气

上表参照了王力、高名凯、吕叔湘和贺阳等的语气区分理论框架(齐沪扬,2002),由此可见:

(1) 每类羡余否定格式都有特定的语气和情态,属于特定的句类,且有相应的情态词和语气词等作为标记特征:如"(不要)太AP"句尾的"啊"和"哦"等感叹语气词;"怪……不该VP"的情态动词"该"等。

(2) 某些格式只在特定的语气和情态下才构成羡余否定,如:"(还)不得VP"。

(96) 鬼子真的来了,还不得在我家里打得开了锅?(冯志《敌后武工队》)

(97) 他字倒认了不少,可啥本事也没学上,连地都不会种,还不得过穷日子。(《1994年报刊精选》)

上文两个例句中,只有后句才能构成羡余否定,这是由语气条件所决定的。"不得VP"格式大多在表达确认性语气时,才能构成羡余否定,而在表达反诘性语气时,则大多不再属于羡余否定的范畴。

3.4　小　　结

就句法结构的分类而言,形式标准最为直观和明确。羡余否定格式按其三要素(载体X、否定标记Neg、吸附成分Att)的位置关系可分为5类,其中"X+Neg+Att"占据数量优势。

羡余否定格式具有以下整体性特征:①句法角度:主要充任

谓语,基本定性为谓词性结构;②语义角度:除具有微观层面的核心语义外,羡余否定格式体现宏观的语义功能,即强化语义及对时间意义的规定性;③肯否式的频率角度:肯定式为无标记的常式,否定式则为变式,但也存在标记颠倒的现象,否定式的使用频率高于肯定式,两者使用频率的差异源于格式的生成机制,且与否定标记的冗余度相关;④语域角度:多用于非正式书面语体和口语中,其冗余及修辞特征排斥高精确度的正式书面语体;⑤句类和语气角度:格式呈现特定的句类及语气情态特征,这一特征也是构成某些羡余否定格式的先决条件。

第 4 章　羡余否定格式的形式制约性

4.1　肯否式受限的三类制约条件

　　羡余否定格式的两种形式——肯定式与否定式,在一般句法环境下构成同义,既能相互替换,又不影响句义成立。但这种替换并非随意,而是受到具体语言环境的制约,也就是说,在某些句法条件下,肯定式与否定式的使用具有受限性。

　　根据语料,羡余否定形式的制约性主要分为以下三种情况:

　　其一为功能受制。在格式中尽管出现载体,但由于一定的句法语义条件的限制,在表达某种语义时,只能采用一种形式,此时,不再构成肯否同义现象。如"差点(没)VP"格式,当 VP 表企望义时,其肯定式为"没 VP"的语义趋向,而否定式则为 VP 的语义趋向,形式相反,语义也恰好相反,因此,不再构成羡余否定现象。在具体研究中,这类情况不被纳入研究范围。

　　其二为语义受制。在某些语言环境下,选择肯定式或否定式都能使句子成立,语义自足,但其中一种形式能更恰当地表情达意,更适合语境的需要。如"难免(不)VP"类羡余否定格式,肯定式和否定式都能表结果不可避免,然而,当所在句需强调当事人主观上极力避免 VP 的结果时,则更趋向使用否定式,尽管使用肯定式的句子也能成立,但却削弱了主观上的避免意愿。

其三为形式受制。羡余否定格式由于受格式内外一些附加成分或语言环境的限制,否定标记的出现与否并非任意,肯否式只能选择其一,如果选择了另一种形式,语句则不能成立。

之前的研究者大多从第一种情况出发,对格式构成羡余否定的制约性条件进行分析,如王志英(2012)在《羡余否定的格式及制约条件》中,从 VP 成分的性质,比如企望与否,消极或积极以及 AP 的褒贬、整句的语气等方面做出了限定。然而对于第三种情况,即肯定与否定式的选择性则甚少谈及。因此,本书在研究羡余否定的形式制约性这一问题时,笔者主要针对第三种情况进行分析,即排他性的情况,探讨格式内外句法因素对形式选择性的规定和制约。

4.2　格式内部的形式制约条件

经分析语料发现,与载体(否定标记)密切连接的邻近词或结构(一般为吸附成分 Att 的一部分),对其形式选择性的影响毋庸置疑。这些邻近成分主要有以下几种情况:副词、名词(人称代词)和动词或动词性结构。特别需要注明的是,本书在分析否定词与邻近成分共现及对形式的选择性时,只考察两者直接相连的情况,而对于中间插入其他成分的情况,则一概不纳入研究范围。另外,邻近词作为吸附成分的一部分存在,且一般出现在吸附成分首位,即 VP 的谓头位置,如"差点(没)VP"格式,副词"就"出现在其肯定式中。例如"差点(没)<u>就</u>被他骗了",例句呈现:载体+(否定标记)+副词+后续部分,其中"副词+后续部分"即吸附成分,该句所要分析的就是载体"差点"、否定标记"没"及副词"就"间的关系,尤其是后两者的关系。

以下将从不同邻近成分的角度具体分析其制约性。

4.2.1 载体 X 与谓头 AD 的准入性

根据语料,载体邻近成分为 AD 副词时,部分羡余否定格式的否定式使用受到限制。

已有研究者注意到了副词对羡余否定格式的这种限制性,如王进文(2008:16)就提出,"难免"和"不由得"后不能自由地加否定词"不"表示羡余否定,当载体和其后动词间有其他副词,比如"就""也"时,否定式不成立,又如"(没)VP 前"格式,谓头成分为频率副词"每"时,也只能使用肯定式。尽管王注意到了邻近副词对形式的选择性,但仅是对个别现象的零星描述,缺乏整体系统地描写,且未解释其内在的原因,这些问题都将在本节尝试解决。

副词为汉语中一大庞杂的词类,其下位分类标准复杂多样,至今未获得语法学界的统一看法。类别之少如朱德熙(1982),提及 5 类副词;类别之多如黄河(1990),将副词分为 11 类,笔者将根据黄河(1990)的观点,将其分为以下类别:

(1) 语气副词:本来、大概、当然、的确、究竟、居然、幸亏

(2) 时间副词:常常、曾经、从来、刚刚、马上、仍然、已经

(3) 总括副词:都、全、一概、统统

(4) 限定副词:不过、才、光、仅仅、只、就

(5) 程度副词:非常、更加、很、极其、稍微、太、挺、最

(6) 否定副词:不、没、别、甭

(7) 协同副词:一块儿、一起、一齐、一同

(8) 重复副词：重新、反复、屡次、再、又、再三、重

(9) 方式副词：白、分别、亲自、偷偷、逐步、逐渐、逐个

(10) 类同副词：也

(11) 关联副词：才、就、又

这些副词在羡余否定格式中连接载体和吸附成分，副词后的部分一般为 VP，副词对该 VP 起限定作用，去掉副词后，句子也能成立。通过语料发现，如果载体后或前出现副词，有些句子就只能采用肯定形式，而不能采用否定形式；反之，如果将这些句子的副词去掉，它的肯定形式和否定形式就可以通用。由此可见，否定形式受到限制的关键就在于附加的副词。

邻近词为副词时，部分羡余否定格式只能选择肯定形式有其内在原因。肯否形式在句法上的区别为否定标记，主要包括"不""没"和"别"，因此，否定标记的存在与否是决定形式是否适用的关键条件。而这些否定标记本质上就是否定副词，因此考察否定副词和其后接副词的关系，以及两者在整个格式中与其他部分的关系显得尤为重要。

否定标记词本身即为否定副词，因此，考察其两者的关系实质上就是分析否定副词"不""没""别"和其他类别副词的共现情况。（否定副词的位置在副词之前）

表 8　否定副词与他类副词共现情况

副词类别	和作为否定标记的副词的连接情况	举例
时间副词	可以连用	不正、没马上
总括副词	可以连用	不都、没都、别总

续 表

副词类别	和作为否定标记的副词的连接情况	举例
限定副词	可以连用	不才、不仅
程度副词	可以和一些单音节程度副词连用	不很、不太、没很、别太
重复副词	一般可以和"别"连用	别又

从实际语料中可以发现,对羡余否定格式的形式选择性有影响的主要是以上 5 类副词,而其他几类副词则不具形式上的限制性,这是因为:

(1) 语气副词与否定副词:否定词与语气副词的语义相容度为 0.5,否定词与语气副词只能共现时相容,遵循语气副词＞否定副词的语序规律,这是学界的共识,见尹洪波(2008)的论述。语气副词的辖域一般为整句,不直接与否定词发生作用,因此,在分析时可略去。

(2) 时间副词与否定副词:袁毓林(2002)提出,绝大多数时间副词只能居于否定副词之前,只有极少数时间副词能居于否定副词之后。后者主要为惯常体副词,如"不经常"(尹洪波,2008)。本节将对羡余否定格式中的这种结构进行分析。

(3) 范围副词与否定副词:范围副词为总括副词和限定副词的统称(李宇明,2000:118)。少数单音节总括副词和几乎所有限定性副词能出现于否定副词后。

(4) 程度副词与否定副词:只有高量级主观程度词(张国宪,2006:152—157),如"很"能位于否定词之前。

(5) 重复副词与否定副词:重复副词也能出现于否定副词之

后,且多为单音节副词,如"别再"。

(6) 否定副词与否定副词:一般不能叠加使用,只有在表达某种特定的语气时,能出现不同否定词连用的情况,如:"你不喜欢?没不喜欢。"

(7) 一般直陈句中不能搭配的否定副词和其他副词,在特定的句式如反问句中能成立,如"不就",一般仅表反诘语气,常有"吗"与之相呼应。

由此可见,否定副词和其他副词连用时,一般多限于单音节的情况,且该副词具有句法语义上的某些特性,它位于否定词的辖域之内,与否定词紧密结合,有时甚至能把它们看成一个有固定语义的整体,如:

① 只是因为各种原因,经济全面发展的速度并<u>不很</u>快。(程度副词)(《人民日报》1995 年)

② 可这新年中的新生活<u>不都</u>是甜蜜的。(范围副词)(《人民日报》1996 年)

③ 那时,他们<u>不曾</u>想到今天的生活是什么样子。(时间副词)(《人民日报》1995 年)

④ 快休息吧,<u>别再</u>感冒了,引得气管炎发作。(重复副词)(李树高《唯一不举手赞成开除刘少奇党籍的中央委员》)

⑤ 这些大山,<u>不就</u>是最宝贵的旅游资源吗?(语气副词)(《人民日报》1996 年)

①中副词"不"和程度副词"很"连用,"不很"整体上表示有点儿,程度不高的意思。"不"是对程度级次的否定(李宇明,2000:

265);②中的"不都"相当于表示没有全部被包括的范围,有例外的情况。又如③中"不"和时间副词"曾"连用,形成"不曾",可以看成是一个比较凝固的短语,表示没有做过什么事情的意思。④中,"别"和"再"连用,表示注意不要再有某种情况发生的意思。⑤中"不"和"就"连用,表示一种强烈的反问语气。因此,否定副词和其他副词之间存在语义上的联系,联系紧密的时候甚至能从整体上表达比较固定的语义。

在分析了否定副词和其他副词的连接条件和连接特点的基础上,在下文笔者再考察一下两者在羡余否定格式中的搭配情况。

仍按否定标记、载体和吸附成分的位置关系类型,笔者将否定副词与其他副词的搭配情况分为以下几类。

4.2.1.1　X＋Neg＋AD＋Att

这是格式类型最多的位置关系。根据语料考察,这些格式中的"不"后如果出现单音节副词的话,一般不能选择否定形式,如:以"难免"和"不由得"为例(限于篇幅,只列举其中的代表性情况)。

⑥ 这次我能住在这里,难免又引起一番伤感。(水静《李先念的大将风度与侠骨柔情》)

⑦ 虽然经历过的人也许不多,但提到这个词语,很多司机朋友难免很反感。(齐齐哈尔新闻 2013 年 9 月 27 日)

⑧ 人非草木,见面多了,会产生出感情来,将来,大家难免都会感到痛苦。(岑凯伦《合家欢》)

⑨ 由于心情愉快我特别想哼这支歌,不由得就哼了起来。(肖华《往事悠悠》)

在语料库中出现的 3 451 个"难免"类句子①中有 84 个句子的 X 与 Att 间有副词存在,而这些句子均以肯定式出现,人为将其转变成否定形式也是行不通的。其他羡余否定的语料亦是如此,其原因可从两方面加以说明:

其一,在句中,除同类副词外,否定副词一般可以和其他副词结合,但这种结合不是任意的,和不同副词搭配的否定副词是不同的。因此,若 X 后出现的副词不能与格式相应的否定标记相结合,则只能选用它们的肯定形式。如⑥,"不"和"又"这两个副词无法共现,又如⑨中,"不"和"就"在直陈句中,也无法搭配。因此,否定副词和其他副词共现的非任意性,决定了羡余否定的否定形式的使用受限。

其二,如上所述,否定副词与其后副词共现时,副词位于否定词的辖域之内,两者存在密切的语义联系,甚至构成固定的语义综合体,形成词的组连,即历时词汇化(diachronical lexicalization)的一种类型(Briton & Traugott, 2005),如:连词"不仅""不光""不只"等,都是分别由否定词"不"与副词"仅""光""只"演变而来②,这种现象索绪尔(1999:248)称为"黏合"。而在这类羡余否定格式中,若否定式得以成立,则呈现"载体+否定标记+副词(吸附成分)"的形式,根据上述词的黏合规律,则有载体+[否定标记+副词](吸附成分)的结构层次划分,如⑦"难免不很反感",根据丁声树(1961:42)、马清华(1986)等的观点,"不很 VP"的层次划分应为:"不"直接修饰"很"组合成句法结构"不很",然后再修饰 VP,即:

---

① 包括以肯定形式和以否定形式出现的所有句子。
② "不仅""不光"在清代,"不只"在宋代完成词汇化。

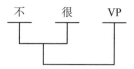

也就是说,在⑦中,"难免(不很)反感","不"与"很"具有天然的黏合性,"不"否定并下调了"很"的量级,构成了极量的否定,低量的凸显。又如⑧,否定形式为"大家难免不都会感到痛苦"。"不"和"都"紧密结合,"不"否定总括性的范围,凸显范围的受限。而在对这类羡余否定格式作层次划分时,实际的结构层次应为:

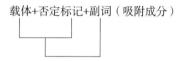

这一解释详见第 8 章,也就是说,羡余否定标记实质上与载体相互作用,并不与其后副词粘合成语义共同体。因此,如若包含副词的羡余否定格式存在否定式,则形成的结构为:

其中,否定标记分别受到前后载体和副词的牵制力,且这两种牵制力互相排斥,互为阻力,因此,否定标记处于"进退两难"的境地,只能选择退出这一格式。这一形式上的矛盾性在语义层面也得以显现:如⑧,否定形式为"大家难免<u>不都</u>会感到痛苦"。"不"与"都"的自然黏合,使副词"都"的总括量域降级为限定性量域,整句句义变为:有些人会感到痛苦,有些人不会感到痛苦。又如⑦"难免<u>不很</u>反感"。高量级程度副词"很"被"不"否定,降级为中

低量级,整句句义变为:不很反感(即比较反感)这种情况是难以避免发生的。以上否定式的句义都与其肯定式的句义相去甚远,不再构成羡余否定。

可以说,否定标记与其后副词的天然黏合性,隔断了其与载体的联系,使其无法以否定式出现,造成否定形式的受限。

值得注意的是,我们从语料中也能发现,同属该类的"小心(别)VP""后悔(不该)VP"等格式,其"谓头"为副词时,却允准肯否式的互换,如:

⑩ 你不认得湖中水道,恐怕不大好罢。小心别又撞上那个和尚。(金庸《天龙八部》)
⑪ 他后悔不该只替自己打算,完全不注意哥哥的痛苦。(巴金《家》)
⑫ 假如一个大学多遇到几回这样的事情,他们很可能拒绝不再收中国的留学生。(任羽中、张锐《完美大学必修课》)

这一现象说明"小心"类和"差点"类是有差异的,这和上文的结论并不矛盾。以下也从两个方面来分析。

其一,笔者通过对语料进行观察发现,"小心"类格式的肯定式中,载体后出现的副词仅限于重复副词、类同副词及范围副词,这些副词无一例外都能与相应的否定标记共现,如"别再""不只"等,即否定副词和其他副词间的搭配关系对"小心"类形式的选择性无影响。

其二,"小心"类格式结构层次划分不同于"差点"类(见第8章),为"X+[Neg+Att]",如"小心别摔倒""后悔不该来这儿",否定标记与其后吸附成分直接相连,而并非与载体 X 构成组合体,因此,Neg 与 AD 间的黏合关系与格式的层级切分相一致,致使否定式不受限。

4.2.1.2　X＋AD＋Att＋Neg

这种情况仍可用上述否定副词与其他副词间的关系来解释。该类的代表性格式为"非"类,该格式的否定标记"不可"位于末端,与载体"非"后所连缀的副词距离较远,影响较为微弱。因而,对于这类结构,肯定或否定式的选用和所附副词没有多大关系。但值得注意的是,"非"这一载体本身就是一个否定词,它与其后副词连用时有一些限制。语料中"非"类格式出现副词的情况非常少见,且一般都为重复副词,有"又""再"等,如:

⑬ a. 原来说不买大白菜了,谁知单位又要报销,逼着你<u>非再</u>麻烦一次。(刘震云《一地鸡毛》)

上句中出现了"非"和"再"连用的情况,其否定式成立,如:

b. 原来说不买大白菜了,谁知单位又要报销,逼着你<u>非再</u>麻烦一次<u>不可</u>。

从语料库中考察了 1 000 个句子,其中只出现了 6 个此类句子,比例相当低,仅为 0.6%。这是"非"类格式对其后所跟副词的选择性的限制,与肯否式的选择使用无关。

4.2.1.3　Neg＋AD＋Att＋X

这种情况即"(没)VP 之前"类。我们通过对语料的分析,可以发现这类格式中出现的副词主要有：

⑭ 在刚学会走路或者刚刚学会说出一个词来之前，就知道在与另外一个同样大小的婴儿交往时采取同样的轮流模式。(彭聃龄《普通心理学》)(时间副词)

⑮ 现有的订货在全交清之前，应付出的大批价款如何处理？(温斯顿·丘吉尔《第二次世界大战回忆录》)(范围副词)

⑯ 当他每进一个村子之前，就要能嗅出村子的情况。(丁玲《太阳照在桑干河上》)(频率副词)

可出现于该格式的副词主要有时间副词和范围副词，其中，范围副词的解释可同于第一类情况，而解释时间副词在该格式中对否定标记的排斥性，则应从格式本身的时间特征入手。王灿龙(2004)提出，"VP 之前"表示靠近 VP 的时间，是一种微观时点，"没 VP 之前"表示 VP 发生时间前的整体时间，是一种宏观时点，前者强调 VP 事件与主句事件时间上紧密相随，后者强调 VP 未然性及 VP 在未然状态下其他相关事物的状况，用下图表示为：

图 2 "VP 之前"与"没 VP 之前"的时间意义

⑭中，时间副词"刚"强调句中 VP 的发生时间为不久之前，即 VP 的实际时间是在接近 O 的时间轴上的某一时点，与对应的肯

定式的时间意义相吻合,而否定式强调未然状态的时段,因此,与"刚"的时间意义不相容,被排斥。又如⑯中,频率副词"每"强调动作从开始到结束的循环往复,该句的时间意义可参见下图:

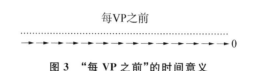

图 3 "每 VP 之前"的时间意义

VP 从起点到终点为一完整的事件过程,而该过程不断重复,形成"VP1 之前+VP2 之前+VP3 之前……+VPn 之前"的时间轴,"每 VP 之前"凸显相同 VP 每一次邻近发生对其后事件或状态的影响的共性,而"没……之前"否定式强调 VP 的未然性,这显然与"每 VP 之前"的时间意义相矛盾,因此该句只能以肯定式存在。

由此可见,"(没)VP 之前"格式本身的时间意义与时间副词间的交互关系,构成了对形式选择的限制。

4.2.1.4 Neg+AD+X+Att

根据语料,该类中肯否形式受限的情况只有"(不)一会儿 VP"的格式,且不同于其他几类的是,副词出现在载体之前,依附于载体,如:

⑰ 等等,罗严塔尔,<u>再一会儿就好</u>,你听我说——(田中芳树《银河英雄传说》)

通过对语料的考察发现,"一会儿"前出现副词时,副词一般为"又""再"等重复副词,此时,该格式的否定式,"不再一会儿"或"再不一会儿"都不能成立。由于"一会儿"的否定式较为特殊,否定标记"不"直接否定载体,其间不能再插入其他成分,已近乎黏合词的结构,因此,副词的使用将隔断"不"与"一会儿"间的黏合关系,必然无法成立。

当然,"一会儿"后也能有副词,如"就",但此时否定标记与副词在句中为载体所隔,相距甚远,且不与载体形成黏合关系,不再与副词存在联系,因此,在这种情况下,肯否形式不受限。

以上分析了副词对于羡余否定格式形式选择的影响,归纳为下表。

("/"表示对肯定或否定形式的选择无影响①,后文相同。)

语料中有些格式肯否形式均未出现副词,无须考虑副词的选择性,因对研究结论无明显干扰,不另赘述。

表9 谓头为 AD 的形式限定

格式类型	肯定形式	否定形式	备注
X+Neg+Att	+	—	"小心(别)VP"类等不受限
Neg+X+Att	+	—	"(不)一会儿+VP"格式受限,其他格式都不受限
X+Att+Neg	/(整个结构对副词的选择较严格)		
Neg+Att+X	+	—	限于范围副词、时间副词
Att+Neg+X	/		

---

① 包括两种情况:在羡余否定格式中该结构不会出现;在格式中该结构出现时对形式的选择没有限制。

4.2.2 载体 X 与 VP("V 单")的准入性

笔者在 3.3.1 中曾提及,羡余否定格式基本定性为谓词性结构,而根据语料,其吸附成分也多为 VP(偶为 AP),即单个谓词及谓词性短语。单个谓词及谓词性短语都有可能出现在羡余否定格式中,然而,对于不同格式,并非所有类型的谓词及短语都能进入其中,且一定类型的谓词或短语也存在着对形式的选择性,如王进文(2008)提出:"不由得"后接主谓短语时,不能加"不"表示羡余。但正如上文对副词选择性的描述一样,王对谓词性短语的形式选择性也停留在对零星现象的描述上,以下将按照 VP 的类型对其形式的限制性进行系统描述与解释。

4.2.2.1 谓词性结构的类型

谓词性结构是指在单个谓词基础上形成的较为复杂的结构。齐沪扬(2000)将谓词性短语分为以下几类:(1)述宾短语;(2)述补短语;(3)以谓词为中心语的偏正短语;(4)以两个或两个以上谓词或谓词性短语构成的联合短语;(5)包括连动短语、兼语短语在内的连谓短语。另根据黄廖本现代汉语第四版(2007),主谓短语也属于特殊的谓词性短语。羡余否定格式的吸附成分多为各种谓词或谓词性结构,有时还会附加一些助词、语气词等。

4.2.2.2 "S-V"结构的准入性

1. X+Neg+S-V

从语料中可见,有多类羡余否定格式的肯定式,出现了载体后连接名词(人称代词)作主语的小句的情况,如"差点儿""难免""不由得"和"小心"类格式,而否定式是否有同样的用法,情况比较复杂,需要逐一分析。

仍以"难免"和"不由得"为例,如:

⑱ 归途上,是走得较慢了,一难免力乏,二难免脚痛,三难免干粮已经吃完,四难免肚子饿。(鲁迅《非攻》)

⑲ 这库兵言谈,大异于往日,不由得两个人追问他的历史。(邓友梅《烟壶》)

⑳ 但是只有公家人手里有这种器械,代表了政权,不由得王仙客肃然起敬。(王小波《寻找无双》)

(1) 主语 S 的移位

上述三句,若变为否定式,则无法成立,但如果将载体后的主语移位至前,就能转换为通常所见的"不由得"或"难免"后直接连接动词或动词短语的形式。如⑲可转换成:"两个人不由得(不)追问他的历史。"⑳中把"王仙客"提前,就变成:"王仙客不由得(不)肃然起敬。"⑱亦可变为:"一力难免(不)乏,二脚难免(不)痛,三干粮难免(没)吃完,四肚子难免(不)饿。"从语料中所搜索到的句子可以发现,当 Att 为动词或动词性短语时,肯定式和否定式都大量出现,形式上的使用比较自由。因此,S-V 的主语移位前,否定式受限制,而移位后,肯定形式和否定形式就可以通用了。

(2) 不设限的主谓短语

然而,并非所有的 S-V 都能自动过滤否定式,如果小句中主语和前面的大主语是不同的或没有任何从属关系的,则一般要选择肯定形式;如果小句中的小主语和前面的大主语有一定联系,一般为从属关系,尤其是小句的形式比较简单,如两个词的组合时,则对否定形式不设限,如:

㉑ 我们讲了这么长时间话,难免不口渴。(云灿《锦绣繁华》)

㉒ 尽管有人说爱不求回报,但要是感情全部都付诸东流了,难免不心痛。(新浪伊人风采 2006 年 4 月 21 日)

㉓ 高考也是如此,让人不由得不心寒。(《人民日报》1995 年)

㉔ 归途上,是走得较慢了,一难免不力乏,二难免不脚痛,三难免不干粮已经吃完,四难免不肚子饿。

㉑至㉓这几个句子中的小主语分别为"口"和"心",都属于大主语"人"的一部分,和大主语间有语义从属关系,这些句子的否定式完全成立。将⑱中的"难免"的肯定形式全部变成㉔这样的否定形式,其中三个是成立的,只有第三个不能转变成否定形式,其原因就在于四个小句的小主语和大主语的关系不同。其中三个"力""脚"和"肚子"都为大主语"人"的一部分,和大主语间存在从属关系,而另一个"干粮"虽然是"人"所有的,但和人之间没有直接的从属关系,因此不能转变成否定形式。总之,小句中名词作的小主语和整个句子大主语的语义从属性会影响"难免"和"不由得"类肯定或否定形式的选择。

如何解释"难免"和"不由得"格式中对否定式的排斥性,须从两类格式的历时演变进程出发,详见第 6 章。以"不由得"为例,其格式进化轨迹大致为:"不由得"(动词性)+S(Pron.(与人相关名词))+VP;"不由得"(动词性)+S+不+VP→"不由得"(副词性)+S+VP;S+"不由得"(副词性)+VP→S+"不由得"(动词性和副词性)+不+VP。

由此可见,从北宋至清代,"不由得"类格式经历了以上形式的变迁。"不由得"后接主谓结构的模式最早产生,当时否定标记"不"位于主语和谓语之间,而后由于主语 S 的移位,先后演变为"不由得"的肯定式及否定式,在此过程中,还伴随着载体本身的虚化和 VP 独立性的增强,S 移位至载体前,最终形成现代汉语中的"不由得(不)+VP"表羡余否定的格式。对于"不由得+(不)S-V",并未见于历时考察,否定标记"不"的位置只限于 S-V 结构内部,而非统辖整个结构。"不由得"类格式中,吸附成分为主谓结构时对否定式的排斥性,是由其历时演变规律所决定的。

而对于"差点+S-V"的形式,在 CCL 语料中,未有"差点+S-V"的语例,但在互联网语料中却有此用例,如:

㉕ 扮鬼工作人员说,才走一半就<u>差点腿软</u>。(台海网 2013 年 8 月 3 日)

㉖ 第一次蹦极,<u>差点心就跳出来</u>了。(新浪微观视界 2012 年 8 月 16 日)

㉗ 我又向下看了看,<u>差点心没跳出来</u>。(腾讯财经 2010 年 2 月 10 日)

㉘ ……,<u>差点没把心跳出来</u>。

从语料可见,不同于上述两类格式,"差点"后极少出现小主语,即使出现也多为表人身体部分的名词,如"腿""心"等。且该格式具小主语后,对否定式的排斥性更为强烈,仅当 S-V 有词化倾向时,否定式才成立,如"腿软"。特别注意的是,若将"差点"格式的小主语移至否定标记之前,如㉗,句子就成立了,此时,㉖与㉗

形成了"差点＋S＋(Neg)＋VP"的形式,且肯否形式趋向同义,也构成羡余否定,该格式的否定标记插入 S-V 结构之间,被隔断了与载体的直接联系,可视为是"S＋差点＋(Neg)＋VP"的变形。

另外,实际语料中出现更多的是㉘,以"把"将主谓结构转化为介词结构,此时否定标记在载体后就能自由出入了。

其他类似的格式如:

㉙ 她爱他,以致<u>无时无刻心里(不)在想着他</u>。(《人民日报》1995 年)

"无时无刻"后的 S-V 结构为"心里在想着他",只能以肯定形式出现,否定式受限,否定词只能出现在 S 后,形成"无时无刻＋S＋Neg＋VP"的形式,亦可看成"S＋无时无刻＋Neg＋VP"的变形。

"小心"类格式的情况与上述皆异,语料中出现了大量的"小心＋S-V"的句子,且都以肯定式存在,如:

㉚ 上班扎堆聊天,<u>小心我扣你们工资啊</u>!(谈歌《大厂》)

笔者认为,这些只能以肯定式存在的句子"小心＋S-V"并不属于主谓结构对形式的选择性,已不再属于羡余否定格式,这可以从三个方面来分析。

其一,搭配关系:否定标记"别"是一个表祈使语气的特殊的否定副词,在一般情况下都不能与名词(人称代词)直接搭配。其

二,表达语气的"小心+S-V"格式表达的意义与"小心"类羡余否定格式中"小心"的意义有所区别,如:

㉛ 小心我打断你的腿。(邓友梅《烟壶》)
㉜ 她嘱咐老穆要多穿衣服,小心着凉。(《人民日报》1996 年)

从㉛㉜发现,"小心 S-V",一般都有一种表示警告威胁的不友善的语气,提醒对方,如果不照所说的做,就会对其采取一些惩罚性措施。而"小心"类羡余否定格式则表示一种委婉的关心和劝告语气,提醒对方可能会出现的危险。它可以加上否定标记"别",表示说话人不希望听话人发生"小心"后面的情况。两种情况的出发点是不一样的。其三,隐含主语:"小心"类格式为祈使句,因此往往之前有一个隐含的主语,即被提醒的一方。如㉛可以变成:"你小心我打断你的腿。"㉜的意思是"老穆,小心着凉"。两者的区别在于,㉛中的"小心"后出现了"我"这个主语,动作的发出者是说话人"我",和被提醒者不同;㉜"小心"后未出现主语,但"着凉"的动作的隐含的发出者仍然是被提醒者。这也是"小心"类羡余否定格式和"小心 S-V"小句的区别所在。

因此,名词(人称代词)作为小句的主语附于"小心"后,所构成的结构不再属于"小心"类羡余否定格式,即对形式选择无影响。

2. X+S-V+Neg

根据语料,"非"类格式中,若载体后出现 S-V 结构,则只能出现否定式,自动过滤肯定式,如:

㉝ 这个事非我自己办不可,我就挑上了你。(老舍《骆驼祥子》)

㉞ 不过,并不是非我不可。(《1994年报刊精选》)

上述两句如将"不可"去除,则句子不能成立,即肯定式为 S-V 结构(有时甚至为单个名词)的"非"类格式所排斥。

当然也有例外,一些 S-V 结构的"非"类格式句也能以否定形式存在,如下:

㉟ 我的名字本来就叫乔木,此名自然非我莫属。(宗道一《外交官的名字和毛泽东的幽默》)

㊱ 那么多人,非我去吗?(《1994年报刊精选》)

㉟句载体"非"后为 S-V 格式,但与上述结论相反,它只能选择肯定形式而不是否定形式,也有其理据所在:

其一,这类结构已经形成了类似固定短语的凝固性结构。"非我莫属"成了一个表达固定意义的整体,不可分割。

其二,"非"类格式的原型实质上为"非……不可"的双重否定形式(见第6章),而"莫"本质上也是一个否定词,相当于"不可"中的"不",因此该句语义已自足,后面当然不必再加"不可"。

㊱这类的句子,肯定和否定形式可以通用,但它比较特殊,往往表达疑问、感叹等强烈的语气。如句中出现的"吗?",表示强烈的追问语气。

因此,当"非"类格式的载体后为 S-V 结构时,一般都选择否定形式,但要注意一些特殊情况。

3. Neg＋S‐V＋X

根据语料,S一般只位于Neg之前,也就是说,S‐V结构从未出现在"没VP前"类格式内部,该类格式与S‐V结构是被包含与包含的关系,如下:

㊲ 企业没有确立产业优势之前,搞产业多元化必然导致资金,人力分散,一无所获。(《人民日报》1996年)

该类格式无关形式的选择性。

4. Neg＋X＋S‐V

根据语料,Neg与S‐V结构并不直接相连,被载体X所隔,因此,距离的松散阻滞了其相互作用的可能,使这类格式呈现两种情况:Ⅰ.S‐V结构从未出现于任何肯定或否定形式中,如:"(不要)太AP"和"(不是/不)得VP";Ⅱ.S‐V结构在肯定和否定式中均可出现,对形式无选择性,如:"(不)一会儿VP"。例如:

㊳ 他在被打死前也不明白究竟发生了什么。不一会儿,安奈斯的叔叔也遭到了同样的命运。(新华网2004年4月18日)

在这种情况下,可以把"(不)一会儿"看成一个前置的表示时间的状语来修饰S‐V结构,它们之间往往出现一个逗号,"(不/没)一会儿"相对独立。

5. S‐V＋Neg＋X

这类格式只有"VP了(不)一会儿"。根据语料,S‐V出现于

(Neg)+X 前为常态,此时,"(不)一会儿"作为时量补语补充说明 S 进行 V 的时间性,"不一会儿"游离于 S-V 结构层外,Neg 否定辖域为 X,与 S-V 结构并无关系,因此,无关形式的选择性。

总之,主谓结构 S-V 对羡余否定格式的选择性,可通过下表来表示。

表 10　主谓结构 S-V 的形式限定

格式类型	肯定形式	否定形式	备注
X+Neg+Att	+	一(大主语和小主语无联系;S-V 无词化趋势)	"小心 S-V"不再属羡余否定现象
Neg+X+Att		/	
X+Att+Neg	一	+	
Neg+Att+X		/	
Att+Neg+X		/	

4.2.2.3　V 单的准入性

在羡余否定格式中,载体的邻近成分一般都为谓词,而谓词又多以动词的形式存在(也有如"好不"类格式,邻近成分为 AP),因而下文将主要针对单个动词的情况进行分析。

根据刘月华(2001:94—97)的《实用现代汉语语法》,动词分为以下几类:动作动词,占大多数;状态动词,如"希望""讨厌""想";关系动词,如"是""当作""成为";能愿动词,如"应该""值得"。

从所得语料来看,在羡余否定格式中邻近载体的单个动词一般为动作动词和状态动词,因为这两类动词在整个动词类中占绝大多数。

以下仍按位置关系分类对该成分的形式选择性进行分析：

1. X＋Neg＋V 单

从语料可见，一般情况下动词的类别不会对肯定或否定形式的选择产生影响，也就是说各种类型的动词均可出现于肯定或否定形式中。但在不同的格式中，出现的动词种类和比例不尽相同。例如在"小心"类肯定否定同义格式中，状态动词一般很少出现，这是由它整个格式所表示的语义决定的，这些方面的比较不属于本书的研究范围，本书要研究的是邻近成分对肯定或否定形式只能择其一的情况。

仍以"难免"和"不由得"类为例，笔者通过对语料的分析发现，对于这两种形式，考察的关键在于动词的简单或复杂与否，即为单音节动词或是双音节动词。单音节动词可视为动词的简单形式，而双音节动词，出现一些如助词、语气词等附加形式的动词和动词性结构都视为动词的复杂形式。与载体邻近的部分是动词的简单形式还是复杂形式，对其形式的选择有直接影响。

对于"不由得"类而言，当载体后的邻近成分为单音节动词（写作"V 单"）时，只能采用否定形式；如果为双音节动词（写作"V 双"）或其他复杂形式时，对肯定或否定形式的选择则没有影响，如：

㊴ 但看看其上的照片，大印，又<u>不由得不信</u>。（吴钊谦《"蒋利国"诈骗案揭秘》）

㊵ 此时也<u>不由得不怒</u>。（金庸《射雕英雄传》）

㊴和㊵中的"不由得不"如果换成"不由得"，语义上仍能成立，

但是句法却无法自足。此处否定式的受限,是由动词的音节搭配所决定的。在以往的研究中,判断词与词能否组合主要从三方面入手:①语义的相容性;②符合语法规则;③符合语用的规则,即三个平面的原则。而具体语料证明,除以上三方面外,韵律规则也是不容忽视的方面。这一问题早在1963年就由吕叔湘提出,汉语中许多词语有单双音节两种形式,词与词组合时,单双音节的选择有一定的灵活性,也会受到某种条件的制约。其后,多位研究者针对这一问题进行了阐释,如冯胜利(1997)、王灿龙(2002)。在汉语中,这种情况是很常见的,如"把"字句、"被"字句等,关键的动词部分必须是一个复杂形式,才能形成一个完整的句子(北京大学中文系现代汉语教研室,2012:388—390)。罗红昌(2009)提出,汉语中的名词和动词组合,"V单+N单"以及"V双+N双"为优选模式。以往的研究多注重动宾组合的音节规律,而像"载体+V"的组合,也可用这一原理来解释。由于载体多为双音节或多音节词,因此后接的V一般也应为双音节或多音节形式,这也是上述肯定式"载体+V单"无法成立的原因。而在否定式中,否定标记"不"或"没"的出现形成了"载体+否定词+V单"的形式,补足了所在格式的音节,满足语句的韵律要求。

"差点"类格式亦如此,如:

㊵ 我自己真的受过不少苦不少罪,有一次我<u>差点疯了</u>。(冯骥才《一百个人的十年》)

㊶ 我父亲(听闻自己是间谍之后)<u>差点没疯</u>,他已经一年来没有和普兰德利联系过了啊!(新华网2012年6月27日)

肯定式为"差点＋疯"时,格式无法成立,而加上"了"后,"V单"转变为"V单＋动态助词"的复杂形式,该句就能成立。否定式为"差点没＋疯",此时V单"疯",以否定形式来补足音节,因而否定式得以成立。

有些学者认为,㊵这样的句子应该分析成"不由得"加上否定式短语"不怒",即"不由得＋不怒",但笔者认为其层级切分并非如此简单,因为如果把"怒"这个单音节动词变成表示相同意思的"发怒"这个双音节动词,那就有下面的句子:

㊸ a. 此时也<u>不由得发怒</u>。
　　b. 此时也<u>不由得不发怒</u>。

以上两句都能成立,可见,"不"与后置吸附成分之间的关系尚值得推敲,至于为什么会出现"不由得"加"不怒"的看法,是因为"怒"是一个单音节动词,容易给人和"不"连接成一个结构的印象。其实,这里的"不"是一个比较独立的否定标记。在这里采用否定形式也是有理可循的。正如上文所述,"载体＋V单"的形式无法成立,而否定标记是一个否定副词,它的存在使这个动词不再单独出现,增加了动词的复杂性,从而使否定形式的选择成为可能。笔者在第8章中分析该类格式的层次结构时,也会提到,"X＋否定标记＋Att"的层次划分呈现两可的情况,即否定标记未必与Att同属一层次结构,这与上文得出的结论相一致。

像"好不AP"这样的格式,AP的韵律性也对肯否形式的选择产生影响,但选择的结果与以上几类格式存在差异,如:

㊹ 在电白区树仔镇,人们竞唱对手戏,数千人街道巡游,<u>好(不)热闹</u>。(新华社新闻 2004 年 2 月)

㊺ 那天<u>好热</u>,他正在家里看书。(《人民日报》1994 年)

从语料可知,AP 为双音节时(写作"AP 双"),对肯否形式无影响,而 AP 为单音节(写作"AP 单")时,则否定式无法成立。这种否定式受限的结果,也与格式的韵律原则相关,由于载体"好"为单音节副词,根据副词与形容词的搭配规律,其后出现的 AP 音节无论单双均可成立;而其间出现否定标记"不"时,"好不"有成词化趋势,相当于一双音节的高量级程度副词,其后须出现"AP 双",形成"好不+AP 双"的形式。其结构的层次划分为"好不+AP 双","好不"与"AP 双"间形成双音节与双音节的韵律性和节奏感。而"AP 单"若与之共现,则破坏了这种均衡性,因此无法成立。韵律原则对"好不"格式形式选择的原理与上几类格式完全一致,而结果之所以与上几类格式截然相反,实质上是由载体的音节差异所决定的。上几类格式的载体均为双音节或多音节,而该格式的载体为单音节,必然导致其与邻近成分的韵律搭配也呈现相反的结果,从而产生受限形式的差异。

至于"小心(别)VP"类,通过观察语料可以发现,动词的单双音节与否对肯定或否定形式的选择一般没有影响。"小心"后出现的 V,不管是肯定形式还是否定形式,都为"V 双"或其他复杂形式。因为在这个格式中,"小心"是提醒注意的意思,一定会把后面动作发生的消极结果列出,从而使听话者明白要避免这种情况的重要性,而一般能表示结果的都是"V 双"和动词的复杂形式,尤其是动补式"V 双"和动补式谓词结构。

然而,有一种情况值得注意:在一些句子中,会出现"小心 V 单"的否定形式,且肯定形式无法成立,如:

㊻ 小心别走。(自拟)
㊼ 小心别吃。(自拟)

这和上文的分析并不矛盾。这样的句子之所以出现,是因为受到语气的影响。在口语中,这样的句子多表示急于劝阻,说话速度较快,因而省略了"小心"和"别"之间的逗号,实质上是两个小句表急切语气时的特殊现象。而文中所说的"小心"类格式,强调提醒避免某种不希望的消极结果发生,与例句中的"小心别 V 单"格式不同,后者不属于羡余否定格式。因此,这两句所出现的选择否定形式的用法并不能证明动词的简单与否会对"小心"类肯定或否定形式的选择产生影响。

2. X+V 单+Neg

对于"非"类格式,与上述几类格式不同的是,其格式内部存在分化,比如以下句子,无论是"V 单"还是"V 双",都对形式的选择无影响,如:

㊽ a. 我非去不可。
　　b.(你不让我去)我非去。(王灿龙例)
㊾ a. 我非过去不可。
　　b.(你不让我过去)我非过去。

然而,也存在这样的用例:

㊾ a. 你的帽子要是买不成,我非死不可。(老舍《二马》)
   b. 你的帽子要是买不成,我非死。

上句只能使用否定式,而不能以肯定式出现,在这里出现了形式上的选择性。为何"非"类格式内部会存在这种分化呢?究其原因,与"非"类格式本身的多义性有关。

张谊生(1992)提出"非……不可"句式表达"意愿之必欲""情势之必需""推断之必然"这三种语义。王灿龙(2008)也提出,"非……不可"格式应区分当事人视角和言者视角,并在区别视角的基础上,考察语义属意愿还是推断。其中,凡表言者意愿的,能用"一定""必须"等来改写;凡表言者推断的,一般都能用"肯定""会"等来改写;表当事人意愿的,能用"一定要""愿意""坚持"等来改写。当事人和言者重合,均为"我",如㊽表强烈意愿,可理解为"我一定要去"。而㊾则表言者推断,表"我肯定会死"。他又认为,表当事人视角时,"不可"均可隐去,即肯否形式同义,形成羡余否定。如:

㊶ 只要人家一说中国人好,他非请人家吃饭不可。(老舍《二马》)

然而,在具体语料中,我们注意到,对于这一观点,不能一概而论,对比以下的句子:

㊷ a. 大赤包漱了漱口,宣布她非报仇(不可)。(老舍《四世同堂》)

  b. 我<u>非</u>报仇(不可)，不报仇我誓不为人。

㊾ a. 他<u>非</u>去(不可)，我们也劝不了。

  b. 我<u>非</u>去(不可)，你管不着。

  王指出，VP 为谓词的复杂形式时，肯否形式可通用，而 VP 为光杆动词时(包括"V 单"和"V 双")，如 S 为第一人称，如㊿b 和㊾b，肯否形式均能成立，如 S 为其他人称，则只能使用否定式，肯定式的语气短促，显得突兀，不能成立。原因在于言者表达第三方的心理活动，只出现光杆动词，无更多的附加信息，则会因信息不足量而影响言者判断。

  然而，根据实际语料，上文㊿b 和㊾b 句中，虽然 S 为第一人称，但其肯定式的可接受度极低。总之，像以上句式，只要 V 为光杆动词，则不管 S 为何人称，其肯定式都受限。

  再看以下几句：

㊽ a. 我<u>非</u>去不可。

  b. 你不让我去，我<u>非</u>去。

  c. 他<u>非</u>去不可。

  d. 我们不让他去，可他<u>非</u>去。

㊾ a. 我<u>非</u>过去不可。

  b. 你不让我过去，我<u>非</u>过去。

  c. 他<u>非</u>过去不可。

  d. 我们不让他过去，可他<u>非</u>过去。(网络语料)

  以上几句，当 V 为光杆动词时(包括"V 单"和"V 双")，无论 S

是何人称,其肯定和否定式都能成立。对比以上两类句子,可见,V 为光杆动词时,对形式的制约性与 S 的人称无关,而与句式有关。㊽a、㊽c、㊾a 和㊾c 句,"非"类格式出现在第一分句的位置,其前无其他附加信息,肯定式受限;㊽b、㊽d、㊾b 和㊾d 句,"非"类格式前还有先行句,其肯定式和否定式均能成立。因此,肯定式是否受限,关键在于"非"类格式是否为前一分句的后续句。值得注意的是,前句与"非"类格式的后续句间存在转折性的关联关系,后续句表当事者的强烈主观意愿,前句则表示对该主观意愿所作行为的阻碍性,整句意为在受阻的情势下,当事者仍具强烈的主观意愿坚持做某事。前句为"非"类格式提供了足够的信息,后续句可看成承前省,"不让 S+V,S(一定要)V(不可)","不可"和"不让"都表阻止意义,因此,"不可"可以承前省略。

综上所述,对于"非"类格式,其邻近成分对形式的选择性如下:

其一,"非"类格式构成肯否同义时,多表当事者的主观意愿性,因此,出现于其后的 V,一般为自主性动词。非自主性动词无法适用,如㊿b;

其二,"非"类格式的 V 为复杂形式时,对肯否式无选择性,而 V 为简单的光杆形式时,肯定式有受限的情况,这是 V 从韵律角度对形式的限制性;

其三,V 为光杆动词的"非"类格式,其前有转折性的前句时,对肯否形式无限制性。

3. Neg+Att+X

"没 VP 之前"类格式是表示时间的框式结构。从语料看来,无论否定标记后的动词的种类为何、复杂与否,都可在肯定或否定形式中出现。因此,动词作为邻近成分对形式的选择一般没有影响。

4. Neg＋X＋Att

对于该种位置关系的格式,否定标记与载体相结合,并有成词化趋势,如"不一会儿",吸附成分位于载体后,与否定标记距离较远,因此不直接发生联系,吸附成分的动词类型一般对形式无法构成限制,但从韵律原则和时间意义出发,也存在选择性,如下例句:

㊹ a. 他<u>一会儿走</u>。

　　b. *他<u>不一会儿走</u>(了)。

㊺ a. 他<u>一会儿离开</u>。

　　b. *他<u>不一会儿离开</u>(了)。

㊻ a. 他<u>一会儿就走</u>(了)。

　　b. 他<u>不一会儿就走了</u>。

㊼ a. 他<u>一会儿就离开</u>(了)。

　　b. 他<u>不一会儿就离开了</u>。

以上是两组肯定形式和否定形式的对比。从中可以看出,㊹b和㊺b的否定形式不成立。当 V 为光杆动词时,无论是"V 单"还是"V 双",都无法选择否定式。而㊻b和㊼b中的句子之所以成立,是由于吸附成分的 VP 为动词性结构,为动词的复杂形式。

另外,上文曾提到,当"(不)一会儿 VP"类格式构成羡余否定时,句中事件的时间意义为现实体的已然态。因此,这也产生了一种现象,"一会儿"后的动词性成分后往往出现一些表示过去时态的标志,如"了"等动态助词,形成"否定标记＋载体＋V 光杆＋

了"的形式。"了"等动态助词的出现,一方面满足了句子的已然性的时间原则,另一方面也补足了"V 光杆"的音节缺失,满足了句子的韵律要求。值得注意的是,无论是肯定还是否定形式的句子,经常出现一个副词"就",与"了"相呼应,以加强时间的短暂性。

5. Att+Neg+X

这类格式只有"V 了(不)一会儿",根据语料,大量光杆动词出现于(Neg)+X 之前,这显然与吸附成分后所含的"了"密切相关。动态助词"了"表 V 的已然状态,"(不)一会儿"作为时量补语补充说明某 V 持续的时间性,无谓动词对形式的选择性。

4.2.2.4 否定性 V 的准入性

笔者在语料中也找到了一些本身已具否定性的吸附成分,而羡余否定格式的否定标记无疑也具否定性,它们之间是共现、包含还是排斥的关系,下文仍按位置关系分类说明。

1. X+Neg+Att

吸附成分出现否定词,构成否定性述补结构时,对羡余否定标记产生排斥作用,即否定式受限,如:

㊳ a. 她回来时,老母亲伤感地说:"连珍啊,咱娘俩<u>差一点儿见不上面</u>了。"(《1994 年报刊精选》)

㊴ a. 真是仓促来京,一听北京新年前后有五十几场音乐会,<u>差一点吓得不敢来</u>了。(《人民日报》1998 年)

以上两句中的述补结构,分别为"V 不 A"和"V 得不 A"的形式,但无论"不"出现在哪个位置,都对否定标记产生排斥作用,使

否定式无法成立。对照现代汉语中的相关句子,如下:

㊽ b. 我们没见不上面。
㊾ b. 我没吓得不敢来。

这样的句子可接受度较低,即使成立,也是在这样的语境下:

㊽ c. 我们见上面了/我们经常见面,我们没见不上面。
㊾ c. 我胆子很大的,我没吓得不敢来,我是因为有事才没来。

"没+含否定词的 VP"结构,往往有与之相对照的肯定义的出现,S 属于外部否定类型,否定词"没"具有排除性和区别性,意味着排除其后的 VP 情况,强调并非该种情况,而是其他情况。"没"读作重音,成为对比焦点,否定词既是焦点,又是算子(刘丽萍,2003)。而在"差点"格式中,"没"作为冗余否定词,语音呈轻化趋势,不具区别性义,不是对比焦点,因此无法与含否定词的述补结构共现。

对于"难免""不由得"类等格式,也有相似的情况,如:

⑥ 一旦决策失误,就难免跟不上时代步伐而落伍。(《1994年报刊精选》)
㉒ 人在立身处世时,就难免有不如意、不顺心的时候。(元音老人《佛法修正心要》)
㊽ 近来,美国的"后院"一波未平,一波又起。这难免不

让"世界警察"<u>不</u>感到尴尬。(新华社新闻 2004 年 3 月)

㉖ 但门首灯笼下闪现出的一个个如狼似虎的亲丁,却又使我<u>不由得</u>止<u>步不</u>前。(冯苓植《雪驹》)

㉔ 菲利普<u>不由得</u>有点儿<u>沉不</u>住气了。(毛姆《人性的枷锁》)

㉕ 同样,军队也<u>无时无刻</u>离<u>不</u>开地方政府和人民群众的支持。(《人民日报》1996 年)

㉒中,吸附成分为否定性述补结构"跟不上",所在格式的否定式受限,其原因同"差点儿"是一致的。此外,像㉑这样的句子,尽管吸附成分中也出现了否定词"不",但它是作为宾语"时候"的修饰性成分出现,属于吸附成分的低位结构,因此不与羡余否定词发生直接联系,不对形式选择起制约作用。又如㉒,尽管"难免"后出现了两个否定词,但并不属于含否定词的吸附成分所在的羡余否定式的情况,而是形成"难免"+双重否定的句式,即"不让……不感到尴尬"与"让……尴尬"语义等值,意为"让世界警察感到尴尬"这一情形是"难免"的。若将"难免"后的否定词去掉,则变为"难免让世界警察不感到尴尬",语义发生逆转,因此该种情况不属羡余否定,"难免"后的"不"也并非羡余否定词,而是双重否定格式。

对于"不由得"和"无时无刻"类格式,上述例句的载体后分别为含"不"的连谓结构和述补结构,否定式也受限。

"小心(别)VP"类格式较为特殊,在 CCL 语料库中只有 1 例含否定性吸附成分的用例,但在互联网上却出现以下句子:

㉖ 你是打瞌睡第一,打就打吧,但<u>小心(别)</u>考<u>不</u>好屁股

挨板子。

该句的吸附成分含否定词"不",若添加羡余否定词"别",句子也成立。"别"+含"不"结构在汉语中很常见,如:

㊅⑦ 我得早点出发,<u>别赶不上火车了</u>。
㊅⑧ 你好好准备,<u>别通不过啊</u>。(网络语料)

"别"在羡余否定格式中,含提醒避免某种消极情况出现的意味,而消极情况往往可用否定性的 VP,如"V 不 A"格式来表达,因此,"别"与否定性 VP 的搭配也就顺理成章了。笔者在互联网上也找到了不少这样的语例,如:

㊅⑨ 那边很危险,<u>小心别回不来啊</u>!

由此可见,否定性 VP 对"小心(别)VP"类的格式不具选择性。

2. X+Att+Neg

对于"非"类格式,上文已经提到,其构成羡余否定时,主要表当事人的主观强烈意愿,而在表达主观上迫切想做某事时,往往采用更直接干脆的表达方式,因此,一般不会采用否定的间接表达方式,也就是说,Att 部分一般都为肯定性,不存在对否定标记的限制性。

3. Neg+Att+X

对于"(没)……之前"类格式,在 CCL 中仅找到两例否定性 Att 的句子,都以肯定形式出现,如:

⑦ 找不到之前我还可以帮助你。(杨沫《青春之歌》)

⑦ 她反抗了恶魔,在他还来不及控制她之前,她反抗了他。(龙枪《旅法师》)

如加上羡余否定标记,则变为"没找不到"和"没来不及",这样的句子在汉语一般不能成立。正如上述几类格式一样,只有在"没"作对比焦点时才成立,但这与"没"的羡余性相违背。因此,这类格式若含有否定性吸附成分,也排斥否定式的使用。

4. Neg+X+Att

⑦ 长栓哭声骤然一停,不一会儿又忍不住抽噎起来:"我……我好恨哪!"(朱秀海《乔家大院》)

该格式的否定标记和吸附成分被载体所分隔,因此吸附成分对否定标记未起直接作用。在语料中找到大量否定性吸附成分的羡余否定句,且肯否形式均有出现,可见,否定性吸附成分对形式无制约性。

5. Att+Neg+X

⑦ 炮眼小,人进去干不了一会儿就昏倒在地。(《1994年报刊精选》)

该类格式,在语料中出现了大量 Att 为否定性的例子,如上句,且只适用于肯定形式,否定式受限。这类格式较为特殊,本身即为述补结构,补语为表时量的载体,若吸附成分含否定词时,格式本身为否定性述补结构,否定其后的短时量,如果载体前出现羡余否定词"不",则形成"不一会儿"结构。然而"不一会儿"为模糊的时间量级,不确定的量无法被否定,因此该格式 Att 为否定性时,否定形式被限制。

关于吸附成分为光杆动词或否定性动词结构对肯定或否定形式选择的影响,笔者归纳为下表。

表 11 V 单及否定性 VP 的形式限定

肯定否定 同义结构	谓词结构的韵律性		否定性谓词结构	
	肯定形式	否定形式	肯定形式	否定形式
X+Neg+Att	—	+	+	—
Neg+X+Att	+	—	/	
X+Att+Neg	与 S 相关		/	
Neg+Att+X	/	+	+	—
Att+Neg+X	/	+	+	—

4.3 格式外部的形式制约条件

在羡余否定格式中,肯定或否定形式的选择还与其连接的其他句子有关。

与句内的限制条件相比,句外的影响较小,范围也仅限于"非VP不可"和"VP了一会儿"两类。但为保证研究的全面性和系统性,仍需将其单列并作说明。

关于"非"类格式,格式外因素对其形式的限制在上文已经提及,即 V 为光杆动词时,"非"类格式若无前句,则肯定式受限;若

有前句,则对形式无限制,如:

⑭ a. 我们不让他去,可他非去。
　　b. *他非去。
⑮ a. 都这么晚了,可是他非过去。
　　b. *他非过去。

肯定式是否受限,关键在于"非"类格式是否为与前一分句有转折关系的后续句。

关于"VP 了(不)一会儿"格式,有例句如下:

⑯ 过了不一会儿,那名乘务员又返回来,对坐在我对面的一位中年男乘客喝道。(《人民日报》1995 年)
⑰ 我药吃了不一会儿,李蕴昌由老淡开门引进屋里来了。(杨沫《我一生中的三个爱人》)
⑱ 我要了一杯纯麦奶茶,在屋里坐了一会儿。(《人民日报》1995 年)

从语料中可以发现,当使用它的否定形式时,在格式所在句后,必然还有后续句,提供附加信息,从而形成完整的语义;而如果使用肯定形式,则后续句出现与否均可。这涉及到句间关系,是绝大多数羡余否定格式所没有的。这种情况的出现,从本质上说是由语义引起的。无后续句时,"一会儿"的肯定形式所表达的意思偏向于表示动作持续的时间短暂,如⑱,"坐"的这个动作持续的时间很短,而出现后续句时,所表达的意思是动作发生完持续到现在的时间,后续句表明又发生了某件事情。如⑰"吃药"这个行为完成后又经过了一段短暂的时间之后发生后续句中的事情。因此,当语义的短暂性偏向于表示动作持续时间之短时,否定式受制。

4.4 羡余否定格式语义等值解析

4.4.1 等值语义的取向

肯定否定本来是两个相对立的语言范畴,当它们语义等值后,其语义取值究竟会趋向肯定的一面还是否定的一面?这种选择有何规律和特点?这是本节研究的问题。

肯定否定同义的结果不外乎两个,或肯定或否定。在分析之前,笔者需先对肯定和否定的语义取值下一个定义。它们和肯否定形式不同,是指句子在去羡余否定格式化的条件下,剩下的部分所表达的意思。其中肯定的结果是指:句中的事件或行为发生或实现,或状态未发生改变;否定的结果则相反,是指:句中的事件或行为未发生或实现,状态向相反方向转变,如:"他不由得(不)流下泪来。"这一例句去格式化后的形式为"他流下泪来"。"流下泪来"这一事件已经发生,为肯定结果。又如"他差点没摔倒",这一例句去格式化后的形式为"他没摔倒"。"摔倒"这一事件并未发生,为否定结果。两种结果的最大区别就是否定词是否为完全的赘词,前者的否定词为绝对冗余,是其所在句中多余的成分;后者的否定词为相对冗余,是所在句的句义成立所需要的,但相对于语义等值的肯定式来说为多余部分。

各类羡余否定格式所指向的结果是不同的,如下表所示。

表 12　羡余否定格式的语义结果取向

	羡余否定格式	语义结果取向
X＋Neg＋Att	差点(没)VP	否定
	好(不)AP	肯定
	难免(不)VP	肯定
	不由得(不)VP	肯定
	无时无刻(不)VP	肯定
	小心(别)VP	否定
	防止(不)VP	否定
	忍住(不)VP	否定
	看我(不)VP	肯定
	别(不)是 VP	肯定
	阻拦(不)VP	否定
	责怪(不该)VP	肯定
Neg＋X＋Att	(不要)太 AP	肯定
	(不是/不)得 VP	肯定
	(不)一会儿 VP	肯定
X＋Att＋Neg	非 VP(不可)	肯定
Neg＋Att＋X	(没)VP 前	否定
Att＋Neg＋X	VP 了(不)一会儿	肯定

由表 12 可见,在以上羡余否定格式中,有 12 项所同之义都为肯定的结果;所同之义为否定结果的有 6 项,即"差一点"和"小心"类等。同属肯否形式同义现象,为何语义等值的结果有差异,这需从否定范畴及相互作用的角度,对格式本身各部分的构成进行分析。在此笔者仍以"差点(没)VP"格式为例,格式构成为载体"差

点"、否定标记"没"和 VP 中,否定标记词无疑具有否定义①。另外,可能具否定性的还有载体、VP 等,笔者将否定性标为 neg(＋),肯定性标为 neg(－),则"差点儿(没)VP"的否定表达式为：

neg(＋)——(没)——neg(－)＝neg(＋)
载体　　　?　　　　VP　　语义结果取向

朱德熙(1959、1980)、沈家煊(1999)等均认为"差一点"的语法功能相当于一个否定词,石毓智(2001：217)也将之称为隐性否定词,但否定意味较弱,因此"差一点"具有否定性 neg(＋),而该格式所在的句式无否定色彩,是为肯定性 neg(－),其语义结果表行为的未然,为否定性 neg(＋)。根据已知各成分的否定性及语义的逻辑性,可推断出否定标记"没"的否定性应为 neg(－),即肯定式为格式的常态,否定标记应隐而不显。

4.4.2　绝对羡余与相对羡余

余康发、陈烈(2006)将语言的羡余(冗余)现象分为绝对冗余和相对冗余,提出：绝对冗余是指在任何语境下,含有冗余成分的话语和与之相对应的不含冗余成分的话语所要表达的语义是一样的,如"差点儿(没)VP";而相对冗余是指用于表达某个命题的句子中有一个或多个成分可以省略,相当于省略句,完整句中的某些成分显得多余,如"小心(别)VP"。余从语义角度对羡余现象的分类具有一定理据,但其区分标准值得推敲。羡余现象一般均构成语义等值,并不局限于绝对冗余,而判断命题成分是否省略也缺乏

---

① 由于否定性的 VP 使多数羡余否定式受限,因此在具体分析时只考虑肯定式的 VP。

客观的形式标记。因此,本书重新定义绝对羡余否定和相对羡余否定的标准:绝对羡余否定是指格式的肯定式已建构自足的语义,否定标记并非解构的必需成分,如"差点(没)VP";相对羡余否定是指,格式的否定标记是语义解构的必需成分,肯定式可视为省略否定标记的结果,否定标记是否定式相对于等值肯定式的形式差值,如"无时无刻(不)VP"。前者否定词对于语义结果羡余,后者则对于相应的肯定式羡余。

以下将根据格式组成部分的否定性来测试否定标记("没""不""别")在句中为绝对羡余或相对羡余,即对于语义结果羡余或是对于相应的肯定式羡余。

当各类格式均进入上列否定逻辑等式检测后,则有下面的结果:

表 13　否定标记羡余的绝对性及相对性分类

否定标记绝对冗余(隐)		否定标记相对冗余(显)
否定性载体	肯定性载体	
差点 VP 小心 VP 拒绝 VP 忍住 VP 阻拦 VP 责怪……VP	好 AP 难免 VP 太 AP 别是 VP 得 VP 一会儿 VP VP 了一会儿 看我 VP	无时无刻不 VP 非 VP 不可 不由得不 VP

由上表可见,否定标记为绝对冗余的格式有 14 类,占 77.78%,远远超过相对冗余的情况。在下文笔者对两种情况分别进行分析。

4.4.2.1 否定标记为绝对羡余

该种情况又可据载体的性质下分两类。

1. 载体　　否定标记　　VP　　语义结果取向

　　neg(＋)——?　——neg(－)＝neg(＋)

如上文的"差点儿 VP"格式,类似的格式还有"小心""忍住""拒绝""阻拦"和"责怪"等类。张谊生(2004)、王助(2006)、石毓智(2001)等均提出,"差点儿""险些""几乎"等词表不足量义,为隐性否定词;沈家煊(1999:122)也指出像"避免""防止""后悔""拒绝"这样的词语都含有否定的意义,又不是明确的否定词;袁毓林(2012)更把表示或者触发隐性否定的动词分为"防止"类、"避免"类、"差欠"类、"拒绝"类、"否认"类、"小心"类、"后悔"类、"责怪"类、"怀疑"类等类别。这些格式所在的载体为弱否定性的动词或副词,而格式的语义结果取向也为否定性,因此否定标记为绝对冗余。

2. 载体　　否定标记　　VP　　语义结果取向

　　neg(－)——?　——neg(－)＝neg(－)

如"好 AP""难免 VP""太 AP""别是 VP"等格式,载体为肯定性,语义结果取向也为肯定性,因此否定标记无承载否定义的必要,成为绝对冗余成分。

值得注意的是,"难免"等词,以往亦被视为隐性否定词,如沈家煊(1999)、张谊生(2004)、袁毓林(2012)等都将"难免"视为"避免"的下属词,有弱否定义。然而"难免"与"避免"的肯否性恰恰相反,根据上文对语义结果肯否结果的定义,否定义是指事件或状态未曾或无可能实现和发生,"避免"表规避性,"避免 VP",即 VP 不具实现可能,为否定性;而"难免 VP"则表 VP 实现的最大可能性,实质上表揣测义,是对后接事件的产生表示委婉的肯定(曹婧一,2007)。

4.4.2.2 否定标记为相对羡余

载体　　否定标记　　VP　　语义结果取向

neg(＋)——?——neg(－)＝neg(－)

该类格式的载体具有否定性,VP 形式和语义结果指向均为肯定性,否定标记进入语义逻辑等式后,必然具有实质的否定义,即其否定义是构成语义值的必需参数。如载体"无时无刻"表"没有任何一个时间 VP",为总括性的否定义,与否定标记"不"的共现,构成双重否定式"没有一个时刻不 VP",强调命题意义的肯定取向。因此,该类格式的否定标记是否定式相对于语义等值的肯定式的形式差值,为相对羡余。

另外,绝对羡余类与相对羡余类载体的否定性存在差异。试比较"差点"与"无时无刻",前者属隐性否定(袁毓林,2012),为弱否定性;后者属显性否定,以显性否定标记"无"为特征,为强否定性。

4.4.3　常式与变式

当否定标记表现为语义上的绝对羡余时,否定式倾向于肯定式在某种认知机制触发下,添加"冗余"的否定词而得,否定式以肯定式为基础格式;当否定标记表现为语义上的相对羡余时,肯定式倾向于否定式在某种认知机制触发下,空缺必需的否定词而得,肯定式以否定式为基础格式。在肯否式表达等值语义的范畴中,绝对羡余以肯定式为原型格式,即肯定式是常式,否定式是变式,相对羡余的肯否式则相反。

另外,根据 3.3.3 中关于肯否式使用频率的统计,格式的肯否频率分布类型如下:

表 14 羡余否定格式肯否频率分布类型

肯定式占数量优势	否定式占数量优势
差点 VP 小心 VP 拒绝 VP 忍住 VP 阻拦 VP 责怪……VP 好 AP 难免 VP 不由得 VP 太 AP 别是 VP 得 VP 一会儿 VP VP 了一会儿	无时无刻不 VP 非 VP 不可 看我不 VP

由上可见,否定羡余的绝对性和相对性与其肯否式的比例分布存在对应关系:肯定式占据数量优势的格式一般为绝对羡余;否定式占据数量优势的则为相对羡余,这与肯否式在范畴中的常式和变式地位相一致,也从数据角度印证了上文关于绝对羡余和相对羡余格式分类的合理性。

4.5 小　　结

载体、(否定标记)吸附成分构成了羡余否定的基式,常态的基式中,肯定式和否定式形成语义等值。然而,在内外因素的制约下,基式呈现可变趋势,如"差点(没)VP"为基式,而"差点＋AD＋VP"则为基式的变形,变形的格式排斥肯定或否定式,引发对否定标记隐现的规定性。句法形式是基式变形最直观的特征,本章从谓头 AD、VP 及"V 单"类型等显性句法标记出发,以 AD 与 Neg 的共现规律、韵律原则等为依据,考察了不同格式肯否式的受制条件及原因。

肯否形式构成的等值语义也有肯定、否定之分,结合载体及吸附成分的否定性征,可判断否定标记的逻辑否定性,并将其分为绝对羡余与相对羡余。这一分类以否定标记是否为语义必需成分为标准,并有肯否式的使用频率对照为佐证。值得注意的是,绝对羡余与相对羡余仅比照否定标记与整体格式义的关系。然而,否定标记的生成绝非添加或省略能简单解释,否定词的存在即证明其合理性。从这个意义上说,没有一个否定词是绝对"羡余"的,另外,部分格式如"看我(不)VP""不由得(不)VP"呈现肯否频率与否定类型矛盾的特性,这又应如何解释呢？形式和意义或一致或矛盾的关系,最终仍应归结于解释其生成的机制,这一问题笔者将在下章展开论述。

第5章 羡余否定标记的添加及强化模式

5.1 羡余否定生成的三分模式

关于羡余否定的形成机制及否定标记的语用功能,历来研究者大多从认知语言学,尤其是主观性和主观化的角度进行分析。主观性(subjectivity)即说话人话语蕴含的立场、态度和感情所留下的自我印记(Lyons,1977:739),主观化(subjectivisation)则是主观性的演变进程。

Jespersen(1924:332—334)认为,原句含未明确表达的否定义,说话人为避免误解,添加赘余的否定词。沈家煊(1999)提出:肯定和否定对立的消失可从心理期待的增减量、社会文化的情感规约性等层面加以说明。张谊生(2004:235)也提出:羡余否定标记词为主观标记词,是主观认识的语迹,表否定性的主观视点、主观倾向、主观意愿和主观评价。

以上研究思路与主观化研究三方面相一致,即说话人的视角(perspective)、说话人的情感(affect)和说话人的认识(epistemic modality)(Edward Finegan,1995:1—15),均强调羡余否定为主观期待值的形式外沿,旨在提升主观期待值。

至于羡余否定格式中的否定词的存在定位,历来研究者都将其视为添加成分,即出于会话义的需要,人为添加并无语义实义的羡余成分,如 Jespersen(1924：332—334)分析：普通否定首音不太重要或者是弱读音节时,为免忽略,有必要在句中重复,形成累积性否定(cumulative negation),否定词可置于句中动词及其他易构成否定的成分上。沈家煊(1999)继其余绪,指出羡余否定即以添加事实上赘余的否定词来表隐含之否定。袁毓林(2012)也认为,羡余否定词是为强调句中否定意图,人为在句子相关成分上添加的显性否定标记,而由于羡余否定并不是一种均质的现象,内部差异很大(张谊生,2004：241),是否羡余否定词的使用都遵循这一模式呢?

从各类格式的实际使用可见,羡余否定格式中的否定标记之所以构成冗余成分,情况较为复杂,绝不限于一种模式,其所在格式也并不局限于含隐性否定义的格式,即使在隐性否定构式中,也并非能简单以强调否定意图而添加否定词对羡余否定词的来源加以概括。

本书拟将羡余否定词的存在模式归为以下三种情况：

(1) 构式层面的添加或强化

即学界所普遍认同的观点,原肯定式已达到语义自足,但人为添加显性否定词以主观彰显构式隐含否定义,如图 4 所示。

(2) 构式层面的脱落或省略

即否定词本身为格式的必需成分,具有实在的语义,但因某种语用条件的作用或语言现象的演变,发生脱落或省略,即否定式为原形式(见上节分析),肯定式出现空缺否定。

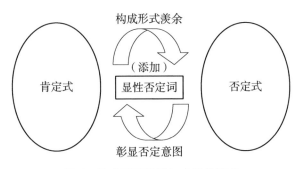

图 4　构式层面的添加或强化模式

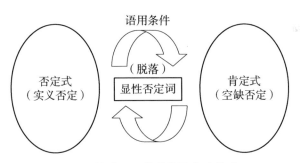

图 5　构式层面的脱落及省略模式

（3）平行构式及意义耦合

即同一格式的肯定式和否定式的形成,为两条泾渭分明的演变历程,由于最终意义上的耦合产生了形式的比较,否定式的否定标记构成表层上的羡余。

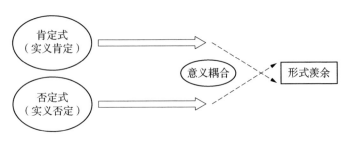

图 6　平行构式及意义耦合模式

羡余否定标记的添加、脱落或平行耦合模式,是羡余否定现象产生的形式标记和外在表现,而由主观性、主观化等认知理论建构的产生机制则是该类现象的内因和驱动力,两者互为表里,形成羡余否定的特殊现象。而以下三章需解决的问题有:①主观性强化理论是否能被泛化?能否用其解释所有羡余否定现象产生机制?②各类格式的羡余否定标记的产生分属以上哪种模式?各种模式下还有哪些下位分类?其分属类别与其载体的特性有无关联?③不同的模式下各类羡余否定格式形成的具体路径如何描摹,不同格式间有何理论架构的共性和特质?

5.2　主观量的泛化

5.2.1　主观量的概念

张谊生(2004:221)在解释概数短语类羡余否定格式时,曾提出过主观量的概念,他认为否定标记已由一般意义的否定转向了对整个事件发生的时间和数量的主观性否定评判,用于主观减量,否定的对象是主观的"适宜性"和"常识性",如"他(不)一会儿就会回来的"。句中肯定式"一会儿"即言时量之短,而否定式则认为事件发生时间比主观预期的时间更短,羡余否定标记为预期时间值的减量标记。笔者认为,将"不"和"没"等否定标记视为主观量标记具有很强的解释力,而且这种主观减量的解释范围并不仅限于概数短语类型,也就是说,它应被泛化到更多的格式领域。另外,它对量的影响并不能简单用"减量"一言以蔽之,需结合载体的主观性加以分析论证。

在具体分析前,笔者先对涉及到的量的概念做一个明确的界定,《马克思主义大辞典》的解释是:"量是事物存在和发展的规模、程度、速度以及它的构成成分在空间上的排列组合等可以用数量表示的规定性。"因此,量是人类的基本认识范畴之一,表现了在同一种属性上的差别,它在语言中的反映即量范畴的语言化,如"一会儿",表动作在时间轴上的延展,持续了一个微小的量,即短时量。数是量的表现形式,量有表客观叙述的客观量和表主观评议的主观量之分,量相对于数具有相对主观性。

需要注意的是,量的内涵相当丰富。根据量的定义,对量的规定绝不仅限于张所指的时量和数量,还包涵许多其他类别。李宇明(2000)指出了更多量的范畴,如"很""非常"等程度副词所形成的程度量级。

由此分析羡余否定格式,笔者可发现主观量理论能运用于更多格式的解释过程中,且可以载体为切入点,分析量化后的格式义,进而推演否定标记的语用功能。

首先,仍以"(不/没)一会儿"类格式为例,如下:

① 这晚的宴会,各有各的心事,各有各的状况,大家都酒到杯干,<u>没一会儿</u>就都醉了。(琼瑶《水云间》)

按照张谊生的解释,"没"是否定性评述词,表对时量"一会儿"的减量,强调主观上喝醉时间比预计时间更为短暂。笔者认为,应引起注意的是,载体"一会儿"本身也为主观性的量域,即"一会儿"具体为多长时间,难以用客观的数字来表示,只能依据人的主观意愿来推测,具有不确定性。当前学界的普遍认识是,"不"和"没"在使用中呈不均衡性,"不"表主观否定,"没"表客观否定(李瑛,1992:61—70),那么既然"不"和"没"表现主客观的差异性,为何两者都能与"一会儿"共现,也具有主观量标记的特征呢? 这其实与载体本身的主观性和不确定性有关。由于载体表主观上不确定的时量,因此对其否定必然也是呈现一种主观性和不确定量,如将"一会儿"的时量标为 T,"没/不一会儿"标为 $T_{(-)}$,则有:

0------不/没一会儿-------一会儿-------好一会儿-----▶
　　　　　$T_{(-)}$　　　　　　　　T

图 7　"一会儿"相关时量分布

以上时间轴左端为零时量,右端为无穷大时量,从左端至右端时量不断延伸,"不/没一会儿""一会儿"和"好一会儿"由左至右依次分布,三者均具有鲜明的主观量特征。"一会儿"为主观小量,而这个小量究竟为多小,只能依据上下文语境做主观推断;"不/没一会儿"为小量的减量,"好一会儿"为小量的增量。根据沈家煊(1999:101)的否定量域理论:否定一极小量则否定全量。因此,"不/没一会儿"即无穷趋向于左侧 0 时量,从主观上强调事件持续时间短之又短。这种主观短时标记性与其载体本身的性质息息相关。

其次,笔者对载体含不确定性和主观性的羡余否定格式以量域理论进行分析,除上文涉及的"(不/没)一会儿"外,这类格式主要有:"差点(没)VP""难免(不/没)VP""不要(太)AP""好(不)AP""(没)VP 之前"。其载体都具有不确定性和主观性,属于一定的量域,分别如下:①"差点"——事件概率量域;②"难免"——避免量域;③"太"——程度量域;④"好"——程度量域;⑤"之前"——时间量域。

5.2.2 模糊载体类的量级范畴分布模式

量域(scale)总表现为不同量级的集合。量级范畴是语言学中的基本范畴之一,它将一组语言事实的共有属性按数量的差异进行排列。这一属性在同一个维度上向两方延伸,每一类的量域以量级的形式来表现。根据 Fauconnier(1975)的量级理论,以重量为例,如下图:

图 8 重量量域分布模式

以下图解各组格式的量级范畴,并作分析:

(1)

绝不发生 ——→ 差一点 ——→ X ——→ 多一点 ——→ 绝对发生
　　　　　　（反向视角）　　　　　（正向视角）

图 9 事件概率的量级模式

上图中事件概率的量级分布情况,从左至右事件的概率逐渐升高。左端为绝不发生,右端为绝对发生,X 为临界状态,即可发生可不发生的情况。X 向左表 VP 事件的未然,X 向右表 VP 事件的已然,"差一点"表示极其接近已然而又未达到已然的状态。用"没"对其进行否定,即"没+差一点","没"否定极其接近发生的极限,即无法达到这一极限状态;到 X 的距离被扩大,即"差得多"了。

② 爱情的路上<u>没有差一点</u>。爱情永远蒙蔽不了内心的不安,即便只差一点点就可以在一起。(网络语料《单身男女》影评)

该句表达的意思为:在爱情的路上,"差一点"的状态是不存在的,"没有差一点"即表示差很多的情况,要么就是得到爱情,要么就是离爱情很远,该句主要指后者的意思。

由此可见,"没"否定"差一点",限制了无限接近事件发生的概率,即降低了事件发生的概率量级,而对事件的未然状态来说,是一个增量标记。

(2)

```
0                    50%                  100%
不能避免 ——→ 难免 ——→ X ——→ 容易避免 ——→ 避免
```

图 10　避免量级模式

上图表避免量级的分布情况,从左至右避免的程度依次升高,为"不能避免""难免""X""容易避免""避免"。其中 X 指无法确定能否避免,为避免的中性情况,居于量级的正中。所要避免的事件的发生概率从左到右依次下降,在避免的情况下,事件发生概率为 0,即一定不发生;而不能避免的情况下事件的发生概率为 100%,即一定发生;X 表事件发生的概率为 50%,事件可发生可不发生;"难免"的情况下事件发生概率处于 50%和 100%之间,即"50%<

'难免'的事件概率＜100％",事件很可能发生。"难免"体现了事件发生的较大的可能性,因此于娜(2007：19—20)提出,用"难免"的地方往往可以换成"可能",如：

③ a. 国内国外的许多人都认为,标本兼治方为上策,否则,治标不治本,<u>难免</u>重蹈覆辙。(《人民日报》1995年)
b. 国内国外的许多人都认为,标本兼治方为上策,否则,治标不治本,<u>可能</u>重蹈覆辙。

③a 和③b 都成立。笔者认为,"可能"和"难免"尽管可以互换,但语义有很大差别："难免"处于避免语义量级的一个位置,它的可能义是由避免义的量级所趋衍生而出。

由于笔者将"难免不 VP"的层次划分为"难免＋不＋VP","难免"与"不"构成整体性结构,否定词"不"直接修饰"难免"。根据以上"避免"量级范畴,由于"50％＜'难免 VP'的事件概率＜100％","不"为对"难免"的否定,即有"0＜'难免不 VP'的事件概率＜50％",并且它处于 X 到避免量级的右端区间。对比一下,"难免 VP"的事件发生概率在 50～100％之间,"难免不 VP"的事件发生概率在 0～50％之间,两者的值域刚好相反,也就是说"不"的否定性语义仍然存在,但并不是否定事件,而是否定"难免"的量级。从"难免 VP"到"难免不 VP",避免义的量级提高,而 VP 事件的发生概率降低,对于避免量域来说,从"难免"到"难免不"为增量,"不"为增量的主观标记,对于 VP 事件的概率来说,从"难免"到"难免不"为减量,"不"为主观减量标记。

(3)

图 11　程度量级模式

从上图表情状的程度量级分布情况来看,从左至右程度不断提升,左端接近于 0,右端接近于无限高的程度量级,"太"和"好"都为高量级标记词,且具强烈主观色彩,对其进行否定,即向左回指量级轴,高量级被限度,否定标记词成为减量标记。

(4)

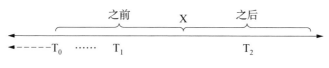

图 12　时间量域模式

上图表时间量域的分布,X 表 VP 发生的时点,T_2 为 VP 事件发生后的时段,T_1 表 VP 事件发生以前的时段,两者都无客观具体的量域,具有向右或向左不断延伸的特征,且分别对应"没 VP 之前,……"的先行句和后续句中事件的时量。而对 T_1 的否定,是对一模糊时段的否定,设为 T_0,T_0 的起点即为 T_1 假拟中的左端起点,T_0 所在的时段向左挪移了 T_1 所示的时量,也就是说 T_0 的时量被减少了,否定标记也为减量标记。

以上量级范畴图各有特征,但载体无一例外都具有主观模糊量的特征,否定标记对模糊量进行运算,自然也能够得出主观的量化结果,而最后表现为主观减量还是增量,还应视格式类型及观察视角而定。

5.2.3 主观量化路径

上节针对多类羡余否定格式的量级范畴分布模式进行了逐一描摹,得出结论如下:

(1) 载体本身即具主观量化特征,呈不确定性和模糊性;

(2) 否定算子"不""没"等对主观量运算操作,结果无疑亦为主观性的量值,其间"不"和"没"本身的主客观对立特征消失;

(3) 减量或增量的结果应视具体格式、不同观察视角而定。

以下将继续细化分析羡余否定算子的运算过程及运算结果,即探究各类格式主观量化的路径轨迹。

5.2.3.1 认知路径相关的三要素

首先引入一组概念,以"差点没 VP"格式为例,如下:

④ 听到角落里有人叫我的名字,回头一看,我差点没叫出来,那张正人君子的脸,我太熟悉了。(李国文《世态种种》)

主观意愿:句中 VP 为"叫出来",是说话人主观上不企望发生的,即主观上的不企望性(朱德熙,1959),张谊生(2004:224)将其称为主观意愿,说话人的主观意愿即是否企望事件发生。笔者拟借鉴张先生的说法,概括为主观意愿。主观意愿又分为两种,主观上企望发生,为肯定性主观意愿;主观上不企望发生,则为否定性主观意愿,如上句中,即为否定性主观意愿。

客观结果:句中 VP 事件的客观结果,如 VP 为已然状态,则为肯定性客观结果,如 VP 为未然状态,则为否定性客观结果。如上句中,"叫出来"这一事件最后并未实现,因此为否定性客观结果。

主观预期:有必要区别主观预期与主观期待的不同。Heine等(1991:192)认为,就言者预期角度来看,事件信息可分为"预期(expectation)信息""反预期(counter-expectation)信息"和"中性(neutral)信息"。沈家煊等文中曾多次提及主观期待性,即等同于张谊生所说的主观意愿概念,而后人的研究中也时有称为主观预期性,而主观预期及主观期待具有实质的差异。根据《现代汉语词典》的解释,期待是期望和等待,而预期则是对未来情况的估计,前者与主观意愿相一致,后者则是根据上下文语境所作出的理性推测,如上句中,"差点"格式出现的语境为:听到角落里有人叫名字,回头一看,是很熟悉的一张脸。这种让人意外的情境下,当事人的第一反应一般为立即叫出来,因此"叫出来",是肯定性的主观预期,即在具体语境下,主观预期的必然结果为"叫出来"。

由此可见,在"差点(没)VP"格式中,主观意愿为否定性,客观结果也为否定性,主观预期为肯定性。主观意愿与主观预期相悖,而客观结果则与主观意愿相合。

主观预期、主观意愿、客观结果及其肯否性为羡余否定格式的三大关键认知要素,以往研究者多关注后两者,试图从其关系及相互作用来探究格式的语用取向、会话意义及羡余否定算子的认知功用,却忽略了主观预期的制约性。可以说,羡余否定格式的语用价值,正在于三者互为表里、相辅相成的关系。主观预期提供语用背景,客观结果反映语言事实,主观意愿体现说话人对客观结果的反馈和修正,羡余否定算子是三者互相作用的运算标记。

以下是三大因素在模糊量载体类羡余否定格式中的体现:

表 15　三大认知要素在模糊量载体羡余否定格式中的表现

格式	主观预期	主观意愿	客观结果
差一点没 VP	＋	—	—
难免不 VP	＋	—	＋
好不 AP	＋	—	＋
不要太 AP	＋	—	＋
没 VP 之前	?	?	＋
不一会儿 VP	＋	?	＋

注：＋表肯定性；—表否定性；? 表不确定

5.2.3.2　概率量级格式"差点(没)VP"

上文已提及,该类格式的主观预期为肯定性,而主观意愿和客观结果都为否定性。因此,主观意愿和客观结果相合。

至于羡余否定标记"没"的语用意义,历来研究者都从主观意愿出发,最早即为朱德熙(1959)的"企望说",后又有石毓智(1993)的积极成分、消极成分说;董为光(2001)的解释则是"没"是为强调事情未发生的标记。

任鹰(2007)认为"差点儿没 VP"为两个意象在说话人头脑中的同时映现,"差点儿"是对一种状况几近出现的渴望,"没"则是事情的结果,两个意象的组合即形成"差点没 VP"语言形式。类似的解释还有江蓝生(2008：483—497)和张谊生(2004：225)：江蓝生提出概念叠加与格式整合说;张谊生指出"差点没 VP"格式是由客观表述与否定性主观意愿紧缩而成,如④"回头一看,我差点(叫出来,幸好)没叫出来"。"差点叫出来"为客观事实,"幸好没叫出来"为主观意愿,为避免重复,即在保留否定词的基础上归并两种表述。

张先生举出语言事实作为佐证,汉语中存在客观事实句与主观性意愿句前后共现的情况,如下:

⑤ 法院还<u>差点</u>以窝藏罪对我起诉,幸亏一个律师朋友从中斡旋,让我具结悔过,<u>才没有</u>追究。(王朔《浮出海面》)

他认为客观结果为"差点对我起诉",主观意愿为"幸亏没有追究",两者的合成路径为"差点(对我起诉,幸亏)没对我起诉"。同语重复的部分被省略,形成"差点没对我起诉"的格式。

这一研究思路在学界的接受度很高,但笔者对客观事实句与主观意愿句的区别,尚存一些疑虑。其一,笔者针对同语共现,即"差(一)点儿……,幸亏/幸好没……"的情况,搜索 CCL 语料库后发现,客观事实与主观意愿以先行句和后续句共现的形式出现,基本未见语例。只出现句子如下:

⑥ 热刺队前锋基恩在下半场<u>差点破门</u>,幸亏切尔西队的捷克门将切赫神勇扑救才化险为夷。(新华社 2004 年 9 月)

先行句"差点破门"强调距离破门的结果只有一线之差,而后续句"幸亏……才化险为夷"重点突出了没有破门的原因,两句无论是从句法形式,还是语义重点,都存在很大差异,因此,无法形成同语重复。即便是张先生所提供的例句,前后句的表达也大相径庭。对此,张先生将其解释为:尽管从字面上未出现同语重复,前后两句广义上语义相同,类同于同语句。就语言事实而言,这一解释仍有可推敲之处,显然,"差点儿"和"幸亏"所在两句,语义重点分别强调结果与原因,截然不同,将其视为同语句欠妥;其二,张先生提出"差点没 VP"的结构是肯定性客观结果与否定性意愿并列紧缩的结果,羡余否定标记是两句归并后否定意愿句的遗留标记,而例句中"幸亏"后却甚少出现"没/不"等否定词,语料库中仅出现2例,不足提供"差点没 VP"中的羡余否定标记;其三,将前句归为客观结果句,后句归为否定意愿句,分别突出客观事实与主观意愿,而笔者则认为,这种解释将"差点没"格式句分割成肯定性客观句和否定性主观句,将其成因归结为两句意象的同语归并,具有一定的理据,但提供的语料论据不够充分,论证过程也尚待商榷。无论是肯定性陈述的前句,还是否定性陈述的后句,都表明说话人的主观意志。"差点儿对我起诉"句,上文也提及,载体"差点儿"本身即具模糊量的性质,强调离 VP 事件发生只有一线之差,隐含说话人的庆幸意味,已具有主观性的一面。因此并非客观结果句,对这一羡余否定格式的路径解释还须另辟蹊径。

下文笔者拟从主观预期、主观意愿及客观结果三因素对该格式的成因作出解释,仍以例句④为例:

④ 听到角落里有人叫我的名字,回头一看,我<u>差点(没)叫出来</u>。(李国文《世态种种》)

该句的客观结果无疑为"没叫出来"(没 VP),主观意愿也为"没叫出来"(没 VP),主观预期则为"在……语境下,一般人都会叫出来(VP)"。客观结果与主观意愿一致,而却与主观预期相悖。由于客观结果就是主观所希望的(VP 不发生),两者并无抵触,因此,从语用角度而言,不需要再添加其他词或借助某种语言手段来强调主客观相合的结果。从句法语义角度分析亦是如此,"差点儿"表示极其接近 VP 发生但却并未发生的状态,"差点儿+叫出来"的表层语义即为临近"叫出来"这一行为发生的极限,但却并未发生,含庆幸色彩,语义上已然自足。那么究其所源,羡余否定标记"没"因何而生呢? 重新审视"差点(没)"格式的肯定式——"我差点儿叫出来",可以发现,该句中,说话人传递的目的信息为"我没叫出来",而"差点儿"则是说话人要凸显的关键信息,反映了说话人对客观情形的主观判断,说话人意图将这种主观判断下的客观结果——即"负临界性+VP 的已然"[①],传递给接受者。然而接受者在甄别信息时,由于受到前句语境意义的影响,作出了"VP 已然"的主观预期,进而在对"差点儿"句进行信息扫描时,"差点叫出来",将"叫出来"视为信息焦点,而忽略了"差点儿"的负临界性,导致了信息识别的失误。由于主观预期信息对客观结果信息的背离,对信息传递产生了干扰性,因此说话人必须采取一些语言手段,来保证信息的准确传递。Langacker(1987、1991)指出,说话人为达到交流信息的目的,总要借助一些表达实在意义或用作客观描写的词语,附加自己对客观情形的主观识解(construal),从而传递自己的目的信息和动机。因此,在"差点(没)VP"格式中,说话人正是借助羡余否定标记,来加固并修正目的信息的传递路径,从而确保信息的有效性与正确性。

　　羡余否定词"没"已成为说话人的主观识解标记,而这一识解机制如何发生效用呢?

---

① 负临界性为说话者的主观判断,即近临界点的情状。

(1)"没"的显性否定义的信息纠差性

上文提及,信息接收者在对"差点+没+叫出来"进行信息扫描时,易受主观预期性干扰而忽略"差"点的负临界性信息,从而造成目的信息的误判,而显性否定标记"没"的插入,提供了清晰的否定义,指明了 VP 事件的未然义,排除了主观预期信息的干扰,强调了"没叫出来"的客观结果,有鲜明的反预期色彩。

(2)"没"的主观量化特征

上文已对"差点儿"的概率量级分布进行了考量,认为"差一点"表示其接近已然而又未达到已然的极限状态,它是一种负向视角,其量级到"VP已然"瞬间的心理距离为极其微小的量度,这一量度极易被信息接收者所忽略而造成信息理解的偏差,而用"没"对该量度进行否定,即"没"+"差一点","没"否定了极其接近发生的极限,即无法达到这一极限状态,离 VP 已然瞬间的量度被向左扩张,即"不是差一点",而是"差得很多"了,这导致从现有状态到 VP 已然的心理距离变远,未然的特性得以彰显,从而有助于信息接收者准确地判断信息的结果。也就是说,羡余否定算子"没"对"差点儿"所表的事件概率进行运算,减少了概率的量级,成为减量标记,凸显了否定性的客观结果,是否定性客观结果的推动力。

5.2.3.3 避免量级格式"难免(不)VP"

相较"差点儿"类格式而言,前人对"难免不 VP"格式的研究数量甚少。代表性的观点有:袁荣棠(1980)认为"难免不 VP"是以否定之否定的形式表肯定之义,"难免"具有隐含的否定义,与否定标记结合后趋向肯定;也有研究者从社会文化的情感规约性出发,解释"难免不"的表达功能,如:李治平(2010:106—110)提到,"难免 VP"肯否同义时,VP 均为消极意义,因不符合人们心理需求而被极力避免。根据礼貌原则,消极成分不应直陈,而应以前附否定词的形式委婉表述,即"不+～","难免"有弱化"不"的否定性、维护说话人面子之语用功能。张谊生(2004:226)将"难免"类格式的产生机制等同于"差点没"格式,认为该格式出现羡余否定,也为客观事实与主观意愿同语归并的结果,羡余否定词是否定性主观意愿的标记。袁毓林(2012:99—113)则提出,"难免"是隐性否定词,其隐性否定意义构成语义溢出(semantic overflow),转移到表层结构的有关句法成分上,表现为显性否定词语,即形成羡余否定标记。

以上几家之见中,裘的观点实质上是将"难免不 VP"格式视为双重否定的叠加,从而形成肯定义,然无法解释"难免"与"难免不"同义的产生机制;而李则侧重分析"难免"对"不+～"格式的否定义的弱化,将"不+～"格式作为研究对象,强调"难免"对该格式的语义修正作用,却并未分析"不"成为羡余否定词的成因,从礼貌原则分析也有牵强之嫌;张和袁的解释都体现了 Jespersen 的观点,即羡余否定词为避免误解的标记词,但描述的产生路径有所差异:前者将"不"视为主观意愿句被同语归并后的印迹,"不"为句中原有成分;而后者则将"不"作为隐性否定语义溢出的显性标记,是人为添加成分。

张先生对"难免不 VP"的描述路径等同于"差点儿没 VP"格式,由肯定性客观结果与否定性主观意愿归并构成,如下:

⑦ 由于出现了意外,<u>原料供应难免受到影响</u>。但愿厂方能采取补救措施,<u>不要出现停工待料现象</u>。(张例,2004:226)

同语归并部分为"难免(受到影响,但愿)不受影响"。如前所述,考虑到所谓的同语部分在句法形式、语义重点上的明显差异及所谓肯定式表客观结果的存疑性,该解释的可接受度值得推敲。

下文仍从主观预期、主观意愿及客观结果三因素,并结合量级模式解释该羡余格式的成因及路径。

⑦ 由于出现了意外,原料供应难免不受到影响。

客观结果为实现或近将来实现的VP("受到影响"),主观预期也为VP的已然("受到影响"),而主观意愿则为VP的未然("不受到影响"),客观结果与主观预期相合,而却与主观意愿相悖。客观结果符合主观预期,可见客观结果是上文语境因势利导的结果,而主观意愿的阻挠显得软弱无力,易被信息接收者所忽略。因此,从语用角度而言,这里需借助某种语言手段体现该相悖性,才能恰如其分地表情达意,这种语言手段即表现为句法层面上的"不"。

那么"不"作为说话者的识解标记,在"难免"类格式中如何产生并发生效用呢?根据"难免"的避免性量级分布图式,可见"难免"处于"不能避免"与中间状态之间,并倾向于"不能避免"的一端,即"难免"的避免性量级在0~50%的区间范围内,其界限游移不定,载体"难免"本身及构成的肯定式具有主观性和模糊性,经否定算子"不"的运算,可得出"难免不"的避免性量级为中间状态到X的范围,并倾向于"完全避免"的一端,即避免量级在50~100%的区间范围内,相当于"容易避免"的量级。其产生的路径模式如下图13所示。

可见,"难免VP"的避免性量级趋向于不能避免,而事件的客

图 13　"难免"格式中"不"的产生机制

观概率趋向于100%,即无穷趋向于左端;"不"对"难免"的避免性量级进行逆向操作,使避免的量级被增值,属于增量标记。它在格式中体现为一种对事件的主观规避性,不同于"差点没"格式中作为助力的"没"。"不"具有阻力的性质,阻止"难免 VP"的向左趋势,力图使其向右端靠拢,如:

⑧ 每层孩子都在练习往下一层阳台上吐痰,根据风向,掌握角度,尽量把痰吊进下一家的栏杆上。住在下面的孩子每次探头都要先拧着脖子看看上边有没有人,一时大意,<u>难免不</u>被一口痰吐中。(王朔《看上去很美》)

例句⑧中事件为"被一口痰吐中"。孩子的"一时大意"是事件发生的条件,这一条件使得"被一口痰吐中"在客观上具有极低的避免量级和极高的发生概率。然而,这一事件是孩子所不愿意发生的,"不"表明了孩子对这一事件意图阻止,因此每次探头都要先拧着脖子看看上边有没有人。

⑨ 如出现这种情况,中英关系<u>难免不</u>受影响,当然这是我们所不愿看到的,应由英方负责。(《人民日报》1993年)

例句⑨中,"难免"后的"不"与后句"这是我们所不愿看到的"中的"不"相呼应,充分表明了说话者对"关系受影响"的这一事件的规避意图。

"难免"与"不"的并存,形成了事件的客观概率与说话者的主观规避意志的抗争。如⑨中,"难免"与"不"体现了在"如出现这种情况"下,中英关系受影响的概率极高,但说话者主观上想阻止这一事件的发生。说话人阻止事件发生的语言手段为以否定算子"不"调高避免性的量级,来降低事件的发生概率。但由于主观预期与客观结果的共同作用,在"难免"与"不"的博弈中,"不"对事件的阻力不敌"难免"对事件发生的趋向力,最终导致的结果是事件虽受到主观上的阻滞,但仍不可逆转地趋向左端(发生)。"不"并不是简单地强调 VP 的发生,而是说明,尽管存在"不 VP"的主观意志,但客观上仍无法阻碍 VP 的发生,否定词"不"从反面证明了 VP 发生的不可规避性。

总而言之,"难免"后的否定词"不"从句法层面来说,占据了一定的句法位置;从语义层面上来说,"不"的否定语义并未完全脱落,并非完全羡余,在与"难免"互相作用的过程中,它的阻碍力与"难免"的趋向力是一对矛盾,矛盾的结果是前者对后者有所阻滞,但最终被后者所削弱甚至抵消,从而使"难免"和"难免不"所体现的事件发生的结果趋向一致;从语用功能上来说,"不"的出现使"难免"的结果更表现出一种主观上不可逆转的趋向性,否定算子"不"对避免性的量级进行运算,调高其量级,实质是为凸显客观结果。

5.2.3.4 程度量级格式"好(不)AP"

关于"好不 AP"的研究,以袁宾和沈家煊为代表,其后研究者大多借鉴或引申了其观点。

袁宾(1984、1987)指出"好不 AP"的两种用法,即(1)否定式:"好+不 AP";(2)肯定式:"好不+AP",并从历时角度解释了"好不 AP"同义的来源,指出肯定式"好不"是由口语里否定式"好不"通过反语的修辞方式演化而成。

沈家煊(1994:262—265)提出,"好(不)AP"肯否同义的情况,有两种类型:其一,即袁(1),AP 为道义词,如"讲理"时,应用认知上的礼貌原则来解释同义现象,即用言语评价人的社会行为时,对坏的要委婉陈述,对好的要充分陈述,批评对方缺点时,为避免伤及面子,应用"不+相应的褒义词"来代替贬义词,如"好不讲理",其实为极蛮横的意味,而"好讲理"作反语引述时,"好"为引述性和道义性的加强副词,"讲理"为主观引述和强调的对象;其二,AP 为贬义词时,如"蛮横",则经历了由"好(引述)不蛮横(反语)"到"好不(陈述)蛮横"再到"好不(陈述)热闹"。"不"与"蛮横"间的关系从紧密至松散,"好不"结合后的"好"成为陈述性副词,AP 也由贬义词扩展到除道义词外的其他词语上。

邹立志(2006:52—56)指出,只有上述的第二种类型才存在羡余否定。笔者也认同其观点,第一种类型的肯定形式只在特殊的反语修辞语境中才成立,不具稳定性和普遍性,因此不在研究范围内。

以上研究的核心结论即"好不 AP"格式经过历时的演变,"好+不"联系日益紧密,逐渐语法化为相当于程度副词的成分,并能以礼貌原则[①]和反语理论来解释,以往研究者多从历时角度描摹了"好不+AP"的形成路径,即:

---

① 礼貌原则(Brown & Levinson,1978、1987)是会话原则的一种,体现了说话人对事件情状的主观评价,是为防止伤及对方面子而采取委婉的会话策略。

"好＋AP" → "好＋不 AP" → "好不＋AP"

"好＋不 AP"的演变机制,源于反语,以否定形式强化肯定语气,这一解释为学界所普遍认同;而"好不＋AP"的生成途径,历来研究者大都只描述其客观语言事实,却并未解释"不"脱离 AP,向"好"靠拢,进而被弱化的动因之所在,那么能否以量域模式及主观意愿等三要素来解释这类格式的生成机制呢?下文笔者以贬义 AP 为例,进行分析。

AP 为贬义词,如"蛮横"时,"好不蛮横"等于"好蛮横",是由"好＋不蛮横"的反语用法发展而来,进而演化为"好不＋蛮横"。根据礼貌原则,消极义常以否定积极义的方式来委婉陈述,如"蛮横"即"不讲理","不"与"讲理"关系密切;而积极义则直言陈之,故"不蛮横"一般不表讲理义而作反语解,"不"与"蛮横"关系相对松散,"不"成为反语标记,形成了"好＋不＋蛮横"的形式。

下文将对该情况下"好不 AP"的三要素进行分析。当 AP 为贬义词时,如:

⑩ 他这人好不蛮横!(自拟)

说话人的主观意愿为"不蛮横",即主观上对"蛮横"这种情状有抵触情绪,主观意愿呈否定性;客观结果无疑为高量级的"蛮横",即呈肯定性;至于主观预期,仍需从前后语境来推断,如:

⑪ 甲:你真蛮横!
　　乙:我哪儿蛮横啦?

甲：你好"<u>不蛮横</u>"呀！（沈家煊例,1999：131）

可见,甲依据乙的言行所作出的主观预期为乙的蛮横性,即主观预期为肯定性。以上分析认为,"好不＋AP(贬义词)"的主观预期和客观结果相吻合,即客观结果与语境提供的信息相一致,而主观意愿则与两因素相背离,体现为句法层面上以否定词"不"来标记。

综合前贤研究,可见"不"与格式中其他成分的结合性,经历发展路径如下图：

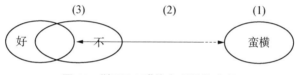

图 14 "好不 AP"的主观量化路径

(1)"不蛮横"阶段

"不"直接否定"蛮横",却并不与"讲理"语义等值,而是隐含介于褒贬间的中性意义(沈家煊,1999：126),"不"表客观的否定陈述。

(2)"不＋蛮横"阶段

"不蛮横"的表述方式有违礼貌原则,因此出现频率极低。"不"与"蛮横"间的语义联系的疏离导致其句法形式的日益松散,且多用于反语引述的语境中。反语作为一种修辞手段,具有"强烈的感情色彩,是感情激发的结果"(谭永祥,1992：356)。"不＋蛮横"作反语解时,即表强烈的讽刺和嘲弄语气,否定词"不"表否定的引述,而非句法否定。

(3)"好不+蛮横"阶段

高程度量级词"好"的介入,使"不"与"蛮横"间的松散联系变得更为微弱,并对"不"形成强大吸附力,"不"的位置发生游离,进而与"好"构成整体,完成所谓的语法化历程。"不"之所以呈向"好"靠拢的趋势,与"好"的特性及言者的主观识解密不可分。"好"作为程度加强副词(沈家煊,1999)存在,张谊生(2006:127—134)将其视为标记主观情态的增量词,对客观量进行肯定性增量强调,如"好一会儿"。李晋霞(2005:44—49)提出,"好"的程度副词用法是由性质形容词演变而来的,随着虚化程度的增高,其主观化程度也明显增高。笔者认为,"好"突出强调说话者对某种属性程度之高的肯定性评价,具有鲜明的主观强化评判意味,它占据程度量级模式的一个量度,本身即有主观模糊量的特性。正如以上程度量级模式图所示,"好"处于向右延伸的一个量度,为高量级标记词,且具有强烈的主观色彩。"好"与"不蛮横"(反语)的组合,调高了"不蛮横"(反语)的程度量级,"蛮横"的程度增强,与肯定式"好蛮横"形成语义等值,即强调"蛮横"的高程度量级,"不"在语义上成为羡余成分。但就语用义而言,"不蛮横"的正话反说,加强了"蛮横"的程度,即"好+不蛮横">"好+蛮横",由此可见,当"好"与"不蛮横"结合时,否定词"不"不再否定"蛮横"的情状,而是以反语的修辞手段加强"蛮横"的量级,而主观强化评述词标记"好"的前置,使得"蛮横"的量度级别进一步调高,"好"与"不"的叠加作用将"蛮横"的量级连上两个台阶。然而,由于"蛮横"的情态违背行为规范和道德标准,使言者的正常期待落空,言者不希望"蛮横"情态的出现,因此该格式中的主观意愿应为"蛮横"的否定性,这就导致了"好+不蛮横"的量级上调趋势与"好不蛮横"的主观否定性的矛盾。换句话说,从语用原则出发,"不"倾向于语用上对"蛮横"情态的否定,而不再是调高"蛮横"量级的反语标记,这种演变就体现在"不"渐离"蛮横"而趋向"好","不"作为否定算子对"好"的量级进行操作。

上文提及会话的礼貌原则时,笔者曾将其概括为,言者对消极性评价应采用委婉的方式,而对积极性评价应采用充分的方式,因此,"蛮横"常用"不讲理"来代替。同样地,在"高程度量级词+情状词(贬义)"的句法格式中,尽量弱化情状词的消极性,有两种方式:其一,可将格式转变为"高程度量级词+(不+反义情状词)",如"好不讲理";其二,调低高程度量级词的量级,进而对情状词的消极性减量,而"不"即为该方式的语言手段。汉语中对他人的消极性评价前常前置低量级词,例如,我们会用"他有点儿奇怪""我有些不舒服",来表达"他很奇怪""我很不舒服"的意味。

现结合上图情状的程度量级分布模式,"好"接近"太""很",表程度的高量级,且具强烈的主观色彩,以否定算子"不"对其进行操作,高量级被限度,即指向低级量域,相当于"不太""有些","不"成为程度减量标记,"好不+蛮横"中"蛮横"的情状程度因而被降级。这符合言者主观意愿对"蛮横"的否定性,即使不能控制"蛮横"的发生,也应采用一定的语言手段尽量降低"蛮横"的程度。

因此,在"好不+蛮横"的构成模式中,"好"强调了客观的肯定性的情状,调高了情状的程度量级,而"不"为"好"所吸附,对"好"的主观高量级进行逆向减量操作,进而降低情状的量度级别,形成了对情状强化的阻力,体现了主观意愿、主观预期与客观结果共同作用于格式的语用结果。

5.2.3.5 高程度量级祈使格式"(不要)太 AP"

"(不要)太 AP"句式是一种典型的方言形式,主要出现在吴语区,而后逐渐普及到全国范围。究其来源,可追溯到 20 世纪 90 年代上海的一句广告语"杉杉西服,不要太潇洒!",随着该广告语的一时风行及海派语言文化的影响优势,该句式也为更多方言区的人所接受。

历来研究者对其关注甚少,即使偶尔提及,也仅作为语言现象的列举,并未对其成因及语用功能进行深层次的考察。根据钱乃荣(2007)的《上海话大词典》,将其归为程度类,有专门的词条做描述:"勿要忒……噢"表"极了"[周边方言将其写为"覅忒……噢","覅""勿(浊音 V)要"都相当于"不要","覅"为合音词]。张新清(2001:62—63)认为,"不要太"表普通话中"真是太……"的意思,不仅无否定意味,反而表更强烈的肯定语气。张爱玲(2006:138—140)提出,该类句式只用于感叹句,有句尾语气词"噢""哦"等与之呼应,"不要"强调感叹语气。

以上研究者将"不要"的语用功能归纳为"强调"语气,却未对其成因及路径作细化分析,未免有笼统之嫌,下文将结合与其相关的祈使句式及量级模式阐释其产生机制。

(1) 与关联祈使句式的比较

首先,应注意到汉语中还存在另一类相关句式,即"不要太……"的祈使式,如:

⑫ a. 凡事看开点,<u>不要太</u>认真!
　　b. 学习<u>不要太</u>认真哦!

a 为祈使句,b 则为笔者讨论的感叹句。

对比以上两类句式,可见:

1)"不要"的隐现

a 中否定词"不要"具有实在的否定义,相当于"别",表禁止或劝阻 AP 意义;b 中否定词"不要"可隐而不现,语义不变,因此,"不要"被虚化成羡余成分。

2) AP 的性质

a 和 b 句中,AP 都可为褒义词和贬义词,b 句也有相似的情况,但 a 适用贬义词的情况居多,b 则可适用大量褒义词甚至中性词。

3) 句式的相通性

a 表祈使功能;b 表感叹功能。其差别往往体现在句尾的感叹词上,值得注意的是,这一区别并不是绝对的,祈使句 a 句尾也能适用感叹词,如:

⑫ a'. <u>不要</u>太认真哦!

而感叹句句尾也可省略感叹词,如:

b'. 学习<u>不要</u>太认真!

两类句式的结尾都有感叹号,表某种强烈的语气。因此,如果没有语境的限制,有时会出现歧义句"不要太认真"。

4) 对 AP 的主观评价

无论哪种感情色彩的词,进入 a 句后,相对于言者来说是消极性的,如"不要太认真",即"太认真"对于言者来说,主观评价是负面的,故进入该句式的贬义词更多,AP 为言者不期待发生的,主观意愿为否定性 AP,客观现实为肯定性的 AP,客观结果为否定性的 AP,即经劝阻后听者所呈现的情状,"不要"为必需成分;而 b 的客观现实为肯定性的高量级的 AP 状态,客观结果亦为肯定性的 AP,其肯定性的主观语气体现在该句中也为一种心理预设,心理上已默认当事人的情状已经"太 AP 了",这其实是从其祈使句的用法推衍而出的,"不要+太"的祈使用法为感叹句形式提供了心理上的认知条件。由上可作出这样的假设:"不要太 AP"的感叹用法是从其祈使用法引申而来,上文两种句式的种种互通之处也证实了这一点。

(2)"不要"语义的虚化

既然该格式感叹句的用法是从祈使句发展而来,那其发展动因究竟为何?"不要"又是如何从实义的劝阻义逐渐被虚化的呢?

试比较以下一组句子:

⑬ a. 去洗碗!
　 b. 去死!

从形式上看,两句都为典型的肯定性祈使句,但从语义上看,两者却存在差异:前者言者所发出的指令能为听者所接收并执行,主观意愿和客观结果都为肯定性,而后者言者所发出的指令却并不能实际执行,是听者能力范围之外的。因此,客观结果必为否定性("没死"),而言者的主观意愿也并非真的要求听者执行这一命令,而是为传达其愤懑之义的极端语气,表现了强烈的非现实性感情色彩。因此，与其将其视为祈使句式，不如说它是祈使句的一种变体，表层形式为祈使句，实质上已转化为感叹句。

由此可见，当祈使句中言者所发出的指令使听者在客观上无执行可能时，祈使句可视为一种特殊的感叹句。下文中笔者将以此来分析下列语例：

⑭ a. 凡事<u>不要太认真</u>！
b. 你学习<u>不要太认真</u>！
c. 他学习<u>不要太</u>认真！

⑭a 中言者要求听者接受的信息为终止"太认真"这一情状，该指令是可执行的，并暗合客观结果，为典型的祈使句式，而⑭b 中言者所发出的"不要太认真"的指令显然不会为听者所接受，"学习认真"一般来说是一种积极状态，听者无疑会继续保持下去，因此，该句更倾向于表达言者对该情状一种强烈的评判性语气，而非旨在使其发出指令现实化。另如⑭c 中主语为第三人称，是言者对他者的评判，显然更无法改变 AP 的已然状态，必定为典型的感叹句。

因此，当祈使句中言者所发出的指令具有非现实性时，"不要"不再表劝阻，而为传达言者的主观评价性，"不要太 AP"有向感叹句转变的趋势。

(3) 主观量级模式下"不要"的语用机制

根据程度量级范畴模式图，可见"太"占据高程度量级的一个量度，具有主观性和模糊性的特征，用否定算子"不要"对"太"操作，如下图：

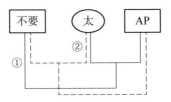

图 15　主观量级模式下"不要"的生成机制

祈使句①中,"不要"否定的是"太 AP"这一整体,"不要"后常有语音的停顿作为佐证。在实际语用中,"不要"最终指向的是 AP,即否定 AP,"不要 AP",而"太"只是表义委婉的附赘。如"你不要太吵"等于"你不要吵",主观意愿为请对方安静,而不是允许有一些吵闹。

感叹句②中,起初"不要"也力图阻扰 AP 的情状,但由于客观上的无可能性,进而转指向量级词"太",旨在通过调低"太"的量级表现其主观的否定性,因此,在该情况下,"不要"否定"太",与"太"构成低程度量级,进而限定 AP,"不要"与"太"的整体性亦可通过"太"的语音拉长与其后停顿相印证。

该格式中"不要"的阻力不足以扭转 AP,即相较于祈使句中"不要"的强阻,感叹句中的"不要"为弱阻,无法改变客观情状,反而更凸显客观情状无可避免的肯定性,传递了言者欲阻止而又无法阻止的强烈感叹语气。

这种阻力强弱的区别也能用于解释进入格式的词类的不同,与祈使句中 AP 多为贬义词相对,感叹句中 AP 可为褒义词,甚至中性词也大量进入,这与"不要"的弱阻性密切相关,劝阻贬义词的情状符合常理,较易实现,因此"不要"的阻力作用得以充分体现,而感叹句中,劝阻褒义词或中性词的情状不太符合常理,较难实现,"不要"的阻力自然相对弱得多。

值得注意的是,感叹句中的"不要"可视为祈使意味的"不要"所留下的印迹,其祈使的劝阻义被弱化,但仍表现出相关的消极性评述语气,如:

⑮ 不要太<u>无聊</u>啊!
⑯ 这花生不要太<u>硬</u>哦!
⑰ 不要太<u>潇洒</u>噢!(自拟)

以上三句的 AP 分别为贬义词、中性词和褒义词。⑮中"无聊"为贬义词,表不满、埋怨的语气;⑯中的"硬"虽为中性词,但就言者来说,也为消极性评价,有抱怨之义;⑰中的"潇洒"为褒义词,其语气较难确定,表面上为高量级的肯定性语气,等同于非常"潇洒",但从实质上来说,"不要"调低"太"的量级,即不能"潇洒"过头了,是一种调侃和诙谐的语气,类似于反语用法,传达的也是言者主观上的阻止义,但阻止未达成反而更凸显了高量级的肯定性。

总之,"(不要)太 AP"表感叹的用法是由其祈使用法衍生而来的。"不要"的劝阻性逐渐弱化为主观评价义,其对"太"量级的限定更凸显格式的肯定意味,"不要"已从否定词虚化为一个主观减量标记。

5.2.3.6　规约性时间量级格式"(没)VP 之前"

前人代表性的研究有以下几种。石毓智(2001)提出,"没 VP 之前"强调后续句中行为延续到 VP 实现的时点才结束;王灿龙(2004:430—439)提出,"VP 之前"和"没 VP 之前"所表示的时间有很强的规约性,肯定式易被解读为靠近 VP 的时间,而否定式则不以靠近 VP 的时间为优选,倾向于远离 VP 的时间,且后者强调 VP 的未然性,有前置主观元语增量词"还"加以印证;徐永生(2008:85—87)从状态和事件的角度,尤其是事件内在的时间[①],结合认知典型范畴概念,概括了"VP 之前"格式肯定式和否定式的典型和非典型框架;江蓝生(2008:483—497)则认为"没 VP+VP 之前"概念叠加和构式整合后,构成"没 VP 之前";卢鸿莉(2010:100—104)提出"VP 之前"可表时点和时段,表时点的多用于将来体,表时段的则用于过去式与完成式,"没 VP 之前"表宏观时段,在表时段时,后续句为静态叙述句,"VP 之前"的肯否式可换用。

综上所述,学界普遍从微观时点和宏观时段的角度切入,结合后续句的静态和动态性,描述"VP 之前"和"没 VP 之前"的时间优选性。以上分析固然有理可循,然而,研究者大多仅注意到了时点和时段之分,而未从 VP 事件本身的不同内部时间类型出发分析"没"的语用功能差异。

根据郭锐(1993:410—419)的观点,如果置身于事件的内部进行观察,时间可拆分为起始、过程、终结三阶段。Vendler(1967)根据情状,将动词分为四类:状态动词(state)、动作动词(activity)、完成动词(accomplishment)和结果动词(achievement)。我们发现,在汉语中,除前两种动词外,后两种动词可归为一类,统称为"完结动词",分别对应相关的类型:如"有""吃""失败"。

三种 VP 事件的内部时间类型如下。

---

① 包括:结构起始时点(inception)、终结时点(termination)或两点之间的持续过程(duration)。

(1) 状态动词

为延续性的均质状态,其起点和终点没有明确界限,即具有无界性,可凸显整个状态的持续过程,也可凸显状态上的某一时点。

(2) 动作动词

包括完整的事件构成,即开始、过程、结束,有明确的起点和终点,呈现有界性特征。

(3) 完结动词

表示 VP 的结果义,即凸显事件的终点,由于人的主观认识要求对事件认知的完整性,因此,结果动词的起点与过程常被隐含于该事件的内部时间结构中,只是两者无限接近于终点,与终点的时间距离可略而不计。

下文笔者将按 VP 类型,从内部时间结构出发,结合量域模式理论,对各类"没 VP 之前"格式的成因及"没"的语用功能进行探究。

在分析之前,先明确两个量域相关的问题。

(1) "没"的微减量性

减量性是否定算子"没"对量进行操作时的典型功能,在汉语语言事实中屡见不鲜,如"没一个月",为"不到一个月,比一个月少"的意思。但值得注意的是,"没"减少的量常比较微小,还蕴含快到某个量但没到,无限接近的意味,如"没一个月",可能是指 20 多天,但绝不可能是几天或 10 多天。因此,"没"是典型的微减量标记。

(2) VP 内部时间的量度

研究者在分析"(没)VP 之前"类格式时,大多仅将 VP 作为一参照时点,而忽略了 VP 本身不同的内部时间结构类型。从语言事实可见,VP 的内部时间结构也具有量的特性,不同的时间结构包含的量的表征不尽相同,即"(没)VP之前"中,"之前"表事件的外部时间量域,与VP的内部时间量域叠加后形成了时间量模式,"没"的加入使得该格式的量征更为复杂。

其分类情况如下:

(1) VP为状态动词

内部时间为无界性的延续状态,所构成的量域也是一个无限量,终点具有模糊性,时段内的各时点具有均质特征,对VP时段的否定即对某一均质时点的否定,如:

⑱ 在读者对知识给予自身发展的作用还没有一个正确的认识之前,要使人们认识到图书馆既是知识宝库又是知识源泉。(《1994年报刊精选》)

句中VP为"有",所表达的内部时间即从"有某种认识"这一状态开始形成到持续下去的开放性的量域,在这一量域上的任一时点都可代表整体量域的VP状态。就这一意义而言,VP的内部时间段可压缩为呈现一定状态的时点,并成为"之前"的参照时点。该类格式的"之前"与VP的时量域叠加的结果如下图所示:

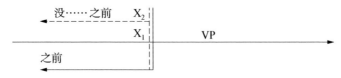

图16 "没+(状态动词)VP之前"的时间量级

"VP之前"的时间量域从VP参照时点X_1出发指向左端,为半开放性的时段,否定算子"没"对其操作后的结果为,时段的出发点向左挪移一段距离至 X_2,指向趋势不变。至于距离所表的时量,据上文所分析"没"的量征推断,"没"为微减量标记,向左挪移的距离非常微小,更多地体现为一种减量取向。"没 VP 之前"的时量起点无限接近于 VP 的参照时点,即"没 VP 之前"的时量起点与 VP 的时量起点基本重合,这也是 VP 为状态动词时,"没 VP 之前"与"VP 之前"基本表义相同的原因所在。而沈家煊(1999:94)指出的"否定量域规律"也是有效的证明:"对某一个量 X 的否定,否定量域是大于或等于 X 的量;对某一个量 X 的否定,意味着肯定一个接近 X 的较小量。"因此,"没"对"VP 之前"量域的否定,隐含着无限接近"之前"的量域特征。"没 VP 之前"和"VP 之前"两者的量域都涵盖从某一参照时点,无限指向左端的范畴,其量域在一定区域内重合,唯一的不同在于参照时点存在一定时差,但由于"没 VP 之前"的量域为接近"之前"的较小量,前者的参照时点即时量起点也无限接近于"之前"的时间起点即 VP 的参照时点,两者几近重合,"没"更多表达远离 VP 的时间倾向。该格式中的语用义为 VP 为状态动词,具非事件性。相应地,"没 VP"也表现为某种与 VP 相对应的状态,而根据语料所示,后续句也多为某种状态的持续或规律性的事件,如⑱中的"认识"。因此,整句意在表达在某一状态持续的时间段内,有另一种状态与之共现,两者为平行关系,即在"没有正确认识"的状态下,人们应持有某种观念。从这一角度而言,先行句为后续句的前提条件,"没"指明了与 VP 状态相对应的某一状态,而"之前"的时间顺序义被弱化,成为 VP 的两种状态的分界点,"没"与 VP 的共存激活了一种状态的相对性,凸显了持续性状态的时段。总之,鉴于状态动词内部时间结构的时量义由时段被压缩为时点,"没"的否定格式的量域无限接近于"之前"肯定格式的量域,该类格式的肯定式和否定式得以互换,"之前"的时间顺序义被弱化,突出状态的条件性被激活,"没"凸显状态的分界点,为语用焦点的激活标志。

(2) VP 为动作动词

内部时间结构为有界性,起点和终点清晰,涵盖动作的起始、过程以及完成的整个阶段,所构成的时间量域为有限量的时段,时段内各时点呈非均质(inhomogeneous)状态,时间量级表现为下图:

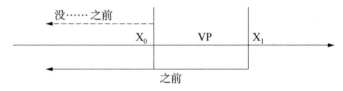

图 17 "没+(动作动词)VP 之前"的时间量级

如:

⑲ 我不禁哑然,敢情(没)来中国之前已在男朋友处得到第一手资料了。(《市场报》1994 年)

⑳ 卡斯劳斯卡斯说,他来中国之前到达拉斯待了 3 个星期,跟哈里斯进行了交流。(新华社 2004 年 3 月)

句中 VP 为"来"(中国),该动作具有时量上的延展性,即并不能在某个瞬间完成,而包括从准备出发前往目的地、搭乘某种交通工具的路程及最终抵达目的地的完整过程,有清晰的起点(X_0)和终点(X_1)。该 VP 具有时段性,但加上后缀"之前"后,"之前"本身的单向时量概念常会与 VP 本身的时量相叠加,前者常会淡化并覆盖后者,即在人们的认知图景中,因观察者的视角的差异而凸显 VP 时量内不同的时点,如例⑲中,对于言者来说,关注的是 VP 的终点 X_1,因为 VP 的终点相对于言者来说距离更近,更为明确,因此将 VP 的终点视为 VP 发生的参照时点;而对于当事者来说,则刚好相反,更为关注 VP 的准备阶段,将起点 X_0 视为 VP 发生的参照时点,因此,参照点的差异造成对 VP 的初始时间的界定存在一定时间差,即从 VP 的前期准备阶段到 VP 的实现的瞬间所存在的时间距离。听者在接受句中信息之时,往往也接受了言者主观识解后的参照时点界定,因此,"VP 之前"常被理解为以 VP 实现的瞬间为参照点,指向时间轴左端(过去)的单向时段,在例⑲中,表现为"进入中国国门"这一瞬间以前的时间量域。根据语料,后续句可为事件句,也可为非事件句表状态,可为先行句的时间量域上的某一时点尤其是近参照时点所发生的事件,如⑳中"到达拉斯待了 3 个星期","3 个星期"就"来中国之前"的时量域来说为临近参照时点的短时量,也可为该量域所表时段持续的某种状态。

相比之下,"没 VP 之前"中,否定算子"没"对"之前"量域进行操作,呈现量域起点左移的趋势,为向左减量取向,由于"没"对时量的逆向作用力,听者对参照时点的理解偏向于 VP 的初始准备阶段,即倾向当事者的视角,根据语料,后续句也为以下两种情况:

1) 为事件句,且该事件相对于参照时点而言早就完成

㉑ 事实上,考察组没<u>进店</u>之前,袁德军已经用评星的标准对照检查了一遍。(《1994 年报刊精选》)

㉒ 顾客还没<u>踏出</u>店门之前，我儿子就已经写好"铭谢惠顾"的卡片了。（大理工作室《哈佛经理公关艺术》）

㉑先行句中 VP 为"进店"，后续句中 VP 事件为"检查饭店"，这一事件显然不可能在临近 VP"进店"前发生，而应在远离"进店"前的时点就已完成，因此常有"已经"等时间副词加强其已然义，例㉒亦是如此。

2）为非事件句

㉓ 他说，没<u>来</u>宁夏前，以为宁夏到处是沙漠，充满荒凉。（《1994 年报刊精选》）

强调在参照时点前，早就产生并持续的一种认识。对比"VP 之前"与"没 VP 之前"，可以发现，"没"对"之前"时量有向左挪移的趋势，即强调了后续句 VP 或状态的已然性，在 VP 初始准备阶段前早就发生。先行句中 VP 本身的内部时量，扩展了言者与当事者对参照时点理解的时间差，造成肯定式与否定式的时间量域的差距更为明显，使得"没 VP 之前"对听者来说更凸显对于参照时点的逆向背离性及时量距离。由此可解释例㉑中，"3 个星期"对句中时量域而言为短时量，对参照时点有趋向性和临近性，因此无法适用否定式。

(3) VP 为完结动词

内部时间结构亦为有界性，起点为 VP 结果相关事件起始的时间，终点为以 VP 形式所表的结果意义，结构凸显事件的终点。出于主观认知的完整性，结果动词的起点与过程也被隐含于该事件所表的时段内,而从起点到终点,除涵盖一定的时量外,还包含动量的累积,即 VP 所表的动作有量的叠加的过程,积蓄到一定程度才产生了 VP 的结果。

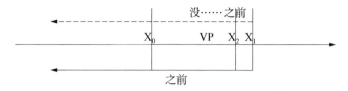

图 18 "没+(完结动词)VP 之前"的时间量级

如:

㉔ 但他认为,在整个事件没调查清楚之前,不能随意谴责任何国家。(新华社 2004 年 10 月)

㉕ 指标股没涨到位前,亿晶不会有行情。(东方财富网 2013 年 8 月)

例㉔中 VP 为"调查清楚",其中"调查"为一般的状态动词,而与补语"清楚"的结合形成了表示终结的动补结构,即从开始"调查",到"调查"的逐渐深入,到最终得出清楚的结论这一过程,既包含着时量的因素,又涵盖了调查所表动量的累积,且凸显了达到"清楚"这一结果量的终点义。该类 VP 的双重量域(时量域、动量域)与"之前"的时间量域相叠加,参照时点为凸显的结果义终点,则表由该参照时点为起点,指向左端的时段。而"没"对"VP 之前"所在动补结构量域的否定,也呈现将参照 VP 结果义时点向左挪移,对参照时点有远离和逆向的趋势。另外,又由于完结式 VP 本身包含动量累积的因素,因此,"没"在否定时量的同时,也否定了终点的动量,指明了当前的动量未达到终点量的程度,还处于动量的累积过程中。在这种情况下,"没"从语用上凸显了距终点量的不足,为语用的必要成分,句中否定式为优选形式,如例㉕,强调了指标股只有涨到一定的高位,亿晶才会有行情,而"没"指明了目前涨价的动量还未累积到这一高位。

以上通过对各类 VP 所在格式的分析,可以发现,VP 为状态动词时,肯定式和否定式可以互换,否定式突出状态的分野;VP 为完结类动词时,否定式为优选式,凸显未达 VP 结果的动量层级;VP 为动作动词时,肯定式与否定式能互换,否定式强调了后续句 VP 或状态的已然性,在 VP 初始准备阶段前早就发生,从而在突出后续句中事件对参照时点的临近性时,只能适用肯定式。"没"作为主观微减量标记,对"VP 之前"所在的时间量域进行操作,凸显远离参照时点的趋势,在"没 VP"格式为优选项时,"没"成为语用焦点,"之前"的时间顺序意义被淡化,可被"……的时候/情况下"所替代。这也就能解释研究者注意到的一种现象:"之前"表客观的时间顺序意义时,该类格式只宜采用肯定式(刘甜,2011:30—34),如:

㉖ 以色列法律规定,在指控某人犯有贪污腐败罪<u>之前</u>,必须<u>先</u>确定他的犯罪动机。(新华社 2004 年 2 月)

该句客观地叙述了先行句和后续句中行为的时间先后顺序,"之前"具有实在的意义,后续句中常有"先""首先"等顺序词与之相呼应。

5.3 小　　结

综上所述,以上 6 类羡余否定格式,其形成模式和否定标记的语用功能与其载体密切相关,主要表现为以下几点:载体都具有主观模糊量的特征,即分布在一定的量级范畴模式上;其承载的格式也体现强烈的主观量化特征,格式义具有鲜明的主观性,是主观意愿、主观预期和客观结果的综合作用的结果;否定算子"不"和"没"作为主观量标记添加于肯定式中,操作于载体的量级,或减量或增量,皆从如何能最恰如其分地表情达意出发;否定算子从语用角度而言并非羡余成分,它对量域的调节性是其核心语用功能所在。

第 6 章 羡余否定标记的脱落及省略模式

6.1 否定式的裂变与后端否定词的脱落

以否定式为原形式的格式中,否定词"不""没"等表显性的否定义,为格式必需,相比之下肯定式为否定式的衍生形式,是由一定的语用机制触发否定词的脱落或省略所致,该类格式有"无时无刻(不)VP""非 VP(不可)"和"不由得(不)VP"三种。值得注意的是,这三类格式的载体均为否定性成分,与否定算子"不"互相作用,共同构成双重否定句式,强调肯定义。其中"不"具有否定实义,是一种否定真值条件(truth conditions)的语义否定(沈家煊,1993:321—331),"不"在某种语用机制触发下脱落,双重否定句式也发生裂变,构成只包含否定性载体一方的肯定式,与实质上为双重否定的否定式相对应,构成形式上的羡余。模式一与模式二相比,前者的否定算子为主观量标记,作用于载体所属量域,在语义上羡余,而语用上并不多余,为语用否定,否定的是命题的适宜条件(felicity conditions),如"不要太 AP"格式中,"不要"否定 AP 的适宜程度,呈弱阻性和消极评判语气;后者的否定算子为语义否定,在语义上并不羡余,然在语用机制下脱落或省略,导致与肯定式相比形式上的否定词羡余,因此,正如上节提到,这是一种相对的羡余。

本节所要探究的核心问题是,触发否定算子脱落或省略的语言机制及如何构拟该演变过程的渐进路径。

6.2 "无时无刻(不)VP"的裂变路径

根据 3.3.3 中的语料调查,"无时无刻(不)VP"在 CCL 语料库中出现了 308 例,肯定式与否定式分别占 10.71%(33 例)和 89.29%(275 例)。可见,在现代汉语中,否定式为强势形式。

学界对"无时无刻(不)VP"的研究甚少,张斌(2006)指出,"无时无刻"与"不"连用,"时时刻刻"与"都"连用,表达意思基本相同,但前者的口气更为强烈,但未对其肯否式同义现象进行分析。更有研究者将其视为误用,如邹秋珍(2012)列举了 CCL 中 50 例"无时无刻"表"时时刻刻"肯定义[①]的情况,认为这些都是错误用例,但既然语料中该类用法并非偶然,而已作为规律性的语言现象出现,必有某种语言机制起作用。目前关于"无时无刻(不)VP"与"无时无刻 VP"的比较研究仅有王楠(2010:502—511),提出"时"和"刻"表短暂时间,这一语义特点使得"无时无刻"与"不"连用,强调"没有一个时候不……",即"时时刻刻都 VP"的意思,"无时无刻"是多义词,兼具否定义和肯定义,"无时无刻=无时无刻不",是语言经济性原则的作用。但笔者认为,"无时无刻"为多义结构而产生肯否同义的说法颇有主观之嫌,"无时无刻"并非多义词,其肯

---

① 该 50 个语例包括"无时无刻"的不同句法功能,本书只研究"无时无刻"作状语修饰 VP 的用法。

定义的产生是"无时无刻不"结构义的渗透,是随着"无时无刻不"结构的演变而形成的,是形式的变化导致了意义的转变,而非意义的多重性引发了结构的差异。

参照代表性辞书的释义,《现代汉语词典》(第5版)的解释为"无时无刻不……是时时刻刻都……的意思,表示永远,不间断";《成语源流大词典》《汉语成语考释词典》《汉语成语源流大辞典》中的解释为"没有哪一个时刻。用在副词'不'前,表示总是这样,不曾间断"。这里应注意的是,基本所有的词典释义都将"无时无刻"与"不"作为一语言结构来解释,强调"无时无刻"本身的否定意味,唯独《中国成语大辞典》和《应用汉语词典》的解释为"无时无刻"即"时时刻刻",无论哪个时刻。这与其他词典的释义相反,但所举例句仍为"无时无刻(不)"的结构义。综上,"无时无刻"在否定式中,表现其原有的否定义,而在肯定式中,否定义却缺失而转为肯定义,因此,"无时无刻"的肯否相反义是由其所在的构式义决定的。

6.2.1 历时考察

为探究其构式义的形成及否定词脱落的来源,应对其历时演变进行考察。"无时无刻"最早出现于明代吕柟(1479—1542)的《四书因问》:

① 诸生即是以处天下之事,吾见格致工夫<u>无时无刻</u>而可了也。(王楠例,2010:502)

该句中的"无时无刻"为否定义,即没有哪一个时刻的意思,此时还未与"不"连用,表强调肯定义。

首例"无时无刻"的双重否定式见于明代,即:

② 虽违远天颜,旷离官守,而犬马依恋之心,<u>无时无刻</u>不在皇上左右。(张居正《谢遣中使趣召并赐银八宝等物疏》)

在明清至近代的其他语料中,"无时无刻"基本上都以双重否定式的形式出现,表否定的"没有哪一时刻"义。但值得注意的是,"无时无刻"单用表肯定义的语料也不止一例,最早如:

③ 恒存六尺之水,水但过格,自然下流,<u>无昼无夜</u>,<u>无时无刻</u>,以渐而长,以渐而去,永无淹没之虞,亦无冲决之患。(清傅泽洪《行水金鉴》卷一百五十一)
④ 为人君者,<u>无时无刻</u>,<u>无</u>不宜修德与修刑。(清高宗弘历《御制文集》三集卷二)

但此时,"无时无刻"表"时时刻刻",其肯定义是有条件的,即前后会有否定词或结构与之共现,如上例中前有"无昼无夜"等无A无B结构,或与含"莫不""无不"等双重否定式的后续句连用。

"无时无刻"单用,且并不与否定性成分共现的语例最早出现在民国时期,如:

⑤ 况且儿童本有好动好胜的心理,孜孜不倦,<u>无时无刻</u>去弄这种运动,往往有伤身体。(民国《上古秘史》)
⑥ 那我下半世的性命,不是<u>无时无刻</u>都在你掌握中吗?(民国《留东外史续集》)

⑥中,出现了现代汉语中"无时无刻"与"都"搭配的典型用法。

现代汉语中,"无时无刻"与"不"连用,表强调肯定义的用法仍为优势形式,但"无时无刻"单用表肯定义(常与"都"搭配)的形式也屡见不鲜,甚至还出现了以下的特殊用法:

⑦ 法制的、道德的、舆论的"牛虻"<u>无时无刻不离暴利者</u>,开发商就难生造假胆气,更难有"暴利"机会。(中国经济网 2006 年 11 月 15 日)

⑧ 邵佳一<u>无时无刻不忘学德语</u>,吃苦精神令德记者肃然起敬。(新浪体育 2003 年 1 月 29 日)

这几例中的"无时无刻"与"不"连用,"无时无刻"为肯定义,"无时无刻不"结构为否定义。但这类用例中,"无时无刻不"后的 VP 多为"忘记""离开"等消极性且非持续性动词,且所见用例甚少。

由上所述,"无时无刻"的语义及其结构的演变进程可概括如下:

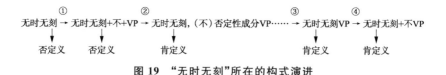

图 19 "无时无刻"所在的构式演进

6.2.2 裂变路径及脱落机制

"无时无刻不 VP"的双重否定用法一直为强势形式,以上的演变图揭示了每一种新用法的出现。随着"无时无刻"所在结构形式的演化，其意义也发生了改变，由原有的否定义变为肯定义。

6.2.2.1 结构的分化

步骤①的演化，是"无时无刻"的单用到"无时无刻"与"不"搭配的双重否定用法，其原有的否定义并未发生变化。在"无时无刻＋不＋VP"形式中，"无"表现其本义，相当于动词"没有"，"无时无刻"为谓词性结构，表没有时刻义，"不＋VP"相当于否定性的谓词结构，两者结合，构成连谓结构，两者的否定性相互作用，呈肯定性，相当于肯定义"每时每刻 VP"；随着该结构的使用频率渐高，整体结构义稳固下来，肯定性的 VP 成为语义核心，VP 的类型也不断扩大，独立性日益凸显，"不"与"无时无刻"的否定性联系更为紧密，以上因素使得"无时无刻＋不 VP"的结构发生裂变，"不"脱离 VP，为"无时无刻"所吸附，构成"无时无刻不＋VP"，VP 的肯定性语义被强化，而"无时无刻"的动词性减弱，与"不"成为固定组合，作为 VP 的修饰性成分，以状语的形式存在，强调 VP 分分秒秒的持续性。

6.2.2.2 否定的隐入

图 19 中步骤②和③的变化，即"无时无刻不 VP"和"无时无刻 VP"同义的语言机制，是本节研究的重点。步骤②"无时无刻不"的反复使用，赋予了结构日益稳定的整体意义，"没有一个时刻不……"既可理解为"所有时刻都，时段持续性"的总括义，也可理解为"随时，每时每刻，无论哪个时刻"的任意时点义。"无时无刻＋不"的组合逐渐由词与词的搭配成为一个词化的整体，整体的结构义进而渗入到"无时无刻"的词义中。

而从"无时无刻不＋VP"到"无时无刻,(不)否定性成分 VP"

的演变,是"无时无刻"获得肯定引申义后形式上的第一步演变,"无时无刻不"结构的双重否定表强调肯定义被"无时无刻"所吸收,致使否定词"不"成为羡余成分。这一阶段,"无时无刻"前后须有其他含否定性成分的小句与之相对应,如"无 A 无 B"结构和"莫无"等双重否定结构。可见,"无时无刻"用作总括性肯定有条件的制约。这体现在语篇的相互照应上,如前有"无昼无夜"等表总括性肯定义的"无 A 无 B"结构,与"无时无刻"形成对偶格式,句法形式上的平衡必然映射为语义上的趋同,因此,"无昼无夜"的语义无疑会使"无时无刻"有语义同化的趋势;又如,"无时无刻"的后续句为双重否定式,"无时无刻"作为前置状语,规定后续句的时间情态,后续句已采用双重否定式,因此其修饰语中的双重否定式在形式上被压制,"不"成为隐入的语义成分,即否定的隐入(彭利贞,2004:15—25)。

我们注意到同期汉语中存在大量的"无 A 无 B"构式,邵敬敏(2011:124—128)将其称为框式结构,该种结构具有极高的能产性,A 与 B 间有不同语义关系的句法功能,"无时无刻"亦属其中特殊的一类,考察相似结构的语义关系对"无时无刻"的语义转变极有必要。根据王曼(2011)观点,"无 A 无 B"格式是以"无"的出现为基础的,"无"修饰某一词语是古汉语表否定的常见形式,早期"无 A 无 B"为"无 A+无 B"的连用。笔者认为该观点对解释"无 A 无 B"格式的初始来源不无道理。就"无时无刻"来说,它最早出现于明代,该框式结构的形成并非一蹴而就,而是由"无时+无刻"的同义连用演变而来的。据 CCL 的语料,"无时"早于周代就出现,如:

⑨ 王懋乃德，视乃烈祖，无时豫怠。
⑩ 至于小大，无时或怨。(《尚书》)

两例都为"没有……时候"否定义用法的典型搭配。

六朝后还出现了"无时不"的双重否定句式，且一直沿用至今。

⑪ 眷伫之深，无时不积，久因倩师，频述方寸。(《全梁文》)

"无刻"表"没有……时候"的用法到元代才有，且多以双重否定式出现，如：

⑫ 却说公子自到真定府为记，兴利除害，吏畏民悦，只是想念玉堂春，无刻不然。(元话本《玉堂春落难逢夫》)

"无时＋无刻"的组合，是同义 A、B 的典型构式。"时"，据《韵会》所释，"时辰也。十二时也"。"刻"为古代计时单位，一昼夜共一百刻，如"无一时一刻不适耳目"（〔明〕李渔《闲情偶寄·种植部》），"刻"为八分之一时。"无时"和"无刻"意义相似，但"无时"置"无刻"之前为优选语序，这体现为认知语言学中的象似性原则（沈家煊，1993），语言结构映照人的经验结构或概念结构。语言成分之间的线性排列次序反映了人类思维与认知的轨迹。刻为八分之一时，人们在认知和描述时间时，遵循由宏观及微观的自然顺序，因而优选格式为"无时＋无刻"。

从句法形式而言，"无时＋无刻"为双"无＋NP"组合，是动宾结构的并列式,表现在语义上也为双无结构的语义叠加,即"没有时也没有刻"。王曼(2011)提出,"无A无B"格式的本义为"没有A且没有B",其引申义有几类,其中"无时无刻"属第4类,强调时间之长,范围之广及数量之大。笔者则认为,"无时无刻"的本义诚然为没有时且没有刻,引申义为第1类,即什么都没有,完全没有之义,"无时无刻"意为没有任何一个时刻,动词"无"否定"时"与"无"否定"刻"的组合,在语义上为对同属一个语义场"时"与"刻"的上位义"时间"的否定。邹秋珍(2012)指出,这一组合具有强调的情态语气。笔者认为,这种强调语气应源于"无A无B"结构的叠加,为否定的增量表达,有增多及其加深的"框架效应"。需引起注意的是,王提出,"无A无B"的另一重要引申义为"不分、不管和不论",如"无冬无夏",即无论冬天还是夏天……强调所有、无一例外性①。"无A无B"的两类主要引申义间存在相关性,引申义一为"什么……都没有",即"否定性+总括性";引申义二为"无论,不管……都",即"肯定性+总括性",两者的语义都突出总括性,恰好相对。"无时无刻"与"不"组合后,其"否定性+总括性"的语义与"不"的"否定性"叠加,变为"肯定性+总括性",与"无A无B"的另一频率渐高的引申义相合,即"无时无刻不"等于"无A无B",又有"无时无刻"从属于"无A无B",因此"无时无刻"易被作为"无A无B"的肯定性引申义理解。

6.2.2.3 与加合算子"都"的共现

步骤③"无时无刻,(不)否定性成分VP"到"无时无刻VP"的过程为"无时无刻"表肯定义后形式上的第二步演变,因此,"无时

---

① 该义于西汉时即已出现,后持续发展,明清时期使用频率明显增加。

无刻"用作总括性肯定时,可不须前后否定性成分的语篇照应,多类 VP 都能被允准进入该格式,甚至"无时无刻"可作为定语修饰名词,肯定性"无时无刻"的自由度增加。另外,笔者还发现,"无时无刻"的肯定义多与"都"搭配使用,构成"无时无刻都 VP"结构,33 例语料中该类句式有 14 例,占 42.42%,该现象并非偶然。近来学界大多将"都"看作一个加合算子(高明乐,2002;袁毓林,2005),认为"都"的加合性语义包括总括义和分配义。根据我们的理解,"都"作为加合算子,在句中所起的作用为,使 VP 与每个对象形成对应关系后分别成为一个事件,"都"将所有事件加合起来形成事件集合。在汉语中,VP 前有全称化对象出现时,必须有"都"共现使句子合法化,即"都"对其有允准性,如:

⑬ 我整个寒假都在打工。(自拟)

假设该句无"都"的共现,其接受度会大打折扣。"无时无刻"与"整个寒假"相似,也为时间的全量表达,如:

⑭ 一个产品的成功,一个集团的发展,<u>无时无刻(都)需要一流的管理人才和科技人员</u>。(《1994 年报刊精选》)

该句的全量对象为"无时无刻",即所有的时间,在对其整体进行总括性扫描(杨凯荣,2003:13—21)时,由于加合算子"都"的作用,全量中的每一个对象即任何一个时点,都与 VP"需要……"组合成一个事件,这些所有事件的集合即构成句子的主旨,即每一个时间都有 VP 的实现。全量词"无时无刻"与加合算子"都"相配合,"无时无刻"统辖 VP 的时域,而"都"确保将 VP 的意义分配到"无时无刻"的时间全量集合的每个时间对象上,从而体现出"无 A 无 B"的无论及每个的格式引申义。而句中若无"都"的出现,则会出现何种结果呢?

在"无时无刻需要一流的……"一句之中,若没有"都"的配合,"无时无刻"的全量性也无法体现,VP 的实现意义自然也无法传递。因此,"无时无刻"易被理解为其否定性的本义,即"没有时间 VP"。但在语料库中又有以下句子:

⑮ 无时无刻去弄这种运动,往往有伤身体。(钟毓龙《上古秘史》)

⑯ 无时无刻,不断地接触她那充满希冀的眼神……(《人民日报》1995 年)

⑰ 因而他是一个哲学家,无时无刻,永远是一个哲学家。(《读书》1992 年第 6 期)

以上例句,均未出现"都",但却能成立,是因为前后文提供了"无时无刻"表全量肯定必需的语境义,如"往往"有"常常、规律性结果"义,"不断"表"持续""保持"义,"永远"有"长久""无终点"义。三者都赋予了语句时量上的持续性和总括性,该语境义使"无时无刻"倾向于表肯定全量义。

步骤④中"无时无刻"表时间全量肯定的语义得以实现后,随着使用频率的增加,其后的 VP 种类也更多样,甚至出现"不 VP"的格式,如以上几例。

上述几句中的"无时无刻……不……",并非表 VP 的持续实现,而是表 VP 从来不实现。该格式与"无时无刻不 VP"的双重否定式截然不同,"不"与 VP 结合为类词成分,VP 多为"忘""离开"等消极性非持续性动词,这些动词的时量义与"无时无刻"的时间全量相冲突,而用"不"否定后,则获得了积极性、持续性的时量义,得以用"无时无刻"来修饰,表主观期待的 VP 不间断地实现。

6.2.3 主观化机制对形式的制约

综上所述,"无时无刻不 VP"的"不"之所以成为羡余否定成分,并非所谓的"无时无刻"的词多义性的句法表现,而是形式上的脱落所致。否定算子"不"为原形式的必需成分。随着 VP 独立性的日益凸显,它经历了从"不 VP"的脱离,到与"无时无刻"的固化,再到受"无 A 无 B"类构式引申义的作用,其否定义为"无时无刻"所吸收,最后成为羡余成分。该过程伴随着"无时无刻"的语法化与主观化,"无时无刻,(不)VP"从连谓结构演变为状中结构,"无时无刻"的动词性被虚化,成为副词性成分,修饰 VP,规定其时间意义。而正如 E. C. Traugott 所提出的,主观化是语法化的一个重要机制。因此,"无时无刻"在语法化的同时也伴随着主观化,Hopper & Traugott(2003)认为,主观化是由客观意义变为主观意义,从句子主语变为言者主语。就"无时无刻"格式而言,起初表事件没有时间实现的客观叙述,即传达 NP 没有时间 VP 的客观情态,而随着主观否定算子"不"的加入,"无时无刻(不)"渐渐传递为言者的一种主观感受,即"我"主观判断 NP 实施 VP 事件无论在哪个时点均会发生,句子相当于"我认为 NP 无论何时都会 VP"。该"无时无刻"从客观情态到主观感受的演变,使得 NP 被泛化,除一般为指人名词外,也可用作非人名词,甚至是某种客观情形,如下：

⑱ 文件资料无时无刻都处于重复、泛滥的境地。(《1994年报刊精选》)

⑲ 家乡的美景无时无刻不在激发他创作的欲望,深厚的生活积淀促使他去创新。(《人民日报》1995年)

这类语料中,"无时无刻(不)"的主观性表现得更为明显,"无时无刻不"经常用于主观陈述,常比较明显地带有说话人较强烈的主观态度。

据上文所述,"无时无刻"的主观化路径中"不"的参与不可或缺,它起先作为双重否定构式的否定性一方作用,最后脱落成为羡余成分,"不"本身的强烈主观性及双重否定本身的表主观强调的构式义触发了"无时无刻"的主观特征。因此,对比同义的"无时无刻不 VP"与"无时无刻 VP"两种形式,无疑肯定式的主观性程度更高,这是由主观否定词"不"分担了格式的主观意义所致。另外,肯否式的语用义也有细微差异。根据上文,肯定式中"无时无刻"常与加合算子"都"共现,强调每一时间均有 VP 的实现。而否定式中,"无时无刻"中的时与刻都为极小的时间单位,强调没有一点时间。沈家煊(1999)的否定量域理论指出,对一个极小量的否定意味着对全量的否定,"无时无刻"为对时间全量的否定,而否定算子"不"对其操作,使其由全量否定变为全量肯定,即在无限延伸的时段上 VP 得以不间断地实现。总之,肯定式偏重任意时点事件的实施,相当于"每时每刻";而否定式由"不"否定时间全量,强调在无限时段上事件的不间断性。

有研究者还注意到这样一种现象,如邹秋珍(2012)指出,粤方言区口语中"无"与"每"近音,因此"无时无刻"即"每时每刻"的谐音,也就是说,普通话中的肯否式在粤方言中趋同,从而不再构成羡余否定。

6.3 框式结构"非 VP 不可"的裂变路径

至今为止,学界对于"非……不可"的研究甚多,如张谊生(1992:36—40;2004:229),提出"非……不可"构成羡余否定,是因为双重否定的一方脱落后和谐机制(harmony)的作用,"不可"为否定性语气助词,脱落的主要原因是语流轻重缓急的节律变化,吸附成分太长、有停顿或为疑问句式时,"不可"易脱落;王灿龙(2008:109—119)认为,"非"后出现"要""得"等情态助词时,与"不可"的功能重合,经济原则使"不可"被边缘化为可隐成分;洪波(2004:253—261)提出,"非……不可"在表强调主观愿望时,由命题谓语语法化为表示情态意义的高位谓语,"非"成为唯重音形式,负载信息量大,而"不可"成为轻读形式,是功能羡余成分。

综合以上研究,学界普遍认为,"非 VP 不可"的肯定式由否定式衍生而来,即"非……不可"是该格式的原形式,否定成分"不可"应一定的语言机制而脱落,构成语义等值的肯定式,但三家对引发否定词脱落的语言机制有不同解释:张将原因归于语流因素,认为"非 VP 不可"结尾助词自然带有一定程度的煞尾语气,VP 过长,削弱"非"与"不可"的呼应,"不可"脱落后语流更为紧凑、连贯;王侧重于从语义单位的重合考察,实质上是由"不可"为情态功能相似成分"要""得"所取代,而并非脱落,其肯定式"非要/得 VP"虽与否定式"非VP不可"形成语义等值,但其形式差值并非仅有否定词"不可",因此严格意义上不属完全的肯否同义现象。

张、王都将"不可"脱落的语言机制归于VP的构成,前者重形式,后者重语义,但这一观点却很难解释如下语例:

⑳ 我无所谓,星期天待家里也可以,不一定<u>非</u>去(不可),真的。(王朔《我是你爸爸》)

VP为V单,且未出现情态助词"要/得",但"不可"也可略去,该类例句应如何解释呢?

根据洪的解释,由于该格式在表主观愿望时,完全主观化,从而转变为高位谓语,句子的信息承载重心逐渐向"非"偏移,使得"不可"日益虚化致羡余。洪的观点有一定道理,但却无法解释以下例句。

㉑ 反正这项任务,<u>非</u>得我去完成(不可)。(贾平凹《黑掌柜》)

㉒ 正像我以前不能理解他们的,心脏<u>非</u>得用架子垫高了(不可)。(高晓声《再说"架子"》)

㉓ 我若照原话直译,红卫兵<u>非</u>把王先生揍瘫了不可!(《1994年报刊精选》)

张谊生(1992:36—40)将"非……不可"类格式表达的语义分为三类:意愿之必欲、情势之必需、推断之必然。第一类即上述的主观愿望。而以上三句中的"非VP"格式分表情势的必需性及推断的必然性。在不表主观愿望的语境中,为何"不可"也可省略呢?即例句㉑可结合王的观点来说明,那么其他两句该作何解呢?

针对以往研究中的存疑,本节拟解决以下几个问题:①描摹"非……不可"格式历时化的发展进程;②结合历时演化路径,分析格式的不同语义表达产生模式;③不同语义表达下触发"不可"脱落的语言机制;④"不可"的脱落与"非"获得情态功能的关联。张认为"不可"的脱落引发"非"的情态意义;洪认为"非……不可"格式的凝固化,使得"非"承担格式的情态意义,导致"不可"的功能羡余,两者的先后顺序正好相反,到底哪一种是合理的解释?

6.3.1 构式封闭化和谓词化的历时考察

6.3.1.1 封闭化和谓词化的发源期

"非,违也"(〔东汉〕许慎《说文》)。这是典型的否定词,主要用于对名词谓语加以否定。最早于《春秋左氏传》的记载中,"非"开始跟"不可"配合使用,构成"非+体词性成分+不可"这一句法格式,共有1例,如下:

㉔ 君子曰:"忠为令德,非其人犹不可,况不令乎?"(《左传·成公十年》)

根据沈玉成的译本,该句义为"忠诚是美好的品德,所忠的人不合适尚且不可以,何况……呢?"洪因其内部可插入连词"犹",将其视为一种松散的格式。笔者认为,更确切地说,当时"非"与"不可"还未形成封闭性的框式结构,不处于同一层句法平面上,该格式应分析为"非其人|犹不可,……"。

而后，战国时出现了类似的用法，有所增加，且略有差异，如下：

㉕ 是故求其诚者，非归饷也不可。（战国《韩非子》）
㉖ 文挚对曰："非怒王则疾不可治，怒王则挚必死。"（战国《吕氏春秋》）
㉗ 故取攻伐者不可，非攻伐不可；取救守不可，非救守不可；取惟义兵为可。（战国《吕氏春秋》）

例㉕沿用春秋时的用法，"非……也"构成否定性判断，然后与"不可"形成双重否定句。在《吕氏春秋》中，"非"与"不可"间的成分扩展到谓词性，㉖也应分析为"非怒王｜则疾不可治"（不让王发怒，那么疾病就治不好）。可见，"非……不可"插入连词性成分，应视为呈一定关联性的紧缩复句。另外，洪波、董正存（2004）提出，"该句式一开始就用来通过双重否定来表示对某种事理必要性的主观推论和强调，是一种主观表达格式"。但以上例句说明，"非……不可"出现之初，强调"非……的情况，不可以……"，是对"非……"的客观情况所致否定性结果的描述，例㉗更能证明这点，所以只主张攻伐不可以，非难攻伐也不可以，主张救守不可以，非难救守也不可以，该句主观性强调语气并不像现在这么强烈。

秦汉及六朝时，这一格式更为常见，共有 8 例，如下：

㉘ 今欲并天下，凌万乘，诎敌国，制海内，子元元，臣诸侯，非兵不可！（西汉《战国策》）
㉙ 人之性有仁义之资，非圣人为之法度而教导之，则不

可使乡方。(西汉《淮南子》)

㉚ 非首不可碎,人力不能自碎也。(东汉《论衡》)

西汉时,该格式已出现了封闭化倾向,如例㉘,即对于实现先行句中的结果,后续句中的体词性成分是必不可少的条件,主观强调意味增强。然而,当时这种情况仅存 1 例。在其他语例中,"非……不可……"所在格式仍以表一定关联性的复句形式存在,可在格式内部插入连词等其他成分,如例㉙;亦可在格式后接谓词性结构,如例㉚。

对这几个阶段的"非……不可"用法可概括为形式上"非+体词性(为主)/谓词性成分|(关联词)不可……",语义上推测"非……"的情况导致某种否定性结果。随着形式上出现格式的封闭化倾向①,语义上的主观强调意味进一步增强,但该类例句只出现 1 例,为孤例,占 9.09%;而非封闭式结构中,中间插入连词等其他成分的占 18.18%,"不可"后接续谓语的为 72.73%。可见具有语义凝固性的框式结构还未真正形成。

6.3.1.2 封闭化和谓词化的发展期

唐宋时,"非……不可"的格式封闭化进一步常态化,框式结构基本形成,如下:

㉛ 若大王守藩,无所用之,必欲经营四方,非此人不可。(唐《大唐新语》)

㉜ 非改之不可。(唐《通典》)

---

① 沈家煊(1994)称为"有界化"。

这一阶段该格式的用法特点主要体现为两个方面。

(1)"非"+体词/谓词性+"不可"格式封闭化后充任句子谓语的用法进一步扩大,如㉛和㉜,分别为体词和谓词性成分,但非封闭性的格式仍与之并存。据统计,封闭性的格式占52.94%,格式内插入连词等成分的情况为5.88%,格式后续接谓词性成分占41.18%,后两种情况都属非封闭式,共有47.06%。可见,框式结构已基本形成,与非封闭的松散结构形成并驾齐驱的局面。洪(2004)指出,这一阶段该格式中间已不能插入任何成分,后续谓语的情况也极少,这与语料实际情况有出入。因此,他提出的有界化程度已接近完成也是不准确的,应属于正在发展并逐渐占据主流阶段。

(2)值得注意的是,与上一阶段相比,谓词性成分的比例大为上升:体词性出现26例,谓词性达到8例,占23.53%。洪(2004)统计了《太平广记》和《朱子语类》的语料,得出谓词性比例为43.33%的数据,实质上该时期谓词性比例虽有上升,但仍未达到与体词性平分秋色的程度,洪的统计数据偏高,原因主要在于两方面:其一,《太平广记》和《朱子语类》都为北宋时的语料,其中体词与谓词性成分的比例与其他典籍中尤其是唐时语料大相径庭,不能作为当时谓词性比例已发展到与体词不分上下的佐证;其二,他将非封闭性格式也作为统计对象,如"非+……不可+谓词性结构",如:

㉝ <u>非君不可</u>正此狱。(董慎《玄怪录》,《太平广记》卷296)

因此,洪关于唐宋时期,"非+……+不可"中,吸附性成分中谓词性与体词性已不相上下的结论有失客观,该阶段,框式结构中,吸附成分为谓词性的比例大幅上升,出现较强的谓词化倾向,但"非+体词性成分+不可"仍为优势用法。

笔者将这一阶段的"非……不可"框式结构的用法概括为以下几点:形式上,随着该格式的有界化,格式在句中的独立性日益凸显,"非"与"不可"的联系更为紧密,共同作用于吸附性成分,即"非+体词性(为主)/谓词性成分+不可";语义上,框式结构义固定下来,主观义进一步加强,表明为达到某一目的,主观估测某种情况或行为的必要性。

表16 春秋至唐宋各时期"非……不可"格式分布情况

时期	封闭式		非封闭式		总计
	体词性	谓词性	内部插入成分	后续接谓词性结构	
春秋—六朝	9.09%	0	18.18%	72.73%	100%
唐宋	40.49%	12.45%	5.88%	41.18%	100%

6.3.1.3 封闭化和谓词化的完成期及不均衡性

明清及近代时期,"非……不可"格式体现出的最大特点是不均衡性,即分布的不均衡:在不同的文献中,用例多寡差异很大,洪波指出其原因在于"非……不可"语体日益偏向书面化和文言化,故用例集中于文言性较强的作品中,并以《聊斋志异》《东周列国志》及《三国演义》为例说明;另外,关于谓词化的不均衡,洪波认为谓词化在不同文献中也呈现不均衡的状态,如《三国演义》中全部为体词性成分。李振中(2013:10—15)也赞同其观点。这一观点是否可靠,为得出更具广度和信度的数据,本书考察了CCL语料库中这一阶段的所有语料,将考察结果及结论归纳为以下几方面。

表 17　元明清民国语料中"非……不可"格式分布情况统计

年代	作品	封闭式		非封闭式		总计
		体词性	谓词性	内部插入成分	后续接谓词性结构	
元	元话本	1	0	0	0	1 (100%)
明	《纪效新书》	3 (42.86%)	4 (57.14%)	0	0	7 (100%)
	《三国演义》	8 (44.44%)	0	0	10 (55.56%)	18 (100%)
	《三宝太监下西洋记》	0	0	0	1 (100%)	1 (100%)
	《两晋秘史》	1 (25%)	0	0	3 (75%)	4 (100%)
	《二刻拍案惊奇》	0	1 (100%)	0	0	1 (100%)
	《云中纪变》	1 (33.33%)	2 (66.67%)	0	0	3 (100%)
	《五代秘史》	0	0	0	2 (100%)	2 (100%)
	《今古奇观》	1 (100%)	0	0	0	1 (100%)
	《周朝秘史》	6 (50%)	2 (16.67%)	0	4 (33.33%)	12 (100%)
	《喻世明言》	0	1 (100%)	0	0	1 (100%)

续 表

年代	作品	封闭式		非封闭式		总计
		体词性	谓词性	内部插入成分	后续接谓词性结构	
	《夏商野史》	0	1 (100%)	0	0	1 (100%)
	《封神演义》	9 (90%)	1 (10%)	0	0	10 (100%)
	《水浒全传》	0	0	0	1 (100%)	1 (100%)
	《皇明异典述》	0	2 (100%)	0	0	2 (100%)
	《皇明本纪》	0	0	0	1 (100%)	1 (100%)
	《英烈传》《续英烈传》	0	1 (50%)	0	1 (50%)	2 (100%)
	《警世通言》	2 (100%)	0	0	0	2 (100%)
	《西游记》	0	0	0	1 (100%)	1 (100%)
	《醒世姻缘传》	1 (100%)	0	0	0	1 (100%)
	《隋唐野史》	2 (25%)	1 (12.5%)	0	5 (62.5%)	8 (100%)
清	《廿二史札记》	1 (100%)	0	0	0	1 (100%)
	《文史通义》	1 (33.33%)	2 (66.67%)	0	0	3 (100%)

续 表

年代	作品	封闭式		非封闭式		总计
		体词性	谓词性	内部插入成分	后续接谓词性结构	
	《曾国藩家书》	0	1 (100%)	0	0	1 (100%)
	《经学历史》	0	1 (100%)	0	0	1 (100%)
	《七侠五义》	3 (33.33%)	6 (66.67%)	0	0	9 (100%)
	《七剑十三侠》	2 (28.57%)	3 (42.86%)	0	2 (28.57%)	7 (100%)
	《三侠剑》	13 (10.16%)	114 (89.06%)	0	1 (0.78%)	128 (100%)

由此可见以下几点。

(1) 格式有界化的所属阶段及特征

这一时期,"非……不可"格式的封闭化和有界化已基本完成,与发源期、发展期相比,"非……不可"框式结构的比例也不断攀升,成为优选用法。在笔者所调查的 28 本典籍,尤其清代的作品中,统计数据说明封闭性用法的比例已占绝对优势,如:

㉞ 但教坊落藉,其费甚多,非千金不可。(《元代话本选集》)

元代的孤例也为其有界化用法。

另外,有界化的发展具有渐变性,并不是一蹴而就的,期间也出现个别语言现象的滞留和复古,尽管"非+连词等其他成分+不可"的用法已经消亡,但后接谓词性结构的语例仍存在,如《三国演义》中的 18 例中有 10 例为"不可"后接谓词性结构的语例①,如下:

㉟ 然此伏收功最易,但伏之甚难,<u>非</u>上等好汉齐心齐力<u>不可</u>也。(明《纪效新书》)
㊱ 权曰:"<u>非</u>陆伯言<u>不可</u>当此大任。"(明《三国演义》)
㊲ 此人<u>非</u>国师必<u>不可</u>服。(明《三宝太监下西洋记》)

这与有界化的总趋势并不矛盾,语法化的并存原则解释了其存在的合理性。况且,这一语言现象的残留主要分布于明代,在清代以后的作品中,基本只见零散例句,可见其日渐消亡的趋势。

(2) 有界化格式的谓词化和"不均衡性"

据上文所述,谓词化趋势伴随该格式的有界化进程。语料表明,进入元代后,该趋势更为鲜明,至清代达到极致,谓词化已基本完成,从此,"非……不可"格式的谓词用法为优势用法。洪、李等人提出的不均衡状态,在语料中确实存在,如《三国演义》中的 8 例有界化格式全部为体词性成分,如下:

㊳ 朱隽曰:"要破山东群贼,<u>非</u>曹孟德<u>不可</u>。"(明《三国演义》)

另有几部作品,如《封神演义》中体词性用法也高达 90%。但

---

① 洪波(2004)的统计数据为 13 例中的 4 例,与语料有出入,特此修正。

仍需注意的是,就整体而言,该情况属个别现象,且多为孤例①,孤例对判断不同成分的分布概率差异来说欠缺说服力。另外,比较元明清三代,元代为孤例,即体词性用法可看成100%。明代所有作品中,体词性为34例,谓词性为16例,体词性用法占所有封闭式用法的68%,对比春秋战国的100%和唐宋六朝的76.47%,呈明显下降的趋势,且其中68%的比例中,《三国演义》和《封神演义》的影响甚大。假若对明代时各部作品中的优势用法作纵向对比可发现:20部作品中,谓词性用法占优势的为7部,而体词性则为8部②,两者不分上下。而到清代后,几乎每部作品都为谓词性用法占优势的情况,突出代表为《三侠剑》,有114例谓词性用法,而体词性只有13例,对比悬殊,且插入的谓词性成分类型呈多样化。可见,封闭性"非+谓词性成分+不可"的用法已为独立性、功能成熟的用法。

至此,对于洪、李等普遍认可的不均衡性,笔者认为仍值得推敲,就单部作品来说,确实出现了封闭性形式较集中和体词化优势的现象,但就整体而言,绝大多数作品中的封闭性格式数量与体谓词性比例合乎有界化和谓词化合流趋势。另外,洪、李等用语体的书面和文言化来解释不均衡现象的根源,这一观点也有待商榷。语料证明,"非……不可"封闭性格式的出现频率主要与年代,而非语体相关,如清代的作品中,无论偏重文言性或白话性,都出现相当数量的该类格式,突出表现如《三侠剑》,该作品无疑白话色彩较浓,但"非……不可"格式却出现127例,谓词性用法更高达114

---

① 如元话本、《醒世姻缘传》(明)中仅有1例"非……不可"格式,且为体词性。
② 其余5部为非封闭性格式。

例,可见语言事实与洪等认为"非……不可"在文言化作品中占优势的观点背道而驰。

6.3.2 构式的语义分流

纵观整个"非……不可"格式有界化的演变历程,其义始终围绕主观估测对客观情态的推断,即格式三大基本语义之一——情势之必需。笔者现将其语义特征归纳为"客观目的＋主观必需性"。其他两类语义之前一直未见于语料,如第1类语义表意愿之必欲,主观性色彩更为强烈,语义特征为"主观意愿＋主观必须性",前人对其出现年代说法不一,如洪波(2004)所述,晚清南方官话背景小说中出现首例:

㊴（二郎）怒发冲冠地道:"我<u>非得</u>将他们的尸灵皮斩尽<u>不可</u>!"(《狐狸缘全传》十九回)

而李振中(2013)则将出现时间提前到明代,如下:

㊵ 子牙看罢大惊:"此<u>非</u>我自去<u>不可</u>!"(《封神演义》第七十二回"广成子三谒碧游宫")

对比以上两种代表性观点,笔者认为例句㊵中的"非……不可"格式并非表意愿的必欲性,该意义的标准格式应为"当事人＋非＋……＋不可",表当事人的主观愿望,而该句中当事人的部分却出现"此",表某种客观情势,"我自去"为该情势下的必需条件,因而仍属情势之必需义。

在语料中还存有如下语例:

㊶ 是我将老主母埋葬已毕,想此事一家被害,非上京控告不可。(《七侠五义》)

《狐狸缘全传》写于1888年,而《七侠五义》由俞樾于1889年编订,两者成书年代相近,然后者是基于石玉昆评书唱词,因此究竟谁为首例较难考证,但可确定"非……不可"表意愿之必须义最早于晚清才出现,且"非……不可"中必须为谓词性成分。根据CCL语料库,自《七侠五义》中出现首例后,"非……不可"表主观意愿之必须的用法开始大量出现。例如《三侠剑》,集中了127例"非……不可"格式①,如:

㊷ 众举贡生员绅耆等非挂不可。
㊸ 所以今天胜爷对于淫贼是非杀不可。
㊹ 我非将劫镖之人结果性命不可。
㊺ 那也不行,不论何人劫镖,我非要他性命不可。
㊻ 我非抽了你的骨头,扒了你皮不可,你真踢我呀?
㊼ 要是欧阳德臭豆腐他们,我非得把他们扯回来不可。
㊽ 邱锐是非与胜爷作对不可,胜爷出于不得已,杀了邱锐。
㊾ 我不活着啦,我非撞死不可,叫你们家打一场人命官司。

---

① 洪波(2004)认为晚清时,"非……不可"表意愿之必须只有孤例的说法欠妥。

以上均为意愿之必须的用法,共出现 85 例,占全部语例的 66.93%;且插入的谓词性成分呈多种类型,有单音节动词、双音节动词、动宾结构、动补结构、并列结构、"把"字结构等,可见"非……不可"表意愿之必须的用法已渐趋成熟。

第 3 类语义为推断之必然,语义特征为"客观情态+主观必然性"。关于该格式,前人对其产生年代的研究较少,只有洪波(2004)提出,该类语义的"非……不可"格式是 20 世纪北京话里的新发展,在 20 世纪以前历史文献中未曾出现,但根据实际语料,洪的年代判断存在失误,这一格式在明时便已出现,如:

㊿ a. 他日身后惨祸,谓<u>非</u>自取<u>不可</u>。(明《万历野获编》)

上句表在先行句的语义背景下,一定会有自取之祸的结果,该作品成书于明代万历三十四至三十五年(1606—1607),即 17 世纪初就已形成该类语义。

后又有如下用法:

b. 刀刃离地四尺多高,<u>非</u>叫人的脑袋擦着刀刃<u>不可</u>。(晚清《三侠剑》)

《三侠剑》的 127 例中,表该语义的为 13 例,占 10.24%,其间插入的均为谓词性成分,且谓词性成分也有多种类型。可见,该语义在 20 世纪初(《三侠剑》成书于 1920 年)的用法已经成熟。

综合以上所述,关于"非……不可"的 3 类语义相关问题,笔者认为可归纳成如下。

(1) 产生年代

将 3 种语义分类为 A 类、B 类和 C 类,则有

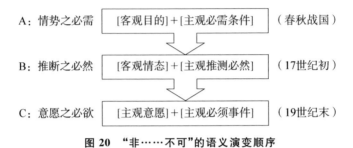

图 20　"非……不可"的语义演变顺序

(2) 使用频率的差异性

本篇选取了不同时期的几部作品,调查了文中 3 类语义的使用情况。

表 18　不同时期的语义分布比例

	A 类	B 类	C 类	总计
之前作品	100%	0	0	0
《万历野获编》	0	1(100%)	0	1(100%)
《七侠五义》	8(88.89%)	0	1(11.11%)	9(100%)
《七剑十三侠》	5(100%)	0	0	5(100%)
《三侠剑》	29(22.83%)	13(10.24%)	85(66.93%)	127(100%)
老舍作品	73(34.27%)	43(20.19%)	97(45.54%)	213(100%)

A 类为该格式的基本义,明代以前均为这一用法,A 类格式的使用频率为 100%;直至清末,才先后发展出 B 类和 C 类的引申义。B 类出现在《万历野获编》中,且仅 1 例,《七侠五义》中出现首

例C类语义,但也仅为1例,占11.11%。而后的作品《七剑十三侠》中,仍以A类语义为绝对优势用法,但到格式数量相对集中的《三侠剑》①中,A类格式使用频率有所下降,而B和C类语义(尤其是后者)的比例大幅上升,这一发展趋势在其后作品中不断得以体现。对应老舍作品中的情况,这可说明在现代北京话中,C类语义为优势用法,A类基本义的数量退居其次,B类用法占一定数量,但比例最低。

6.3.3 裂变路径和脱落机制

由上可见,"非……不可"格式的演变,经历了句法上的有界化、谓词化趋势及语义上的分流进程,其构式的演进情况如下:

① 非+X+不可+Z → ② Y+非+X(NP)+不可 → ③ Y+非+X(VP)不可(A类)→ ④ Y+非+X(VP)不可(B类)→ ⑤ Y+非+X(VP)+不可(C类)→ Y+非+X

图21 "非……不可"所在的构式演进

该格式构成的句式中,相关的空位有三个,将其出现要素分别设为X、Y、Z,即基本格式为"Y+非+X+不可+Z"。

6.3.3.1 后置谓词性成分的前移机制

据上文所述,上图中格式①为未固化前典型的条件关系复句,①的演化期为春秋战国至秦汉时期,值得注意的是,在这两个阶段,"非+……+其他成分+不可"的使用日益减少,而"非+……+不可+谓词性成分"的比例虽有所下降,却一直为数不少,

---

① 格式达到一定数量的作品中三类语义的使用比例更具参考价值,如《三侠剑》。

它与同时期的“非……不可”间有何联系，是否存在演变关系呢？

如上语例㉝和㉚，通过分析语料，可以发现，这两类句子形式上类似，其实分属不同的情况，这与句子的语义重点和“不可”的性质密切相关。

第1类句式如语例㉝，“非君不可正此狱”，其语义重音在“非君”上，“非”否定的是“君”，强调排他性和必须性，即“必须是你来正此狱，排除其他任何情况”，暗指其他人都不行之义，这正与“非……不可”格式的情势之必须义相合。

第2类句式如语例㉚，“非首不可碎，人力不能自碎也”。其语义重音在“不可”上，“非”否定的是“不可碎”，强调可以、能够实现某种行为，常与后续句对举出现，如语例㉚意为不是头不能碎，而是人自己不能碎之，暗指头是可以碎的。

因此，封闭性的“非……不可”格式无疑应是从第1类格式演变而来，第2类格式是其同形异构格式，下文笔者将探讨“非……不可＋谓词性结构”封闭化的演变模式。

(51) a. 非怒王则疾不可治。
b. 非君不可正此狱。
c. 必欲经营四方，非此人不可。

a、b、c分别代表不同阶段的“非……不可”句式，该类句式有两大不可或缺的要素：“目的性事件”(destination)和“情况或事件的必然性”(necessity)，如b句，目的性事件为“正此狱”，必然性情况为“君”，为实现“正此狱”的目的，必需“君”的存在。两大要素在各句中的分布情况如下：

a. "非"nec.(X)＋conj."不可"＋des.(Z)
b. "非"nec.(X)＋"不可"＋des.(Z)
c. des.(Y)＋"非"＋nec.(X)＋"不可"

可见,从 a 到 c,形式上经历了 conj 省略及 des. 和 nec. 移位的变化。

(1) a→b

a 式为典型的条件复句,"非＋体词/谓词性"为排他性的假设条件,"不可＋谓词性结构"为否定性的估测结果,conj. 几乎都为"则",表假设的关联性,相当于"那么"。随着该句式的常态化,前后句的条件性关联也日益固定下来,"则"的关联义被句式所吸收,"则"成为可隐含的成分,即从 a 转变为条件紧缩复句 b。

(2) b→c

表条件关系时,前后句的语序从条件到目的,这一语序符合人类认知的一般规律,即满足某一条件来达到一定的目的,为无标记的常态形式,即 b 的语序,然而由于其所在的条件句为排他性假设,因此为突出其唯一的条件,常将目的移位至前,而将假设性条件后移,凸显其句子的焦点和新信息的地位,即形成 c 的语序,如㊾c。

(3) "不可"的滞留

表目的的谓词性结构的前置,使得"不可"成为句式的滞留成分移位的标记。

据上文所述,"非 X 不可 Z"的语义重点在"非＋体词/谓词性成分"上,强调排他性的假设条件,"不可＋谓词性结构"解释条件所致的目的,而谓词性结构的前移,使得"不可"成为封闭性格式的框架右端,其后无续接成分,有收尾功能,这样一来,谓词性结构不再处于"不可"的辖域内,"不可"与谓词性结构间的联系被割裂,而与"非+体词/谓词性成分"联系更为紧密,有整体化的趋势。由于"非+……"为框式结构的语义重点,因此"不可"较移位前语音弱化,是"非……不可+谓词性结构"("非 X 不可 Z")形成的双重否定句式移位后的遗留标记,配合"非……"凸显排他性条件。

另外,"非+……+不可+谓词性结构"的移位,也伴随着其语义主观化的进程,这一变化与"不可"的语义特征也密不可分。移位前,该格式义为"非……"的情况会导致某种否定性的结果,是对客观结果的主观估测;移位后,排他性条件成为语义重点,凸显了语境所表情势下条件的主观必须性和唯一性,"非……不可"格式的主观性增强,而在此期间,"不可"的语义特征也发生了变化,"不可"的"可"表"可以、能够"义,即实现某种目的行为的客观能力所及,而移位后,"不可"不再与目的行为相结合,而与"非……"构成框式结构,其语义也吸收了框式义的必须性和唯一性。因此,"不可"增添了强烈的主观禁止语气,即"不这样做是不行的,必须一定要这样做",其义也由主观性较弱的"可以""能够"转变为主观性较强的"准许""允准"义。而根据语料,"可"的这两种语义由来已久,其准许义最早出自《尚书》,而其"能够"义也于《周易》中出现,如下:

㊾ 皇祖有训,民可近,<u>不可</u>下。
㉝ 箕子之贞,明<u>不可</u>息也。

又见语料中凡是"不可"后无后续成分的句式,其"不可"绝大多数均表主观上强烈的不准许义,如下:

㉞ 穆王将征犬戎,祭公谋父谏曰:"不可。"
㉟ 凉曰不可,覆背善詈。

可见"非……不可"封闭性结构中的"不可"应为主观不准许义,而非"可以、能够"义,表目的的谓词性结构的移位导致"不可"的语义的主观化,史料也说明这一转化是有理可循的。

总之,随着 Z(VP)的前置,格式渐趋固化为双重否定句式,"非"为典型的否定副词,与否定性成分"不可"构成强烈的肯定义,即不是 X 的情况就无法达到 Z 的结果。随着格式的主观性提升,"不可"与其后的(Z)VP 搭配关系被割裂,"不可"的语音弱化,语义的客观性减弱,由对能力的否定转变为主观的不允准义,整个格式强调,对于 Y 这一客观目的来说,条件 X 具有唯一必需性,这是构式化的第 1 阶段。

6.3.3.2　X 由体词到谓词的转变机制

图 21 中步骤②为"非……不可"构式化的第 2 阶段,即 X 的谓词化。语料数据表明 X 由体词性为主变为以谓词性为主,这一转变与该构式义密切相关,目的结果 Y 对条件 X 的必需性,X 隐含或指代相关的动作行为,因此,X 的谓词化是构式义所决定的。另外,"非"为否定副词,也决定了其后成分多为谓词性。

6.3.3.3　语义分流的主观化机制

图 21 中步骤③的 A 类语义为基本义,X 有较强的客观性,即客观情理下的必需条件和要求,客观目的的前置与"不可"的收尾加强了格式的主观性,强调必需条件为言者的主观推断,该格式正处于主观化进程之中。

步骤④的 B 类语义为 A 类语义的引申,与 A 类语义有相通之处。随着 X 的谓词化，X 的类型及语义特征也呈多样化，X、Y 间的语义关系也出现分流。A 类 X、Y 的语义关系是 X 为客观情状 Y 的必需性条件，Y 为言者所希望的积极性目的，X 为实现目的的唯一积极性条件，主观必需性是其基本语义特征；而当客观情状 Y 为消极性时，X 为该情态下一定会导致的消极性结果。X 与 Y 间的语义关系也可理解为一种特殊的主观必需性，如：

㊺ 若欲到底完翁尸首，<u>非死不可</u>。（凌濛初《二刻拍案惊奇》）

若想"保全尸体"，在情理上必需"死"的客观结果，B 类语义与 A 类语义有互通性，而所谓必定"需要"，一般是积极性的情况，且 B 类的客观结果为未然性，所以笔者认为将这一"必需性"解释为必定会成为已然的"必然性"更为合适，可见，B 类语义是由 A 类语义发展而来的，且源于 X 的消极性对 XY 语义关系的作用。另外，B 类语义较 A 类的主观性上升，A 类的 X 为排他性的积极性客观条件，B 类的 X 为导致的客观结果，B 类不具排他性且为消极性，因此其客观肯定程度较 A 类相对减弱，而其主观估测性上升，B 类的主观性相对加强。

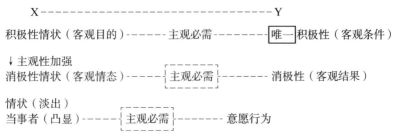

图 22　X 与 Y 语义关系的分流机制

当然,A 类语义到 B 类语义的分流并非一蹴而就,其间也出现临界状态,如下:

(57) 不用说这老头也会把势,这个小孩非是他教的武艺不可,这小孩我都打不过,这老头我更不行啦。

从形式上看语例(57),“是他教的武艺”句义为中性,但该句的语义预设为老头武艺很厉害,我打不过。因此 X 就言者来说是消极的结果,仍属 B 类情况。又如:

(58) 我自有良策,非叫您遂心不可。(张杰鑫《三侠剑》)

(59) * 我自然有好办法,非让你称心不可!(现代汉语对应语例)

(58)中的“叫您遂心”是积极性结果,但却具 B 类语义,违背了 B 类的基本特征对未然的消极性估测。这种语例在现代汉语中基本不能成立。

步骤⑤的演变,是格式进一步主观化的结果,是 A 类基本语义继 B 类后的又一分流。A 类和 B 类的 Y 都强调较强客观性的情状,Y 为言者主观推测时 X 的前提条件,XY 间有必需关系,Y 多为非人的谓词或体词性成分,指人的名词极其少见,如语例(57)中“这个小孩”为当事者,但前句隐含这小孩和老头一样很不错的事理前提,仍表据于客观事理的主观推测。但随着当事者在 Y 位置出现的频率增多,其地位日益凸显,而客观事理相对淡化,退出表层句法位置,包含在语义预设中,与 X 的关系更为多样,可构成对

应关系,甚至也可呈对立关系,如下:

(60) 想此事一家被害,非上京控告不可。(石玉昆《七侠五义》)

其客观事理前提为"一家被害的经历",X为上京控告,前者与后者间存在必需性,又如:

(61) 那也不行,不论何人劫镖,我非要他性命不可。(张杰鑫《三侠剑》)

其客观事理前提为"其他人都反对报复劫镖的行为",而X为"要他性命"(极端的报复行为)。由此可见,客观事理Y与客观结果X间不再构成主观推测关系,Y的意义被淡化,退居为隐含成分,而当事者被前景化,由句中隐含成分被凸现于Y空位,当事者Y与其行为X间的关系也为特殊的"必需性",即X行为是Y心理所必需的,也就是Y的主观意愿所致。洪(2004)指出,C类语义是施动者抛开事理,余留主观意愿义的结果。笔者认为,该语义并非当事者排除事理,更确切地说,客观事理依然存在,但已从Y空位退出为预设背景,当事者参与为句中成分,其强烈主观意愿使得客观事理无论与其相符或相逆,均无法影响对X行为的选择,当事者的主观性的外化赋予了结构的完全主观化。

综上所述,笔者认为从非封闭形式到A类、B类、C类语义的不断演化,也是格式的主观性不断增强的过程,B类是消极性A义的分流,C类是当事者角色在句中凸显为表层形式的结果。在此期间,"不可"的语义也发生转变,与整体结构义相合。以往研究多以"非"的情态化为研究重点,未曾关注"不可"的语义差别。据上文所述,从非封闭化格式到 A 语义,"可"的语义由表客观能力的"可以"变为主观性更强的允准义,而到 B 类,"可"的语义转指为"可能","不可"即否定可能性,再到 C 类,"可"表主观性更强的当事者允准义,它与 A 类不同的是,A 类为客观条件所允准,而 C 类为当事者所允准,相比 A 类主观性更为提升,因此,该格式的主观化也伴随着"不可"主观化的提升。

  截至完全主观化的 C 类语义,"非……不可"完成了从复句到有界化格式再到纯主观化格式的转变。洪认为,这种完全主观化,促动了格式的高位谓语化,"非"的位置优势使其获得逻辑重音,负载主要信息;"不可"负载信息小,为弱读形式。这一说法借鉴了邵敬敏(1988)的观点:"不可"的虚化,致使该格式的信息负载趋向于"非"。笔者也基本赞同以上研究者的观点,认为主观化是格式的"不可"成为羡余成分的主要因素,但"不可"的虚化与"非"的情态化相辅相成,不分先后,并非以往所谓的前者触发后者或反之的情况,应是两者互为作用,并在某些特殊句法环境下引发"不可"脱落为羡余成分。也就是说,"不可"的脱落有其限定条件,并非所有的"非……不可"有界化格式都可省略"不可",其限定的关键在于"不可"是否高度主观化,据上文所述,从非封闭格式到 A 类、B 类再到 C 类,"不可"的主观性逐渐上升,即其主观意义加强,而客观意义不断虚化(semantic bleaching),即所谓"不可"的"虚化"。非封闭格式中,"不可"具有实在的客观意义,并为连缀分句的不可或缺的成分;而到 C 类格式中,"不可"作为附着于格式后的主观标记词,更倾向于表达言者的主观判断,其客观意义淡化,出于省力和经济原则,常会脱落。这也是 C 类格式的"不可"常可省略,而 A、B 类却较少出现这一情况的缘由所在。

6.3.4 主观化对羡余否定的形式制约性解释

"不可"的高度主观化为其是否虚化的触发条件,即"非……不可"形成羡余否定的根源,"不可"成为羡余成分的形式上的制约因素,背后都有该因素为解释依据。

6.3.4.1 成句信息足量与"不可"的羡余

(1) X 的音节韵律制约性

笔者在 4.2 中分析"非……不可"肯否同义的制约性条件时,就曾提及,当 X 为光杆 VP 时,C 类格式一般不成立,如下:

㉖ 所以今天胜爷对于淫贼是<u>非杀不可</u>。(张杰鑫《三侠剑》)

上句的"不可"无法省略,前文的解释为光杆动词无法提供足够的信息量,若将光杆动词变为较复杂的谓词性结构补足了句子所需的信息量,"不可"即可省略,如下:

㉗ ……<u>非立马杀个片甲不留</u>。(张杰鑫《三侠剑》)

信息量的足句性能解释大部分的语言事实,但无法解释这样的语例,如下:

㉘ 想此事一家被害,<u>非上京控告不可</u>。(石玉昆《七侠五义》)

尽管 X 并非光杆 VP，省略"不可"后，句子的可接受度也很低。以下笔者拟从"不可"的主观性入手解释这一问题，如果 X 的形式过于简单，即所提供的信息量不足，"非 X"无法承载格式本身的主客观意义，那么"不可"负载的语义信息就自然增加，其客观意义的弱化受限，表现在语音上，也较其他省略形式更重，"不可"作为句法形式的地位提升，自然不能省略。而当 X 形式较为复杂时，尤其是 X 本身隐含有助加强格式主观色彩的成分时，"不可"的主观性被高度激发，客观意义完全虚化以致脱落，如下：

㉓ 我若照原话直译，红卫兵非把王先生揍瘫了<u>不可</u>！（第 204 页例句）

㉕ 她昨晚演出之后，回到家里已是十一点了，再吃点儿东西，洗个澡，躺在床上看看书，早晨非睡到九、十点钟<u>不可</u>。（陈建功《皇城根》）

㉓中 X 为"把王先生揍瘫"，无疑是极端糟糕的后果，强化了对消极性结果主观推测的必然性，㉕中"睡到九、十点"也是晚睡导致的极端情况，因此这两句的 X 都能加强格式义，句中的"不可"能省略。同样在语例㉔中，原句的"不可"无法省略，但以下语境是个例外：

㉖ 你要是真惹恼了他，他可不光告到县太爷那儿那么简单，非<u>上京控告</u>（不可）！

"上京控告"强调了控告的地点是在京城，为最高的行政机构所在，强化了"他"的主观意愿，负载信息足够承载格式的主客观意义,"不可"即可省略。从语言重音来看,重音落在"上京"上,"不可"的语音弱化。

(2) 先行句与后续句中"不可"的脱落

在4.2中涉及这类例句,如下：

⑥⑦ 下个礼拜的比赛,他非去。
⑥⑧ 我们都不让他去,可他非去。
⑥⑨ 我无所谓,星期天呆家里也可以,不一定非去,真的。
（自拟）

同样含有"非去"的三句中,无疑⑥⑦的可接受度最低,⑥⑧和⑥⑨能成立,前文将其解释为先行句对信息的补足,致使"不可"的脱落。该类现象也可从主观性角度加以解释,在先行句信息构拟的语境下,"非 X(不可)"格式的主观性更为凸显,如⑥⑧,先行句表对 X 的阻止义,搭配转折性关联词；或⑥⑨先行句及后续句的副词"不一定"都与 X 义相对,均可使后续句中"非 X"的主观意志性程度更高,"不可"也构成高度主观化而成为虚化的羡余成分。

6.3.4.2 "得/要"等助动词与"不可"的羡余

语料表明,当 X 以"得/要"发端时,"不可"可自由省略。前人将其解释为"得"与"要"的语义与"不可"发生重合,又因其位置优势,故"不可"被省去(王灿龙,2008：109—119),甚至有研究者认为"非……不可"是由"非得/要……"发展而来的,对于后者观点,笔者表示怀疑,因"非……不可"格式早于春秋战国就已出现,有其独立的发展轨迹,并非"非得/要……"演变所得。另外,"得""要"与"不可"的语义并不相似,因此引起"不可"脱落的原因并非语义羡余。下文笔者仍从主观化角度进行解析。"得"(dei)的义项中,可进入格式的有两项,绝对必要或应当去做及表推测的必然(《现代汉语词典》,2011),前者对应 A 类,后者对应 B 类,少量也可用于 C 类;"要"的义项中,可进入格式的也有两项,表示做某事的意志(吕叔湘,1980：520)以及将来事件的可能性,前者对应 C 类,后者对应 B 类,强调以客观情理为基础的主观估测或意志,即格式义得以强化,"不可"的客观语义地位弱化,主观性增强,功能被边缘化,最终脱落为羡余成分。综上所述,"不可"脱落的根源在于"不可"的客观意义的极度虚化和高度的主观化,各类形式上的限制因素都能由此得到解释。

6.4 "不由得(不)VP"的裂变路径

上述的"无时无刻(不)VP"与"非 VP(不可)"都为典型的否定式为原形式的羡余否定格式,其肯定式是否定式的一端否定词历时脱落的结果,且其肯否同义具有一定的语义制约性,如"非 VP 不可"的"不可"高度主观化。这两类格式的典型特征为：载体包含显性否定词,其显性否定义为格式整合义所压制,致使格式趋向肯定的结果。值得注意的是,在本书研究的羡余否定式中,还有一类格式的载体也具备这一语义特征,即"不由得(不)VP",其载体为"不由得",究其本源,"不由得"为含显性否定义的动词,表不允许义,"不由得……(不)VP……"也为双重否定式,但其历时演变路径与以上两类格式有所不同,其间经历了载体主观化所致的词性的转变和否定义的虚化,演变模式也不限于双重否定式的一端否定词的脱落,而包含了格式内成分的移位等复杂的阶段,具有特殊性。

历来针对"不由得(不)VP"肯否同义现象的研究基本空白,学界大多对其与同类词的语义和句法功能之差异进行辨析,如武惠华(2007:91—96)及张文兰(2010:120—122)分别将其与"不得不""由不得"进行比较,归纳出"不由得"的语义特征为主观的不可抑制义。另外,也有学者对其语义特征的来源进行历时考察,如范振强(2011:96—99),提出"不由得"的主观判断义由客观情态义演变而来,该结构的语法化伴随着主观化,但以上研究均未涉及"不由得(不)VP"的羡余否定现象,唯一与该现象有相通之处的是肖治野(2007:117—119)在《试析副词"不由"的语法化》中提及,"不由"在语法化的进程中,鉴于语义重心的后移,"不由(NP)不+VP"的"不"成为羡余,格式发展为"不由(NP)VP",即构成羡余否定。武和张都注意到"不由得"的核心语义为主观性的不禁义,作副词用,而"不由得"产生之初,其义为客观的不允许性,作动词用,因此其主观化和语法化的演变是一种必然;肖治野关于羡余否定词"不"脱落的解释与前两类格式基本一致,但其描述的路径违背了该类格式的语料事实,需结合语言事实做重新解析和说明。

6.4.1 句法分布和语义特征

"不由得"在《现代汉语词典》(2011)中有两个义项:一为动词,表不容,阻止义;二为副词,表不禁,不能抑制义。《现代汉语虚词词典》(2006)中,则指出"不由得"的同义异形词是"不由的",表示"上下文多有抑制不住的原因","不由"是"不由得"的省略形式,在分析"不由得"类格式时,将"不由的"也纳入考察范围。语料显示"不由"为"不由得"之省略值得商榷,"不由"先于"不由得"产生,其发展轨迹也存在差异,在下文分析时将作比照之用。

表 19 "不由得"和"不由"在 CCL 现代汉语语料库中的使用情况

	不由得	不由
例句总数	2 620(100%)	1 457(100%)
副词	2 448(93.44%)	1 328(91.15%)
动词	172(6.56%)	129(8.85%)

连接	VP（状语）	不＋VP	NP(谓语)					"把"字结构和"被"字结构（状语）
			NP+∅	NP+VP	NP+不+VP	NP+VP+∅	NP+VP+不+VP	
不由得	＋(副)	＋(副)	＋(动)	－(动)	－(动)	＋(副)	＋(动)	＋(动)	＋(副)
不由	＋(副)	＋(副)	＋(动)	＋(动)	－(动)	＋(副)	＋(动)	＋(动)	＋(副)

	行为动词	使令动词	心理动词	言语动词
不由得	＋	＋	＋	＋
不由	＋	＋	＋	＋

由上可见，两者的副词用法都为优选用法，核心语义为主观无法抑制义，且"不由得"的例句数量远高于"不由"，"不由得"为承载相关义的优势词语。关于"不由得"和"不由"后所连接的动词类型，语料显示各类动词都可应用于格式，指人名词(大部分为 NP)的表现较为活跃，除作为动词连接 NP 外，两者的 X 部分基本重合，可见"不由得"与"不由"一般可互换，有历时的渊源，且在格式"不由得/不由(副词)＋(不)＋VP"时，形成羡余否定，用于格式的 VP 类型灵活，有极大的自由度。

6.4.2 "不由"的历时考察

"由"最早是一个动词,最初意义是"遵从""遵照",如下:

⑦ 不愆不忘,率由旧章。(《诗经》)
⑦ 君子无易由言,耳属于垣。(《诗经》)

后又引申出"经,通过"之义,如下:

⑦ 谁能出不由户?(《论语·雍也》)

"不由"是"由"的否定形式,最早出现于春秋战国时期,是一个动词性结构,如下:

⑦ 有澹台灭明者,行不由径。(《论语》)
⑦ 不隆礼、不由礼,谓之无方之民。(战国《礼记》)

⑦"不由"表示"不经由,不通过"之义;⑦则表"不遵循,不依照"之义。

唐时,"不由"产生了"不依从,不受……控制"义,形成了 a "不由+NP"的格式,如王梵志的诗中有大量此类用法:

⑦ 进退不由我,何须满忧惧。
⑦ 是非不由己,祸患安可防。
⑦ 天配作次弟,合去不由你。

㊟ 轮回转动急,生死不由你。

南宋时,"不由"如㊄中的用法相当常见,且出现了 b 类格式"$不_1$由①+NP+VP",如下:

㊼ 皇甫殿直再揪僧儿回来,不由开茶坊的王二分说。(南宋话本《简帖和尚》)

该格式中的"不由"同 a,表不依从某人做某事义。

注:各阶段还出现另一种"$不_1$由+NP+VP"格式,如:

㊽ 左右皆端和亲戚,便将降旗竖起,不由成峤做主,成峤惟垂泣而已。(《东周列国志》)

此处研究的对象为"不由+X",是"不由"作为固定成分连接 X 的格式,上述格式应分析为"不 | 由+NP+VP",兼语式"由+NP+VP"位于"不"的辖域内,因此不属于研究对象。

同期稍晚又出现了双重否定式 c"$不_1$由+NP+$不_2$+VP"的新格式,此时,"不由"仍为动词性结构,如:

㊾ 猛听得外面人说话,不由我不心中怕;今朝是个好日头,只管都噜都噜说甚么!(南宋话本《快嘴李翠莲记》)

---

① 由于该格式多采用双重否定形式,为区分性质,将载体"不由"的"不"设为"$不_1$",格式中的否定词"不"设为"$不_2$"。

在该孤例中，VP 为表心理和情感类动词，即(心)怕。由于情感和心理活动是主观上不可控制的，因而该格式采用双重否定形式，动词性结构"不由"表不依从义，格式义可表达为不依从 NP 不产生某种心理活动，强调 VP 的心理活动是必定发生的。

元代，上述两种用法更为常用，双重否定式 c 类格式大量增加，为 46 例，如下：

㉒ 那更内才外才相称，一见了<u>不由</u>人<u>不</u>动情。(《全元曲·迷青琐倩女离魂》)

㉓ 且稟受将军令，<u>不由</u>咱<u>不</u>叛反，<u>不由</u>咱<u>不</u>掀腾。(元杂剧)

VP 不再局限于心理情感动词，出现其他动词 7 例。

形成了新格式义，b"不₁由＋NP＋VP"的格式后来居上，大幅涌现，共出现 77 例，且格式义呈双元化，b_1 表达不依从，不允许 VP 之义，共出现 6 例，如下：

㉔ 将我深罪，<u>不由</u>人分辨。(《全元曲》)

"不由"在该格式中为动词，即不允许分辨行为发生，"不由"的意义和功能同前。b_2 为某种感情或心理无法抑制地产生，VP 的类型仍局限于心理和情感动词，如"心(硬)""怒""(泪)落"等，共出现 71 例，如：

㉕ 觑了动人情，<u>不由</u>人心儿硬，冷清清偏俺合孤零。(元

散曲)

⑧⑥ 他若是不开门我脚去踏。<u>不由</u>我怒从心上起,刀向手中拿。(元杂剧)

⑧⑦ 便把你磣可可的血浸尸骸,<u>不由</u>我普涟涟的泪落双腮。(元杂剧)

对比 b_1 和 b_2,就年代而言,b_1 产生年代较早,于南宋即已出现,而 b_2 则出于元话本,如下:

⑧⑧ 万世<u>不由</u>人计较。(《朴通事》)

⑧⑨ 徐继祖见了那郑氏,<u>不由</u>人心惨然。(《苏知县罗衫再合》)

就数量而言,b_2 占绝对优势,为 92.21%,b_1 只占 7.79%;就格式的事件性质而言,b_1 的 VP 为否定性和未然性,而 b_2 的 VP 为肯定性及已然性,两者恰好相反。

d 类格式"$不_1$ 由＋$不_2$＋VP"的格式也已出现,但仅 6 例,如下:

⑨⑩ 到此地位,<u>不由不</u>顺从,不要愁烦,今夜若肯从顺,还你终身富贵,强似跟那穷官。(元话本《王安石三难苏学士》)

⑨① 这厮醉了,我怎么肯<u>不由不</u>暗杀了这厮?(元话本)

VP 有 4 例为心理动词,2 例为行为动词,如上。

此外,该时期"不由"还出现了 e"$不_1$ 由＋VP"的格式,但数量

很少,仅 2 例,如下:

㊽ 咱先去见老阿者走一遭去。<u>不由</u>转转暗猜疑,当初无有外人知。(元杂剧)

VP 仍为心理类动词,而 NP 也进一步省略,格式义同 b_2 类,该格式晚于 d 类格式出现,数量也较少。

明代,前几类格式大量出现,格式义未变,但 VP 的范围进一步扩大,不再局限于心理动词,如 c 类格式:

㊼ 今故主在河北,<u>不由</u>某<u>不</u>急去。(罗贯中《三国演义》)
㊾ 兄弟两个多动手,扯着便走,又加家僮们推的推,攘的攘,<u>不由</u>你<u>不</u>走。(凌濛初《二刻拍案惊奇》)

上例的"去"和"来"都为行为动词,心理动词为 51 例,而非心理动词为 29 例,占该格式总数的 36.25%,可见,VP 的类型增加,自由度和独立性更为凸显。

b 类格式,在明代却大幅减少,b_1 为 12 例,b_2 为 10 例,如下:

㊽ 该因世上动刀兵,<u>不由</u>心头发恨。(许仲琳《封神演义》)

d 类格式"$不_1$+由+$不_2$+VP"的格式与元时数量接近,共 7 例,"不由"皆作动词用,如:

㊾ 任君用听了娇声细语,<u>不由不</u>兴动,越加鼓煽起来。

（凌濛初《二刻拍案惊奇》）

所有用例的 VP 均为心理动词,该格式比起 c 来,"不$_2$"前的 NP 消失。

另外,"不$_1$ 由＋NP＋VP＋不$_2$＋VP"的格式也有例句,如下:

⑨ 不由他肯不肯,抱到一只醉翁椅上。(抱瓮老人《今古奇观》)

该格式可视为 b 的变型,VP 以正反叠加的形式出现。

e 类格式比元代有所增加,共有 8 例,且 VP 都以心理情感类动词存在。

⑧ 狄希陈见了,不由放声大哭。(西周生《醒世姻缘传》)

清时,格式 d"不$_1$ 由＋不$_2$＋VP"的使用更为广泛,增加到 20 例,且 VP 的类型进一步扩大,虽仍以心理动词为主(16 例),但出现了行为动词 3 例,及使令动词 1 例,如下:

⑨ 余秀英一见徐鸣皋,心中不由不欢欣喜爱。(唐芸洲《七剑十三侠》)

⑩ 魏犨虽然勇猛,此时不由不困倒了。(冯梦龙《东周列国志》)

⑪ 这贼人等被素臣杀了一日,心胆俱裂,怎当得加上这一枝生力军,不由不离披解散！(夏敬渠《野叟曝言》)

⑩ 李永芳这时肚子十分饥饿,见了酒肉,<u>不由不吃</u>。(许啸天《清代宫廷艳史》)

⑩ 三营中失去二营,<u>不由不令存厚心惊</u>。(蔡东藩《清史演义》)(使令动词)

此外,该时期 e"不由+VP"的用法高达 183 例,远远超过了 b "不由+NP+VP"(73 例)的用法,且其后动词也出现了多样,如下:

⑩ 秋谷同着众人,想着中国的这般衰弱,以致受侮外人,<u>不由大家嗟叹一番</u>。(张春帆《九尾龟》)(S-V)

⑩ <u>不由说出"咦"的一声</u>。(无垢道人《八仙得道传》)(言语动词)

对比两类格式,可假设"不由"后的 NP 已被移至"不由"前充当句子的主语,也就是说,"不由"既可以出现在主语后,也可以出现在主语前,句法位置更为灵活,但 NP 的移位是被何种语言机制触发,这种假设如何被证明,还有待进一步分析。

表 20 "不由"的历时用法分布

	a	b		c	d	e	总数
	不由+NP	$不_1$ 由+NP+VP		$不_1$ 由+NP+$不_2$+VP	$不_1$ 由+$不_2$+VP	$不_1$ 由+VP	
		b_1	b_2				
唐	100%						
南宋		1 (50%)	0	1 (50%)			2 (100%)

续表

	a	b		c	d	e	总数
	不由+NP	不₁由+NP+VP		不₁由+NP+不₂+VP	不₁由+不₂+VP	不₁由+VP	
		b₁	b₂				
元		6 (4.58%)	71 (54.20%)	46 (35.11%)	6 (4.58%)	2 (1.53%)	131 (100%)
明		12 (10.25%)	10 (8.55%)	80 (68.38%)	7 (5.98%)	8 (6.84%)	117 (100%)
清		7 (2.27%)	66 (21.36%)	33 (10.68%)	20 (6.47%)	183 (59.22%)	309 (100%)

从上表中各阶段各格式的使用情况可知：首先，从客观数量来说，"不由+(NP)+(不)+VP"的基本格式在数量呈增长趋势，出现两个高峰期，其一为元代，从 2 例直接攀升至 131 例；其二为清代，呈几何级增长，而从明代起，格式的数量却有一定程度的缓降；其次，从各格式的产生年代而言，南宋时就已出现 b 和 c 格式，两类格式实质上为同一格式的肯定式和否定式，肯定式 b 先于否定式 c 产生，后者与"不由"构成双重否定式；元代已基本形成各类格式，但仍以 b 和 c 类格式为主，d 和 e 类格式属于萌芽期，同期突出的一个变化是 b 类格式义的分化，且新衍生的 b₂ 比例远远超过 b₁；明代，c 类格式比例进一步提升，仍占绝对优势，其他格式比例较均衡，b 类比例有所下调，d 和 e 类的比例有略微提高，进入发展期；清代，整个格式的数量达到高峰，其中 e 类格式比例迅速攀升，成为优选格式，进入成熟期，而 b₂ 类和 c 类分列其后。

6.4.3 "不由+(NP)+(不)+VP"的演变路径和脱落机制

根据各类格式各时期的数量和比例等使用情况,可构拟出各格式的演变路径如下:

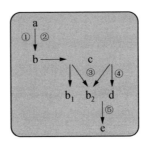

图 23 "不由+(NP)+(不)+VP"演变路径

6.4.3.1 人物域到情态域的迁移

步骤①中 a 到 b 即由"$不_1$由+NP"到"$不_1$由+NP+VP"。"$不_1$由+NP"为最基本的否定性谓宾结构,否定词的辖域为"由+NP",即结构应分析为"$不_1$|由+NP","$不_1$"否定表依从义的"由+NP",而随着该格式的泛化,"$不_1$"与"由"间的联系日益紧密,"$不_1$由"构成固定表义的否定性动词性结构,有词化倾向。步骤①的演变是"$不_1$由"从限定名词性结构到限定相关动作情态的过程,后者以前者为据,衍生为兼语式结构,格式层次分析为"$不_1$由+|NP+||VP"。a 到 b 的演变是一种必然,"不依从"之义本身即有指向某种具体行为情态的趋势,b 是对 a 从人物域到情态域的迁移。

6.4.3.2 双重否定式的形成

步骤②中 b 到 c 即由"不₁由＋NP＋VP"到"不₁由＋NP＋不₂＋VP"。两种格式几乎同时产生,c 略晚于 b,是从肯定式到否定式的过渡。c 的结构应分析为"不₁由＋|NP＋不₂＋VP",即"NP＋不₂＋VP"的行为情态是不被依从的。"不由"作为否定性的类词结构,支配否定性的 NP 的某种行为情态,两否定域相叠加,构成标准的双重否定结构,强调 VP 的存在是必须的。两类格式的 VP 略有差异,b 的 VP 为一般动词,而 c 的 VP 为心理情感类动词。其理据在于,一般的行为动作不被允许是自然的,而心理情感属主观行为,无法被客观禁止,因而当 VP 为心理情感动词时,必然以 c 式存在,强调某种情感无可避免地产生。c 类格式自南宋产生到明代,数量和比例持续上升,明代更占据绝对优势,且该时期 VP 不再局限于心理动词,范围扩大至行为动词、形容词等,VP 类型的泛化使其独立性得以凸显,该格式进入成熟期。

6.4.3.3 主观化倾向及 NP 的前移

步骤④中 c 到 d 即由"不₁由＋NP＋不₂＋VP"到"不₁由＋不₂＋VP"。据上文所述,c 类的格式应分析为"不₁由＋|NP＋||不₂＋VP","不₂"位于"不₁由"所支配的主谓结构的内部,形成否定性的 VP,而 VP 从单一的心理情感类动词,逐渐扩展到其他动词,结构类型也从单音节动词覆盖到各种谓词性结构,如下:

⑯ <u>不由</u>我不行忘思食忘饱睡卧忘了梦麻。(元杂剧)

VP 的独立性地位的凸显,使其语义重点更为突出,"不₂"对其的约束性被削弱,尤其当 VP 为复杂的谓词性结构时,如上例,VP

有脱离"不₂"的管辖范围的趋势,"不₂"也体现出对VP的背离性,c格式义的重点由不依允某种否定性情态到该情态的不受控的出现,即"不由"承担的语义功能被弱化,语义侧重点的变化会带来整个结构的分离(解惠全,1987:208—227),该格式应重新解析为"不₁由＋NP＋不₂＋|VP","不₂"有向前端"不₁由"靠拢的趋势。

另外,c类格式在经历结构重解和语义偏离的同时,也体现NP前置的变化。由于c类格式中的VP以心理动词为主,因此整个格式在某种情境条件下,无可避免地使当事人产生某种主观性的情感变化,后续句中以人称代词或泛化的"人"来省略性指代当事人。而随着该格式语义的向后偏离,原兼语式的构造被打破,VP成为独立性的核心成分,格式强烈的主观性使"不由"对NP的客观禁止性被削弱,NP移位至"不₁由"前,强化当事人对VP情态实现的主观无可抑制性,而又由于具体当事人大多已在先行句中阐明,因此后续句的主语NP被习惯性省略,从而形成d类结构"(NP)……,不₁由＋不₂＋VP",即④的演化。c类格式在上述两种趋势的共同作用下,形成"不₁由＋不₂＋|VP"的构式,NP的移位及"不₂"对于VP的背离使得"不₂"逐渐为"不₁由"所吸引,与之构成表肯定义的半凝固结构,如下图所示:

由c到d的变化,表面上看仅仅省略了NP,部分研究者也持这一观点,如:肖治野(2007),提出后续句中NP依语境而省去,但笔者认为,c演变为d,经历了层次的重析、语义的偏离等一系列变化,更有主观化为语用诱因,是一个复杂的进程,最后形成的d,"不由"在兼语式中主要动词的优势地位随着VP的凸现而被削弱,但"由"在该格式中仍作为动词使用,"不由"仍是一否定性动词

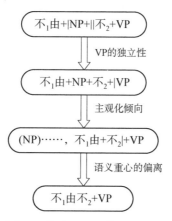

图 24　格式 c 到 d 的演进机制

结构,"不$_2$"与之共现,构成强调肯定义的双重否定性的半凝固结构,VP 为其宾语,"不由不"强调 VP 的肯定情态的必然性。

6.4.3.4 "不$_1$由＋NP＋VP"的语义分流及虚化机制

关于③,b 类产生在南宋,VP 为行为动词,表不依从行为实现,且仅存孤例。而到元代,该格式义起初也得以保留,见《朴世通》文例,将其称为原义 b_1,但迅速裂变出新格式义 b_2,且该义大量涌现,成为主流格式,这一新的语义是由何种语言机制所激发,从原义裂变而来? 构式是形式与意义的统一体,格式意义的分化必然也对应形式的重新解构。b_2 的分流以 c 类为触发媒介,据上文所述,$b(b_1)$ 和 c 类格式中,"不$_1$由"都为鲜明的否定性动词结构,前者的 VP 为一般动词,表不依允之义,后者的 VP 为心理情感动词,因其客观难以禁止而常以否定式 VP 出现,通过双重否定强调不可控制性,即心理动词必须有"不$_2$"的配合;但随着 VP 独立性的凸显,b_1 式也体现 VP 类型多样化的趋势。"经济原则"(A. Martinet, 1962)即省力原则(G. K. Zipf, 1949)是语言演变的重要原则之一,体现在句法结构上为:使用较少、省力、熟悉或习惯的、普遍性的语言单位。b 类格式以 VP 为心理情感类动词时,动词的特性促使否定性的 c 类格式的出现,新格式的出现分担了不同类 VP 的信息功能,符合表达的需要,但同时,出于上述经济和省力原则,又有用尽可能少的句法形式表达尽可能多样的语言信息的倾向,因此,c 单独承担某类 VP 的表达功能与该原则相冲突,存在以相对简单的 b 类格式来覆盖所有 VP 类型的趋势。另外,前文提到"不$_2$"有向"不$_1$由"靠拢的趋势,"不$_2$"与 VP 间的密切关系被割裂,双重否定式"不$_1$由(NP)不$_2$"中,"不$_1$由"吸收了格式的强调肯定义,其义也从否定性的不依从义转为肯定性的情理必然义,该肯定义为双重否定义所赋予,且与格式的主观化有关。因此,这里更确切地应解释为情感上的不可控义,控制本身的隐性否定义使不可控体现出强烈的肯定色彩,强调情态的实现。在此过程中,"不$_2$"被弱化而最终脱落为羡余成分,"不$_1$由"的动词性减弱,成为附着于主谓结构"NP+VP"前的修饰性成分,成为相当于状语的成分,发展出副词功能。即:

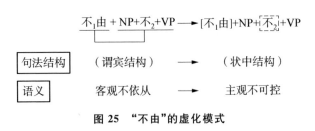

图 25 "不由"的虚化模式

至此,b 类格式的分流完成,其中 b$_1$ 仍保留 b 原有的语义及句法形式,b$_2$ 则为 c 格式在经济原则的触发下,"不$_1$由"语法化和主观化的结果。b$_1$ 和 b$_2$ 表层的句法成分相合,而句法结构、格式

义及"不由"的形式都截然不同,比较如下:

表 21 "不₁由 NPVP"的分化结果对比

不₁由 NPVP	句法结构	格式义	不由
b₁	谓宾结构	客观不依从	动词性
b₂	状中结构	主观不可控	副词性

随着 b₂ 格式被频繁使用,逐渐成为 b 类格式的常态,b₂ 的 VP 也由全部为心理情感动词扩展到以心理动词为主,兼具其他动词用法,b₂ 为成熟格式,其优势用法也不排斥 b₁ 的共存,b₁ 和 b₂ 同形异构,分别负载两类格式义。

6.4.3.5 后端否定词的脱落机制

步骤⑤中 b₂ 到 e 即由"不₁由+NP+VP"到"不₁由+VP"。根据语言的类推机制,可以语言的某些形式作为标准,使另一些形式向它看齐,从而构成新的形式(冯志伟,1999),因此该格式的演变可由步骤④求同类推,将 NP 前置而得。该格式产生之初,VP 同于 b₂,均为心理情感动词,而后其比例持续上升,至清代成为"不由"类格式的主流形式,且 VP 也类同于 b₂,呈类型多样化,这一结果从语言经济原则也得以印证,人们对于相似的同类语言形式,常趋向于变异求同,倾向使用最简便的表达方式,即 e 格式。在现代汉语中,e 类格式的用法也占据绝对优势。

6.4.4 "不由得"的历时考察

下文将探究"不由得"所在格式的产生路径。"不由得"最初出现在北宋的《朱子语类》中,共 3 例,格式有 a"不由得+NP"(2 例)

和 c"不$_1$由得＋NP(与人相关名词)＋不$_2$＋VP"(1例)(格式类型与"不由"相对应),此时,"不由得"为动词性用法,其后 VP 为行为动词,如下：

⑩ 用舍是由在别人,<u>不由得</u>我。(《朱子语类》)
⑱ 古人这个都只在礼之中,都<u>不由得</u>自家。(《朱子语类》)
⑲ 如人行步,左脚起了,<u>不由得</u>右脚<u>不</u>起。(《朱子语类》)

元代虽未出现"不由得"的用法,但却出现与其相似的"不由的"[①]的例句,共 11 例。格式有 b"不$_1$由的＋NP＋VP"(5例)、c"不$_1$由的＋NP＋不$_2$＋VP"(1例)和 e"不$_1$由的＋VP"(5例),该时期以 b 和 e 类格式为主,如下：

⑩ 这一会儿,<u>不由的</u>我也害怕起来,(正旦云)呸!有鬼,有鬼。(《全元曲·杂剧》)
⑪ 孤眠冷冷清清,恰才则人初静。又被和风,风,吹灭残灯。<u>不由的</u>见景生情,伤心。(《全元曲·散曲》)
⑫ <u>不由的</u>忿气夯胸膛。(《全元曲·杂剧》)
⑬ 那里这等鞋底鸣、脚步响?<u>不由</u>的我这心中<u>不</u>怕也。(《全元曲·杂剧》)

---

① 在古代汉语语料中,"不由得""不由的"和"不由地"常被看成同一种形式,下文统一称为"不由得"。

其中,所出现11例中,载体"不由的"后的VP以心理情感动词为主,只有1例e类格式的VP为行为动词(9.09%),如"吞",见下例:

⑭ 被妾身擎在手中,<u>不由的</u>吞入腹中。(《全元曲·杂剧》)

而VP类格式的类型也呈多样化,有并列结构、谓宾结构、动补结构等,可见,b和c类格式在该时期已为较完善的格式。

明代,"不由得(的)"的例句更为常见,各类格式均有语例,且新出现了d"不$_1$由得(的)+不$_2$+VP"的格式,如下:

⑮ 怎当得许多贵人在前力赞,<u>不由得</u>你躲闪。(凌濛初《二刻拍案惊奇》)

⑯ 但我疼爱的你紧,<u>不由的</u>这心里只是害怕。(西周生《醒世姻缘传》)

⑰ 武行者看自己面前,只是一碟儿熟菜,<u>不由的不</u>气。(施耐庵、罗贯中《水浒全传》)

⑱ 宣教此时任是奢遮胆大的,<u>不由得不</u>慌张起来,道:"我却躲在那里去?"(凌濛初《二刻拍案惊奇》)

各类格式的数量均有上升,e类格式增长的比例最高,占半数以上。

清代,"不由得"的各种用法大量涌现,总数达832例之多,比明代增长22倍,且e类格式成为优选用法,高达83.89%,b类格式紧随其后,为13.10％,c和d类格式也有用例,但相形之下,为数甚少;类型格式"不由的",也呈现相同趋势,存有b、d和e类格式,e类格式为93.50％;另外,该时期还出现了"不由地"的用法,b、d、e三类格式中,e占91.71％;综合"不由得(的、地)"的用法,e类格式为88.87％,占据绝对优势,至此,e成为"不由得"类格式的主流用法。另外,"不由得"的VP类型也进一步扩大,可以连接"把"字结构和"被"字结构,可见,其VP的独立性进一步凸显,如下:

⑲ 所以顾不得章秋谷在旁看着,<u>不由得</u>把自己的脸去贴着范彩霞的脸儿,紧紧地揉了一揉。(张春帆《九尾龟》)
⑳ 那脚下<u>不由的</u>被这老者拖了就走,再也拗他不过。(坑余生《续济公传》)

表22 "不由得(的/地)"的历时用法分布

	a	b		c	d	e	总数
	不由得+NP	不₁由得+NP+VP		不₁由得+NP+不₂+VP	不₁由得+不₂+VP	不₁由得+VP	
		b₁	b₂				
北宋	2			1 (33.33％)			3 (100％)
元	/	5(45.45％)		1 (9.09％)		5 (45.45％)	11 (100％)
明	/	9(24.32％)		2 (5.41％)	5 (13.51％)	21 (56.76％)	37 (100％)

续　表

	a	b		c	d	e	
	不₁由得+NP	不₁由得+NP+VP		不₁由得+NP+不₂+VP	不₁由得+不₂+VP	不₁由得+VP	总数
		b₁	b₂				
清	/	160 (8.86%)	9 (0.50%)	6 (0.33%)	26 (1.44%)	1 605 (88.87%)	1 806 (100%)
不由得		104 (12.50%)	5 (0.60%)	6 (0.72%)	19 (2.28%)	698 (83.89%)	832 (100%)
不由的		40 (5.20%)	4 (0.52%)	0	6 (0.78%)	719 (93.50%)	769 (100%)
不由地		16 (7.80%)		0	1 (0.49%)	188 (91.71%)	205 (100%)

注：元明清时仅统计"'不由得'+谓词性结构"(b、c、d、e)的数据及比例。

6.4.5 "不由得"为"不由"的分流

6.4.5.1 "得/的/地"作为"不由"的附级成分

范振强(2011)提出，"不由得"应为"不由|得"，而非"不|由得"，该说法存在一定道理，比较"不由"和"不由得"格式的各类形式、语义及演变路径，可发现两者确实存在着一定的继承和演进关系，"不由得(的、地)"是于"不由"后附加"得""的""地"发展而成。范的理据有二：其一为"由得"格式极少见，不存在通过"不+由得"的途径形成副词"不由得"的客观条件；其二为"得"可表可能性，与格式意义否定自控的可能性在语义上相合。笔者认为，范的判断有合理性，但其依据不足以支撑其观点，一则"由得"在古代语

料中并不少见;二则,"得"表可能性的语义与格式义耦合的解释有失偏颇,且无法解释同类格式"不由的"及"不由地"的构成路径。总之,"不由得/的/地"格式为"不由"格式的同类演进,"得/的/地"为"不由"的附缀(刘丹青,2008)成分;"由得"虽不少见于语料,但其否定式应为"由不得",如下:

⑫ <u>由得</u>我自己主张,<u>由不得</u>别人阻挠。(西周生《醒世姻缘传》)

上句为肯定式与否定式对举的情况。

另外,"得/的/地"作为"不由"的附缀成分有其存在的理据。"得"附加于"不由"后的情况最早出现,以 a 和 c 形式存在,具有强烈的不允许义,而后的 b 和 e 格式中,又衍生出主观的不可控义,VP 也由不允的对象转指为不可控的结果。曹秀玲(2005:82—85)指出,"得"字虚化后,连接另一个表述成分,从根本上表结果意义,这与"不由"格式表不可控的结果性相吻合。

6.4.5.2 "不由得(的、地)"的形式义源于"不由"的分流

上文解释了"不由得(的、地)"为"不由"演变而来的事实理据,以下将对其分流的路径进行解析和说明。我们注意到,就两类格式各形式的产生模式和相互关系而言,"不由"的 b 类形式以主观化和语义偏离为契机而致分流,从客观不可控的 b_1 义中,分离出主观的情不自禁义,即 b_2。而"不由得(的、地)"的 b 类形式自产生之初,即表 b_2 意义,也就是说,并未经历分流过程。"不由得(的、地)"的 a、c 形式,都表客观的不可控义,与其后产生的 b 形式的主观义存有意义演变的断层,即缺乏从 a、c 裂变为 b 的形式与意义

一致性的触发机制,因此,"不由得"的 b 形式之主观义并非由其前期形式及意义演变而来,那么解释该现象的最简捷途径即为"不由"的 b 形式的作用。"不由(得、的、地)"为"不由"后直接添加附缀"得"等而来,"不由"的 b 形式的裂变在元代已完成,因而与之形式与功能相似的"不由得"的 b 形式无需再重历"不由"的分流历程,其最简洁有效的方式就是直接吸收"不由"的 b_2 义。

范振强(2011)也认为"不由得"主观义的产生与"不由"的主观化密切相关,但他判定"不由"的主观不可控义于明清时期衍生而出,"不由得"的意义分化时间及路径与"不由"相一致。笔者对其判定时间及产生模式存疑,根据语料,"不由"主观义的裂变应从元代就开始,且为同一形式(b 形式)的主观化所致;"不由得"的语义分流并非"不由"的类推作用,而是直接继承了类似形式的"不由"的 b_2 义。这一演变过程可从以下两方面说明。

(1) 同一格式表义的矛盾性

"不由"自元代以来的主观化历程,使其分化出主观不可控义,但其原有的客观不允许义仍得以保留并占据一定比例。值得注意的是,其主观义强调情态不可控地发生,而客观义强调情态不允许被发生,也就是说,两种意义在情态的实现与否上相矛盾,这就导致"不由"兼具表义相反的两种意义的情况,这种形式和意义上的矛盾不利于该结构正确地表情达意,因而有必要引入新格式负载其中一类义项,同类格式"不由得"的出现成为最便捷的选择。

(2) 两种格式在各时期的数量相关性

从两类格式的总数来看,"不由"类格式的数量从唐代起呈上升趋势,而从元代到明代又有缓慢下降,至清代又大幅攀升,"不由"的总趋势是上升的,但从元代到明代却有一明显的逆势缓降,而"不由得(的、地)"类格式略晚于"不由"格式,且从产生之初即不断增长,从元代到明代也足足增长了 3 倍,明代以后更是大量涌现;另外,从主观不可控义的 b_2 形式来看,相较其他形式,"不由" b_2 的数量在该时期大幅下跌,而对应"不由得"的形式数量却稳步上升。因此,可假设:"不由得"为"不由"主观化的分流形式。从语料数据来看,在"不由"分流出主观义的同期,"不由得"的使用也以主观不可控为绝对优势,"不由得"负载了"不由"的主观义项用法。元代至明代时,"不由"的总数及主观化用法数量下降而"不由得"数量上升印证了这一结果,"不由得"填补了"不由"数量下降的空缺,"不由得"分流了"不由"主观不可控的用法。(元代"不由"和"不由得"的总数为 142 例,明时两类格式为 154 例,总数基本相同。)其后,"不由"可兼表主观不可控和客观不允许两义,且以前者为主;而"不由得"则承担了"不由"的前者用法,主要表主观不可控义,但由于同类类推的作用,它也吸收了部分"不由"的客观不允许义的用法,集中在 a、c、d 类形式上,但比起主观义的用法,比例微乎其微。直至现代,在表主观不可控义时,"不由得 VP"的格式已成为首选,而表客观不允许义时,则多以"不由"格式呈现。意义的分流引致新形式的产生,旧形式与新形式长期共现,分别承载相反义项的一端,然这种分化具连续统的特征,并非界限分明,新旧形式或继承或保留了少数优势义项的对立义项用法。

6.4.6 格式构成羡余否定的实质

"不由""不由得"类构成羡余否定的形式为"不由/不由得+(NP)+不+VP",即肯定式 b、e 分别与否定式 c、d 构成同义现象,且 b、c 的 NP 移位所致 e 和 d 的形式占绝大多数。肯定式与否定式为平行格式,否定式以双重否定形式存在,格式中"不由"的否定性及动词性得以保留下来。另外,该否定式由于主观性及语义偏离的诱因,使后置否定词为格式吸收成为羡余成分,从而构成同义的肯定式,该过程还伴随着载体本身的语法化。

但值得注意的是,"不由得"的同义类形格式"不由得(不)VP",与前 3 类格式的羡余否定模式有所差别,其肯定式并非承于否定式,而是从"不由"的肯定式类推而来,且负载了其分流后的主观义,后来居上为表不可控义的优选格式。

6.4.7　主观化对羡余否定的形式制约性

6.4.7.1　NP 的类型与否定式的受制

根据上文所述,b 和 c 两种格式构成羡余否定,如下:

⑫ 不由的<u>我</u>这心中(不)怕也。(《全元曲·杂剧》)

但并非所有情况都能构成同义,以下句子就不成立,如下:

⑬ 掌刑的用力把竹棍往下一落,距济颠的腿还有一尺,不由的<u>竹棍拐了弯</u>,正在骑肩头那人的腰上扑咚一下。(郭小亭《济公全传》)

以上例句为 b 形式,若转化为 c 类,则不成立,即否定式不适用,如下:

⑭ *不由得<u>竹棍</u>(不)拐了弯

同样地,形成肯定同义的 d 和 e 类格式也有类似情况,如下:

⑫ 然而,一走进5号码头边那座灰色小楼的大门,空气<u>不由得</u>凝重起来。(《人民日报》1996年)

该句为肯定式的 e 类,如添加否定标记则为 d 类,接受度很低。

以上两类情形的共同点在于,格式相关的 NP 为无生名词,也就是说,否定式的受限与 NP 的类型相关。语料表明,"不由得"类格式中,NP 有几类情形:Ⅰ.人称代词;Ⅱ.指人名词、人体相关名词(如心、手、脚等);Ⅲ.普通名词(无生名词)。其中,前两类名词占据绝对优势,而第3类名词出现数量极少。

由此可推测,第3类名词相关的句式不同于其他情形,对否定式具有强烈的排斥性。笔者还认为,NP 为无生名词时,句子呈现高度主观性,这是导致否定式不适用的根源所在。当 NP 为Ⅰ、Ⅱ类名词时,"不由"无论解释为当事人主观的不可控,或是客观的不允许,在情理上都可成立;而当 NP 为Ⅲ类无生名词时,就无法从客观不允许角度进行解释,而只能视为格式的高度主观化,如上句中的 NP 为竹棍和空气,它们没有生命,本身无法做出被允许或控制的行为,因而该句主要倾向表达的并非当事人的主观不可控的感受,而是说话人的主观判断,即说话人对于句中情境的主观感受是:竹棍会在当事人不可控的情状下拐了弯,空气也会使当事人情不自禁地感到凝重。因此,当 NP 为无生名词时,说话人从句中情形的旁观者转变为判断者与感受者的角色,即说话人将自己认同于话语中所描写的事件或状态的一个参与者,产生移情(empathy)(Kuno,1987)现象。

否定式 d 是由双重否定式 c 经过语义偏离及主观化所致 NP 的移位演变而来,而 e 类格式是分流后的 b_2 类格式演化所得,两类格式都具有强烈的主观性,表肯定情态的不可控制地实现。然而,相较而言,e 类格式中载体的虚化更为彻底,载体的语法化已基本完成;而 d 类格式中,载体的主观化和语法化尚未完毕,载体保留了较强的动词性,主观否定词"不"也分担了格式义的主观性,更多地体现为客观上不允许不出现某种情况(必须出现某种情况)。鉴于主观化伴随着语法化的进程,语法化更完全的肯定式 e 类比 d 类具有更强的主观意味,也就是说,高度主观性的句式,适用肯定式,排斥否定式,因此,对于具有高度主观性的无生 NP 来说,所在句一般都为肯定式,否定式的接受度较低。

6.4.7.2 NP 的位置与否定式的受制

根据笔者在 4.2 中所述,"不由得"类格式中,当吸附成分为 S－V 时,否定式被受限使用,如下:

⑫ ＊不由得(不)<u>两个人</u>追问他的历史。(邓友梅《烟壶》)

前文从 S(NP)的移位原则等角度做出了解释,而考察该类格式的主观化路径,这一情形下,否定式的受限缘由就昭然若揭。"不由(得)"历时的 5 类形式中(a 到 e),在其产生及演变链上,NP 的移位是关键一环,与格式的主观化密切相关,但无论在哪个演进阶段,均未出现 NP 置于 Neg 后的情况,且 Neg 附于载体后连接动词,正是 NP 前移引发 Neg 为载体所吸引,并向其靠拢的结果,因此,NP 移位先于载体与 Neg 的组合共现,假设 NP 重现于 Neg 后,就会与演变路径相逆,违背其演变规律。

6.4.7.3 VP 音节与肯定式的受制

笔者在 4.2 中也提到了载体后 VP 的音节性对肯定式形成制约,V 单仅适用否定式,如:

⑫ a. 他不由得<u>不信</u>。
　 b. *他不由得<u>信</u>。

前文从韵律规则进行了分析,而从格式的主观化角度切入,就能从根源上解释这一现象。"X+Neg+V 单"中,由于 V 单无法负载描述 NP 所发出行为或情状的足够信息,需要 Neg 与之结合补足所需的信息量,即 V 单无法凸显 VP 的独立性特征,必然与 Neg 构成统一体,因此,Neg 向 X 靠拢的趋势被 V 单的粘合力所阻滞,其结构应被分析为"不由得+|Neg+V 单",表纯粹的客观不允许类义,且无法被主观化。根据上文提到的肯定式与主观性的适用性及否定式与主观性的背离性,V 单对肯定式的限制即是一种必然。

6.5　双重否定式对载体显性否定词的语义压制

以上 3 类羡余否定格式,其原形式都是否定式,基本特征为载体含有显性否定词"无""非"和"不",肯定式由双重否定式裂变而来。上文中笔者对其历时演变历程进行解析,描摹其来龙去脉,并解释羡余否定词之所以从必需成分转变为羡余的演变依据。对于这3类格式的演变路径和依据,有一共同的语言机制触发肯否形式的同义。这3类格式的肯否形式都为肯定的结果,即 VP 的实现,也就是说,其肯定式中,羡余否定词脱落,而载体中的显性否定词也失去其否定义,这种显性否定义的失落,是语义压制机制的结果。所谓语义压制(semantic coer-cion)(Goldberg, 1995:96),即作为构式中的一个成分,必将被结构中的其他部分施加一种语义上的结构压力,进行语义限制,同时增加一定的语法特征,使其获得进入该构式的条件。"无时无刻(不)VP""非 VP(不可)"与"不由(得)(不)VP"都为固化程度较高的构式,在其肯定式中,显性否定词"非""无"和"不"作为构式中的固有成分,会受到构式所施加的语义上的结构压力,其本身的否定语义受到格式肯定义的压制,否定义被虚化,从而凸显了构式义,即主观必须性、主观行为的周遍性和主观情态的不可控性。

6.6 小 结

本节所述3种羡余否定格式,与第1类羡余否定现象截然不同,它们的形成路径具有共性,其羡余否定的形成模式均为下图所示:

载体+|否定词+VP→载体+|否定词|+VP

肯定式由否定式演变而来,载体中的否定词与结构中的否定词构成双重否定,随着 VP 的独立,语义重心产生偏离,双重否定式的后置否定词在主观化等因素的诱发下,为格式所吸收,格式义不变,分化为肯定式,从而构成肯否形式同义;而相较"无时无刻(不)VP"与"非VP(不可)","不由(得)(不)VP"的肯否同义形成略有差异:肯定式的构成路径更为复杂,还牵涉到 NP 的移位等因素。

另外,该类格式肯否式的主观性强度对比也与第 1 类格式完全相反:第 1 类格式的否定式否定的是肯定式载体的模糊量域,其主观性远超过肯定式;第 2 类格式的肯定式与否定式相比,载体虚化,格式也由连谓结构演变为状中结构,该过程伴随着主观化的历程,"不"的否定义也为载体所吸收而成为羡余成分,因此肯定式的主观性强于否定式。由此可见,前两类格式均属羡余否定现象,但其形成模式和主观化路径截然不同,这与其载体的特性及历时演变历程息息相关。

第 7 章 平行构式和意义耦合模式

7.1 平行格式的形式差值

该类羡余否定现象又不同于前两类,笔者将其演进模式设定为模式 3。模式 1 的否定为语用否定,否定的是命题的适宜条件(felicity conditions);模式 2 的否定为语义否定,否定的是真值条件(truth conditions),是相对的羡余;而对于模式 3,同一格式的肯定式和否定式的形成,为两条泾渭分明的演变历程,其句法结构迥异,但由于最终意义上的耦合而产生了形式的比较,否定式的否定标记构成表层上的羡余。前两类格式的肯定式与否定式间在一定语用机制(如主观化)的触发下有承继关系,而该类格式的肯定式与否定式为平行格式,其否定式的否定词也为该格式表达语义所必需,是肯否式的形式差值,其羡余是相对于意义耦合的肯定式的羡余。

7.2 句法形式的差异与意义的耦合

7.2.1 载体的断言性隐性否定

该类羡余否定格式的形式类型是"X+Neg+Att"。其中载体

X被限定为：(1)属隐性否定词,即本身表示相关形式的否定性意义(negative meaning),如"拒绝",相当于显性否定表达"不接受",袁毓林(2012)视这种不包含显性否定词的综合性否定为隐性否定(implicit negation);(2)其隐性否定为断言(assertion)式的否定,即其否定义明确,不存在模棱两可的情况,区别于第1类羡余否定现象中的部分属于隐性否定的载体,不具有模糊量的特性,如比较"拒绝"与"差一点":

① a. 他拒绝放弃。
　b. 他差一点放弃。（自拟）

两句都表事件的否定,且两个载体都含有隐性否定义,但"拒绝"为明确的否定,即不放弃;而"差一点"则有模糊量的特征,表无限接近但未达到的量级。

属于该种格式的有以下几类:
(1) 小心/当心/留神/注意/看(别/不要)VP
(2) 以免/避免/防止/抵赖/后悔/拒绝(不)VP
(3) 忍住(不/没/没有/别)VP
(4) 阻拦/阻止(不/不让)VP
(5) 怪/责怪/责备/埋怨(不该)VP

以上5类格式,从形式上均属"X+Neg+Att"的结构;从语义上而言,包含"小心""避免""忍耐""劝阻""责怪"等语义的载体都承载了主观上不允准VP类客观情形实现的隐性否定信息,因此可概括为以下共性格式:"X[主观不允准]+Neg+Att[客观情形]",而与之对应的肯定式为"X[主观不允准]+Att[客观情形]",从形式与语义的对应关系而言,肯定式就足以提供格式义所需的足量信息,否定式中的 Neg 成为语义上的羡余成分,这与肯否式的实际使用情况也相吻合,肯定式的出现频率大大超过否定式。如第 3 章所述,"小心"类的同义格式中,肯定式与否定式的比例约为 3∶1,"防止"类格式达到 1 000∶1,这足以证明肯定式为该类格式的原形式,否定式为衍生的次形式。

7.2.2 "叠加紧缩"解释的局限性

对于以上格式形成羡余否定的根源,以前的研究者从两个角度进行解释:

一为"叠加紧缩",张谊生(2004)提出,表劝诫和责备类是由正反两种格式叠合归并所形成,如下:

② 她欠了一下身子说,<u>小心</u><u>别</u>摔着了!(野莽《坐公共汽车指挥交通的黑呢子礼帽》)

③ "给我倒杯水,<u>小心</u>,<u>别</u>把暖瓶打了。"(王朔《我是你爸爸》)

④ 他以为这下完了,正<u>后悔</u><u>不该</u>走邪路,却见全家老少齐刷刷跪下了。(《1996 年报刊精选》)

⑤ 他有些<u>后悔</u>,<u>不该</u>把周正带到这里来。(彭荆风《绿月亮》)

⑥ 五爷想笑,不过五爷<u>忍住</u><u>不笑</u>,五爷回到家里才把心里的喜劲笑出来。(乔典运《香与香》)

⑦ 眼泪在我眼圈里转,我拼命<u>忍住</u>,<u>不让</u>它掉下来。(戴厚英《流泪的淮河》)

上述例句,语义表达相似,唯一的差别在于②、④、⑥中没有逗号,③、⑤、⑦中用逗号来分隔,前者构成羡余否定,为肯定式基础上附加否定性主观意愿紧缩而成;后者逗号之后的部分为解说性的后置分句。张提出,这类现象之所以形成,是因为说话语速加快,导致了停顿的消失和表述的归并。侯国金(2008:70—77)也提出了类似的假设,认为前者是后者的变体,因语用上的经济原则发生连读、省音、加速、截除而得。

二为复现添加类,即在含否定性义素的动词之后,再添加一否定词,如下:

⑧ 其实自己也是这样,当初之所以拒绝(不)当魔术师,就是因为他对骑士怀着憧憬。(水野良《罗德岛战记》)

⑨ 把门的狗汉奸们几次阻拦(不)让进。(李英儒《野火春风斗古城》)

⑩ 外出办事的万远荣回家后,责怪妻子不该收别人的东西。(《人民日报》1996年)

张谊生(2004:230)提出,这种以双重否定表单一否定的反逻辑表达方式,添加的否定词是为激发载体的隐性否定义,强化否定效果。袁毓林(2012)也提出了否定溢出(semantic overflow)的假设,是语义层面上的隐性否定意义,溢出转移到表层结构的有关句法成分上,并用否定词语显性地表达出来。这两种解释在本质上如出一辙,都为载体的隐性否定义在句法层面上的外化。

从(1)到(5)类句,以前的研究者将其产生机制归为以上两类,然而,这5类句子,其构成形式及载体语义都具有高度共性,实应由同一语用机制触发而得。张谊生先生(2004:232)也提及,复现添加类从深层结构关系来看,似乎也可视为不是简单的添加,而是"叠加紧缩"的结果。由此可见,对于这类句式,其羡余现象的产生背后都由同一种语用因素所诱发。

那么,是否该类句式都为"叠加紧缩"的结果呢?对于这一结论,张先生也提出应持不确定态度,即"似乎可视为"的推测。笔者赞同其看法,认为"叠加紧缩"偏于形式,并非深层结构的解释,且难以确定支撑该解释的认知理论依据。另外,该产生机制的解释力略显薄弱,仅对某些例句,如"小心别"和"后悔不"适用,但对以下情况无法解释:

⑨ 有"阻拦不 VP"的形式,却无逗号分隔肯定式和后置否定解释分句的形式;⑥中尽管有无逗号的形式都存在,但从句法构成来看,两者的 VP 类型不同,"忍住+不+V 光杆"的形式内部不能插入逗号,也就无法用"叠加紧缩"来解释其生成。

况且,对于"后悔"和"小心"类格式,其解释力也有限,如下:

⑤ 他有些<u>后悔</u>,<u>不该</u>把周正带到这里来。

与"后悔"的无逗号形式相比,其单用作为前置分句的情况下,"后悔"前必须有限定性的程度副词,也就是说,"后悔"作为形动词,主要承担形容词的功能,而"叠加紧缩"后,"后悔+不 VP"中,"后悔"无疑是作为动词使用,"紧缩"前后,载体的性质发生转变,那判断格式为省略逗号而来这一观点也就有失主观。

"小心"类具有鲜明的会话含义(conversational implication),是最常用于印证"叠加紧缩"的格式类型。由于格式义包含的强烈劝诫警示意味,使言者有急于表达的需求,因而易引发语流加速及停顿消失,即逗号的隐现。这一语用机制从言者的交际表达功能出发,具有一定的理据。然而,这一理据对其他并不具会话含义特征的格式来说,其支撑力未免有些勉强。另外,用语流加速无法解释以下情况:

CCL 语料库中的"小心(别)VP"类句子,有逗号分隔与无逗号分隔的比例为 3∶4,也就是说,"叠加紧缩"后的情况比之前的情况更多,那如何能判断两者的演变顺序呢?一般来说,作为一种语言现象的变体,其数量应少于原型,那么在语流加速的影响机制下,从"小心,别 VP"到"小心别 VP"的变化则不符合这一规律,那么该如何解释这一现象呢?

由此可见,上述格式的形成,必然由另一共同的语言机制所引发,而非形式上简单的缩合。

7.2.3 肯否式的结构特征

下文笔者再次从句法形式到意义层面对上述 5 类格式的肯否形式进行剖析,从中找出共性,探究其产生的语用共因。

根据上文所述,其肯否形式分别为:

(1) X+Att(VP)

(2) X+Neg+Att(VP)

X 均为蕴含隐性否定的动词[①],不同于第 1 类、第 2 类的偏正式结构中 X 是作为其后 VP 的修饰性成分,该类格式中的动词性 X 对其后的 Att 有句法上的支配性,因此,上述格式的句法形式

[①] "小心"兼具动形功能,该处不可前置形容词,应作动词用。

应为：

(1) $VP_1 + VP_2$

(2) $VP_1 + Neg + VP_2$

就表层形式而言,两者的区别在于是否在格式中插入 Neg,但从深层句法结构来说,(1)、(2)属不同的谓核结构,前者为谓宾结构,后者则为双谓核的复谓结构。侯国金(2008)在分析"小心"类格式时,也曾提出,其肯定式的表层形式为"VP+VP",后端的 VP 具名词性功能,相当于英语中的动名词。笔者沿用候的观点,认为该类格式的肯定式,都符合谓宾结构的典型特征,具体表现见下文。

7.2.3.1 肯定式的谓宾结构特征

表23 肯定式的谓宾结构特征

⑪a. 小心被鱼刺戳着!	a'. 小心鱼刺!	小心什么?
b. 后悔把他带来。	b'. 后悔(把他带来的)做法。|对这种做法后悔	后悔什么?
c. 苏小姐忍住笑,有点儿不安。	c'. 半精灵摇摇头,实在无法忍住笑容。	忍住什么?
d. 阻拦庄公车轮的前进。	d'. 阻拦庄公的车轮。	阻拦什么?
e. 责怪延期发货。	e'. 责怪他的过错。	责怪什么?

上图所示,a 和 a'等式都能成立,其 VP 分别为谓词性和名词性,但均可用同一方式"X 什么"来提问,因此,a' 为典型的谓宾结构,a 同于 a',其 VP_2 为载体 VP_1 的受事论元,且负载句子新信息的重心,具焦点功能,这也能从其语音重读得以印证。

7.2.3.2 否定式的正反叠加式复谓结构特征

该类格式以肯定式居多,即肯定式为包含载体 VP_1 的基本谓核结构,而否定式在 VP_2 前附否定词,不可能作 VP_1 的宾语理解,如"忍住不笑"并不是忍住"不笑"这一行为,因此,该格式只能解释为包含肯定性 VP_1 和否定性 VP_2 的双谓核结构,即复谓结构。该复谓结构的双谓核间关系,在汉语的复谓短语中并不少见,汉语中有一类正反叠加式复谓结构,即 VP_1 与"$Neg+VP_2$"从正反两方面说明主题(北京大学中文系现代汉语教研室,2012),如:

⑫ 拉住<u>不放</u>。
⑬ 坐着<u>不离开</u>。

上句中,VP_1 与 VP_2,即"拉"与"放""坐"与"离开"呈对立性,也就是说,VP_1 与"$Neg+VP_2$"在语义上具有一致性,"拉着"等同于"不放";"坐着"等同于"不离开",只是表达视角的不同,前者为言者的正面视角,后者为反面视角,两者之间存在递进或并列关系,可用"而且"来连接。

另外,还存在以下情况:

⑭ 借了书<u>不还</u>。

"借"与"还"也存在对立关系,但"借"不等于"不还",VP_1"借"的顺应逻辑结果应为"还",刚好与 VP_2 相反,即"$Neg+VP_2$"与 VP_1 为反因果逻辑关系,其间可用"但是"来连接。

因此,汉语中这类正反式叠加的复谓结构,VP_1 与"$Neg+VP_2$"两者可为相应或相对关系,但都具有相关性,分别从正反角度说明主题。上述(1)—(5)类格式的形式层次也属这种类型,

VP_1 为隐性否定谓词或谓词性结构("忍住"),"Neg+VP_2"为否定性的谓词结构,两者分别为形式上的肯定式和否定式,代表正面视角和反面视角,其间关系为并列式,即可理解为 VP_1 而且也是"Neg+VP_2",如"后悔不该把他带来",相当于"后悔(把他带来);也不该把他带来"。与肯定式相似,否定式的语义核心也在 VP_2 上,即 VP_2 为语义焦点所在,也就是说,"Neg+VP_2"是双谓核结构中的核心结构。此处借鉴聂志平(1992:52—58)对"得字双谓结构"中"得"前谓语和"得"后谓语的定义,将 VP_1 称为前导谓语,而(Neg)VP_2 为主导谓语,(Neg)VP_2 承载了格式的语义重心,后者形式更为复杂,可脱离前者单独存在,如:

⑮ 后悔不该带他来。
⑯ 不该带他来。

后者单独使用也能成立,且表意趋同,这一点可说明其在格式中的主导地位。另外,前者为后者的语义标识,即 VP_1 从正面申明了"Neg+VP_2"所隐含的劝诫、阻碍等消极义。这种两谓核结构间的语义相同性可从不同格式中与否定词搭配的附着成分加以印证,如下:

表 24 格式中与否定词搭配的附着成分

VP_1	Neg	相通义
小心	别	劝阻
后悔	不该	情理上不应当
忍住	不	否定性行为

续　表

VP$_1$	Neg	相通义
阻拦	不让	不准许
责怪	不该	情理上不应当

由上可见，不同的 VP$_1$ 对应不同的 Neg 及其附着成分（如"让""该"等），两者分别从正面和反面阐明了某种否定的语义联系，即两部分谓核间具有语义的相关性，分别从肯定及否定两方面叙述主题，为正反叠加的复谓结构。

7.2.4　构式生成与认知意象图式

(1)—(5)类格式（见本书第262页）的肯定式和否定式为两类不同的谓语结构，前者为单谓核的谓宾结构，后者为复谓核的正反叠加式结构，因此，两者的产生为截然不同的路径，而其意义的相似则为形式所负载信息的耦合所致，相互之间并无转化和演变关系。侯国金(2008)在分析"小心"类格式也提出，"小心 VP"的肯定式和"小心别 VP"的否定式分别为"小心，(!)别 VP！"句式的两种简化路径所得，其区别在于简化程度的差异。侯还指出，该格式在强烈的提醒语境下甚至能进一步简化为"小心别……"或"小心！"的最简格式。笔者认为候的观点有一定理据，"小心"类及相近格式的肯定式与否定式确有不同的产生路径和模式，但并非从前句和后置分句的形式简化而来，也并非语流停顿消失的结果。该类形式相反但意义相合现象的形成，有着深刻的认知机制，以下笔者将从其产生的认知基础及功能图式来说明。

每一类羡余否定格式作为一种形式与意义间有特殊规约关系

的形式,皆可视为一类构式。陆俭明(2008：142—151)指出,"人对客观世界的认知在认知域里形成一个观念框架,这个观念框架在语言里投射为某个特定的语义框架,该语义框架又通过某个语言的特定构式来加以表达,该特定构式为准确表述语义框架的内容,会选择最恰当、最合适的词语组合规则,最终形成交际需要的句子"。由此可见,一类构式的形成经历了以下阶段：

客观事件→认知框架→语义框架→相关构式

根据陆俭明的构式形成途径可见,认知域是连贯客观事件到形义结合的构式的关键机制,任何客观事件都会在人类的认知域中被构建成某种观念图式,然后投射为某个语义框架,最后被解析为具体的兼具句法形式和语义功能的构式。

王黎(2005)曾用这种形成模式分析了汉语中的存在事件,并构建了从感知到表达的5个层面,以下笔者将借鉴这种分析方式,从现有语料出发,分别对该类羡余否定格式的肯定式和否定式的客观事件或情态进行描摹,并构拟其认知路径和图式,探究其产生的最终机制。

7.2.4.1 肯定式的单意象图式

通过对(1)—(5)类格式的肯定式语料所表的语效分析可得,言者所感知的客观情态为,客观存在一种不合意的事件和情状的事实或可能性[①],并会带来消极性后果 C(consequence),当事者从认知上对这种消极性 VP 产生反应：对已成事实的表明其规避态度;或对消极可能性进行言明或提醒。如"小心＋VP",VP 为当事者预设的一种消极性行为,即所构成的语义行为,要"小心"地对待

[①] "不合意"参见侯国金(2008)分析"小心(别)VP"格式时提出。

VP这一行为,因为一旦发生VP,其后果C是当事者所不愿接受的;又如"后悔+VP",因为认识到该VP带来的消极性C,因此当事者对VP这一已发生的事件的态度为规避性,即VP是其态度所指明的对象。在这类格式中,这一对客观事件的观念框架经当事者的认知域投射到语言层面形成意义框架,该意义框架包含两个关键部分:一为客观事件或情态(非合意性);二为言者对这一事件或情态所持的消极性态度。后者的消极性由前者的非合意性引发,表现为用含隐性否定意义的心理情感类动词来承担其信息功能。那么,这一意义框架对应汉语中的构式究竟为何呢?笔者注意到,汉语中,表达对某一行为或事件的态度或评价时一般表现为构式"VP_1(情感类动词)+VP_2/NP(客观情态或行为)",如"我喜欢做梦/舞蹈"。VP_2/NP为VP_1的陈述对象,作为述题共同说明主题,因此在句法形式表现为谓宾式,VP_2常为动名词或结构;而从语义层面而言,该构式义为对某种客观情状持某种态度。因此,以上羡余否定肯定式的认知图式所对应的构式应为上述构式的下位构式:即在句法形式表现为"VP_1(隐性否定类情感动词)+VP_2/NP(客观情态或行为)"的谓宾式,在语义层面表当事者对某种非合意性客观结果的言明或规避性态度,笔者将其概括为客观结果规避构式。

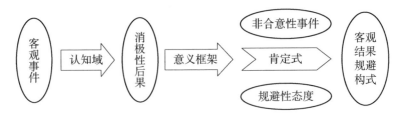

图26　肯定式的意象图式特征

7.2.4.2　VP 非合意的绝对性与相对性

通过对(1)—(5)类格式的否定式语料所表的语效分析可得，否定式的语义表达与肯定式基本相同，也申明了当事者因感知到某种非合意性的客观事件或可能性后所产生的消极态度。然而，就语用表达而言，肯否式仍存有一定差异。下文将以"小心别 VP"为例进行分析。

上文曾提到，对于"小心 VP"，VP 为当事者预设的一种消极性行为，这一消极性行为所含的后果是当事人已预计到且不愿接受的。也就是说，要小心谨慎地对待 VP 这一行为，因为一旦发生 VP，就会引起消极性后果 C；而对于"小心别 VP"，当事者则更强调应绝对避免 VP 的发生，如果 VP 一旦发生，就会引起消极性后果 C。因此，对比肯否式，前者更重于声明 VP 所导致的严重后果，从而为了应对而采取规避性态度，后者则偏向千万要避免发生 VP，从而应对其采取规避性态度；前者强调 VP 的客观严重后果，后者则强调主观的避免意愿。

试比较以下例句：

⑰ 咳，罗厚！<u>小心别</u>胡说啊！（杨绛《洗澡》）
⑱ 好生带回衙门去找条狗试试。<u>小心别</u>倾了罐内的一滴剩水。（钱林森《大宋提刑官》）
⑲ <u>小心别</u>走那么快，小心摔着孩子！（朱秀海《乔家大院》）

以上 3 句中的否定式"小心别 VP"，如替换成肯定式的"小心 VP"，句子的接受度则大大降低，如下：

⑳ ＊小心胡说

㉑ ？小心倾了罐内的一滴剩水

㉒ ＊小心走那么快

笔者认为之所以肯定式的接受度较低,是因为肯否句式的语用功能的差异。根据上文所述,由于肯定式偏重强调 VP 的客观严重性后果,而否定式偏重强调主观的避免性意愿,因此,肯定式与否定式中对 VP 的非合意性信息的负载量要求不同:在肯定式中,VP 所包含的应为一种绝对的非合意性,是当事人在认知结构中根据常识、语感所推理出的一种规约性含义(conventional implicature),即不需要通过语境补充而得,是常理性的推断,如:

㉓ 小心弄坏了唱片。

㉔ 小心把嗓子累坏了。

㉕ 小心给人骗上了。

这是肯定式通常适用的情况,上例中的 VP"弄坏、累坏、骗上"均为常理性的非合意情况,人们对其客观结果严重性的认知接受度极高,因此,符合肯定式对后果 C 的言明和强调。而在例⑳到㉒中,"胡说"只是一种消极性行为而非结果,其后果的严重性无法从格式本身推断出,"走那么快"尽管因会话含义激发其责备、反对语气,但其消极后果也并未在句中清晰言明,"倾了罐内的一滴剩水"更是无法判断其究竟符合或是违背当事人意愿,因此极易引起歧义,该句可作两解:

㉑ a. <u>小心</u>！不要倾了罐内的一滴剩水！（剩水倾倒后，会弄脏地面。）
　　b. 倾倒罐内的剩水的时候要<u>小心</u>点。（倒到水槽里，别倒到衣服上。）

这种歧义现象是由 VP 的合意性未明所致，即 VP 是否合意需经语境充实后方能判断。以上例句中的 VP 均非绝对性、常理性的非合意情状，因此其后果 C 的客观严重性也无法凸显，与肯定式的语用重点相违背，如使用该格式总有语焉不详之嫌。

而对于否定式来说，其语用重点为应极力避免 VP 的发生，极力要避免的行为或情状自然是主观意愿所排斥的，即不合意愿的情况，因此，该语用预设就为 VP 披上了一层鲜明的"不合意性"的外衣，无论 VP 本身合意与否，都被赋予了不合意的特性，如：

㉓' 小心<u>别</u>(弄坏了唱片)。
㉑ c. 小心<u>别</u>(倾了罐内的一滴剩水)。

可进入该式的 VP 有两种情况：一为绝对非合意性，即常理性非合意的情况，如"弄坏唱片"自然为大众心理中的消极性结果；二为相对非合意性，即无法通过常理判断是否合意的情况，如"倾了罐内的一滴剩水"，甚至是在常理中合意的极端情况，如：

㉖ 小心别<u>救活了他</u>。（我想他死）

在否定式中,强烈的避免意愿对该 VP 进行构式语义的充填,弱化其常理下的规约含义,触发其不合意的语境义,从而使句子成立。

由此可见,对于"小心(别)VP"类格式而言,可适用否定式的 VP 类型多于肯定式,前者为绝对性非合意或相对性非合意,甚至是常理合意的情况;后者则仅限于绝对性非合意的情况,两者在 VP 为绝对性非合意时构成肯否同义。这种差异之所以存在,是因为两类格式的表达重点不同,前者偏重言明避免性意愿,后者偏重言明消极性结果,前者的主观避免性预设强化了 VP 的非合意性内涵,填补了非合意性 VP 义的缺失。同样的语言环境中,如例⑲,前句用否定式,而后句用肯定式,正说明了肯否式适用 VP 的差异性。

同样的,"后悔"类羡余否定格式也存在类似的情况,试比较以下例句:

㉗ 他对台湾媒体记者说,"现在非常后悔触犯了国家的法律,做了对不起国家的事情"。(新华社 2004 年 1 月新闻)

㉘ 文种后悔没听范蠡的话,只好自杀了。(墨人《中华上下五千年》)

㉙ 汉王越听越高兴,只后悔没早点发现这个人才。(墨人《中华上下五千年》)

㉚ 我真后悔不该说实话,让主席替我操心。(权延赤《红墙内外》)

㉛ 没力气,没精神,只是后悔,后悔不该顺从了头儿,放肆地讲了那么多故事。(朱春雨《陪乐》)

上述例句中,㉗～㉙适用于肯定式,而㉚～㉛适用于否定式,㉗可替换为否定式,㉚～㉛句也可替换为肯定式,但后者替换后的表达效果大打折扣。

与"小心"类格式类似,"后悔(不该)VP"的肯否式之间尽管存在语义上的相合,但其语用表达重点却截然不同,对于"后悔＋VP"肯定格式,VP 具有规约性的不合意色彩,强调已发生的 VP 对当事者来说是一种明显的负面行为,并引致了消极后果 C(C 常隐含于 VP 中或可通过上下文语境来推测),客观结果 VP 是当事者持后悔态度的对象。而对于"后悔不该 VP"否定格式,则强调 VP 这一客观结果是一种预设的消极性行为,因违背了当事者的主观意愿而应极力避免,不应该使其发生。

肯定式重在言明客观结果的负面性,而否定式则重在强化其主观规避态度,这一语用表达的差异引发了适用 VP 的不同。对肯定式来说,VP 必须是绝对非合意的行为,是在认知结构中常理上被定性为消极意义的,如㉗中"触犯了国家的法律",㉙中"没早点发现这个人才"无疑是常理上的负面行为,又如㉘中"没听……的话"的后果 C 就是自杀,那其"没听话"的客观行为的负面性也显而易见。另外,㉘和㉙中的 VP 都是附加否定词"没"的谓词性结构,"没做成某件事情"在该句中当然有鲜明的消极意味,属绝对非合意情况,因此,在语料库中共出现的 101 例"后悔没＋VP"句中,无一例外都采用了"后悔"的肯定式。对否定式来说,可适用的 VP 除了绝对非合意情况外,还有相对非合意的情况,如㉚中 VP 为"说实话",一般来说,"说实话"应为心理所预期的,但在该句中,其语用预设弱化其原有的合理性,赋予非合意性的语境义,又如㉛中 VP 为"顺从了头儿",从常理上推断也是合意的行为,但同样也被反转为非合意性行为。这两句如将否定式转变为肯定式,尽管也可接受,但却失去了常理合意的行为在该语境下不合当事者主观意愿的表达功效。

(1)—(5)的其他格式也存在类似的情况,由此可见,这5种羡余否定格式,在肯定式与否定式同义条件下,其语用重点和表达效果有所不同,前者重在言明和提示客观结果的消极性;后者则侧重强调主观规避性意愿,也就是说,两者为从形式到意义都存在差异的不同构式。笔者在上文曾根据陆俭明的构式形成机制,构建了肯定式的认知路径和图式,将肯定式定性为客观结果规避构式,那么,下文笔者将从否定式的语用表达和认知功能出发,倒推并构拟出其意义框架和认知图式。

7.2.4.3 主导格式与前导格式的叠加

在否定式中,言者所感知的客观情态为客观存在一种预设的不合意情状VP,当事者对其持消极性态度,因已意识到其消极性后果C(包含于VP中或可通过上下文语境推断而出),因此对VP有强烈的主观排斥和规避意愿。这一基本观念框架经当事者的认知域投射到语言层面形成意义框架。该意义框架包含3个关键成分:一为客观事件或情态;二为言者对这一事件或情态的主观排斥和规避意愿;三为当该事件实现或具可能性时言者所持的消极性态度。成分一具有非合意性,且该特性由成分二的主观预设而来,成分三的消极义由成分一的非合意性所引发,也就是说,客观事件和情态为主观排斥意愿和消极性态度的结合部分,主观排斥意愿为客观事件和情状的感知条件,客观事件和情态为消极性态度的支配对象,因此,该意义框架包括两个基本图式:其一为主观排斥某种客观事件;其二为对某种客观事件或可能性持消极性态度,且前者为主导图式,后者为附加图式。

　　与单意象图式的肯定式相比,这一意义框架对应汉语中的构式更为复杂,它是由主导图式一与附加图式二叠加而成。附加图式二与肯定式的单意象图式相同,即其对应构式的句法形式为"VP_1(隐性否定类情感动词)＋VP_2/NP(客观情状或行为)"的谓宾式,在语义层面表当事者对某种非合意性客观结果的言明或规避性态度。而对于主导图式一,应注意到,汉语中表示主观意愿排斥某种客观事件,常用"Neg＋情态动词＋VP"的句法形式来表达,如"不该＋VP",即为道义情态(deontic modality)的否定形式。结合以上,从语言的经济原则出发,双意象图式的否定式,显然不是两者对应构式"谓宾式"与"否定情态＋VP"的简单相加,而是两种意象图式的叠加,即图式一与图式二以 VP 客观情状为结点,前两者均与后者构成意义关系,且以图式一为主导,即上文所说的主导意象图式,而对于在上文被称为附加意象图式的图式二,则被称为前导意象图式更为确切,这与其在构式中占据的位置相关。就句法表现而言,主导格式"否定情态＋VP"为否定式构式的关键部分,前导格式谓宾式中的宾语又与该 VP 相重合(该宾语一般有名物化倾向),谓语成分常用含隐性否定义的动词来充当,成为主导格式的前导成分和语义标识,主导格式与前导格式的叠加形成了"VP_1＋[Neg＋情态动词＋VP_2]"的句法形式,其中,谓宾式中的宾语与情态动词否定式中的动态宾语相重合,其谓语缩合为主导格式的谓头,形成了正反叠加式的双谓核结构,前导谓语与主导谓语分别从正反两个视角来说明主题。

　　如下图所示,将否定式概括为主观意愿规避构式。

图 27　否定式的意象图式特征

7.2.5　否定式的双意象图式特征

该类"X＋Neg＋Att"羡余否定格式,在汉语中共有 5 种,其载体如"小心""后悔"等,均为隐性否定词,且该隐性否定无量级特征,为断言式的否定。当 X 所指的 VP 为绝对非合意性时,出现意义耦合的结果,即形成肯否同义。

该种羡余否定现象的形成,并非肯定式与否定式之间的演化导致否定词的赘余,而是两种不同认知机制产生模式的构式的语义耦合的结果。肯定式为单意象的客观结果规避构式,以谓宾式为句法表现形式,以言明消极性的客观结果为语用重点,其宾语 VP 呈动名结构特征及鲜明的结果义征;否定式为双意象叠加的主观意愿规避构式,以正反叠加的复谓结构为句法形式,以强调主观排斥性意愿为语用重点,前导谓语和主导谓语分别从正反视角说明主题。

肯定式的新信息与焦点为 X 所指向的 VP,而否定式的新信息为主导谓语结构,即以"否定性的情态动词＋VP"("别"例外,但

"别"具有鲜明的祈使语气特征,区别于一般否定副词,相当于"不要",与情态动词具相通性)为语用焦点,这与两类形式的语用重点是相一致的。

对于单个否定式来说,其否定词在句法、语义层面均为必需成分,但当其与肯定式构成异形同义时,否定词就成为逻辑语义相等的形式差值,成为相对的表层的羡余成分。以往学界多将否定词视为载体隐性否定的外化或溢出成分,即否定词为格式的添加成分,否定式后于肯定式产生。然而,经对肯否式形成的认知模式探究可知,在否定式中,"否定词+情态动词+VP"的谓核结构是主导谓语,提供了语句的预设条件,对准入的 VP 有语义填充作用,即否定式的 VP 的准入条件比肯定式的 VP 更为宽泛,而载体 X 的隐性否定词则作为主导谓语的语义标识,以谓头形式存在。因此,"显性否定词+情态动词"与"隐性否定词"在格式中的句法地位是平等的,前者并非是后者的外显,它们共为两个意象及其谓核结构的中心成分,相互间存有语义相关性,如"后悔……不该""小心……别"等。

至于以往研究中反复提到的以叠加紧缩机制来解释从有逗号形式到无逗号形式的转变,上文已论证其解释力的薄弱性和受限性,那么语义相近的有无逗号形式究竟为何种关系呢?就认知结构而言,肯定式是单意象图式,否定式是以客观事件为结点的双意象图式的叠加,且有主导意象与前导意象之分,整个构式呈信息后倾式趋向;而以逗号分隔的形式,为先行句和后置句的组合,两句都独立成句,分别构成意象图式。因此,该形式为两种意象图式的共现而非叠加,且前后意象的地位是平等的,并无主次之分。

7.3 特殊语气情态下的中介格式

7.3.1 载体的语气情态特征

该类羡余否定格式的特征为以下三点：

Ⅰ. Neg 均为"不"，其位置不定，可位于 X 前后；

Ⅱ. 载体 X 不同于上文所述两类格式的情况，其语义虚化程度较高，为典型的虚词，如第 1 类格式的载体多为副词性成分，"差点儿""难免"等，语义也较为虚化，但还保留有实际的意义。第 2 类格式的载体，如"无时无刻"也有实在的意义，甚至可为实义动词，如"忍住"。而该类格式的载体分别为"得""看我""别"，分别为情态动词、情态话语标记和测度标记，语义高度虚化；

Ⅲ. 载体及构式都具有鲜明的语气情态色彩，如"看我（不）VP"表威慑性提醒语气。

属于该类格式的有以下三种：

a. "（还）（不是/不）得 VP"

b. "看我（不）VP"

c. "别（不）是 VP"

相较前两类羡余否定格式，前人对该类格式的研究甚少，甚至将其排除出研究范围，但出于现象研究的系统性及该类句式的典型性和普遍性而言，对其进行分析很有必要。

谈及此类现象的仅有张谊生（2004：232），他指出，有些句子中，"不"已由单纯表否定的副词主观化为评注性副词，起强调语气和情态之用，如：

㉜ 你要是敢骗我,看我(不)揪下你的脑袋!(张浩《看完没笑?!你绝对够狠!》)

该句中的"不"无否定意味,而是强调句子的威慑性语气情态。他还认为,"不"的这一转变是由反问句用法而来,其依据如下:

㉝ 这不是赵雅芝吗,多年不见,我差点没认出她。(卞庆奎《中国北漂艺人生存实录》)
㉞ 我一愣,她不是走了吗?(卞庆奎《中国北漂艺人生存实录》)

㉝和㉞中的"不是"同形异构,前者为否定副词"不"与系动词"是"的组合,后者为评注性副词,其差异可通过"是"能否省略和"不是"的移位来判断,因此,由"不是"简略而来的"不"也由否定副词转变为表强调、辩解等语气的情态词。该类"不"出现于一些句子中,可添加或省略,如上例。

张先生的解释揭示了"不是"在主观化和语法化机制下的功能转指,由承载否定性的语义转为表主观化的情态。这一观点具有一定理据,我们应进一步注意到以下问题:①"不是"与"不"的虚化机制的关联性。"不是"由短语虚化为评注性副词,期间经历了语言单位的降级及词义的虚化,该语法化结果可由反诘问句语例相印证。以上结论是毫无疑义的,那么作为"不是"的简缩形式的"不",是否也为句子平面的"不"呢?它与"不是"的虚化进程是否一致呢?②"不"在语气情态句中的分布条件。按照张先生的观点,"不"在该类句中可随意添加、删减或代替情态词,以彰显主观强调语气。但语言事实证明,"不"并不能随意出现在任何语气情态句中,构成肯否同义,可见"不"的分布是有条件的,那么这种具体语言条件是什么呢？因此,下文将就以下问题进行探讨：其一,"不"究竟为真值语义的否定副词,还是主观化后的评述性副词；其二,"不"在上述格式中构成羡余形式的语言触发机制,即"不"出现的条件。

7.3.2 "不(是)"的定性

"不是"在反问句中的评注性副词用法毋庸置疑,起强调反诘句肯定意味的作用,相当于句中 VP 的焦点敏感算子,如下：

㉟ 她<u>不是</u>走了吗？

"不是"对 VP"走"进行操作,凸显"走"的句子焦点功能。

胡德明(2009：44—47)提到,"不 X"反问句构成的条件之一为,X 为"是",且"不是"不重读时,极易构成反问,如下：

㊱ 妻子问丈夫：你今天不回家？（自拟）

该句倾向性的回应是,丈夫回答："对,我今天得加班,不回家了。"可见,该句为一般的询问句,否定性的提问方式隐含着否定性的回答。而在"不回家"前加上"不是",则变为：

㊲ 你今天<u>不是</u>不回家？

其反问意味就不言而喻了。

因此,轻读的"不是"使谓词性弱化,成为典型的评注性副词,构成反问触发标记。

而对于"不"而言,是否与"不是"有类似的转化机制呢?以下将结合反诘句的功能,对句中的否定标记进行分析和定性。试比较以下句子:

㊳ 那当儿,过去国民党那当儿,<u>不</u>净坐着那上头招兵吗?(《1982年北京话调查资料》)

㊴ 多做点儿,<u>不</u>就带出来了吗?(《1982年北京话调查资料》)

㊵ 可日本投降那会儿,咱<u>不</u>抬头了吗?(陈桂棣、春桃《中国农民调查》)

㊶ 你们家<u>不是</u>蒙族吗?(《1982年北京话调查资料》)

㊷ 这<u>不是</u>桥子吗?(陈桂棣、春桃《中国农民调查》)

以上例句都为否定式的反问句,即都为显性否定词"不"+VP的形式,根据张谊生的观点,㊶和㊷中的"不",显然是典型的否定副词,具有实在的否定义,"不"附加于关系动词"是"之前,对性质或归属进行否定;而㊳~㊵中的"不",前置于一般动词,如动作动词前,则属于评注性副词的用法,用以强调主观情态义。

那么,区分"不"的虚实与否是否仅凭其后的动词类型呢?为何对"不+是"与"不+一般动词"的结构及语用功能判定不同呢?

值得注意的是,像㊳~㊵这类否定反问句的用法在汉语中大量出现,且其回答与对㊶和㊷的应答形式相一致,如下:

表 25 例句的答语类型①

例句	一致性答语	反驳性答语
㊳	是的，净坐着那上头招兵呢。	不是，没招兵。
㊴	是的，多做点就带出来了。	不是，带不出来。
㊵	是的，咱都抬头了。	不是，咱没抬头。
㊶	是啊，是蒙族。	不是，你弄错了，我们家不是蒙族。
㊷	是啊，是桥子啊。	不是，这不是桥子。

另外，上述例句中的“不”为轻读形式，且可删略（不考虑语用功能差异），可见，㊳～㊷中的“不”应属同一用法，与“不”后的动词类型无关。

在确认上述反诘句中的“不”从句法语义和功能上的同一性后，就应进一步探讨：“不”究竟是否虚化，是否还保留其否定副词的句法语义特征呢？

7.3.2.1 “不”所属的句法层面

在“不是”类反问句中，“不是”作为评注性副词，可移位至句末，加强对命题的否定，如：

㊸ a. 她不是走了吗？

b. 她走了，不是？

㊹ a. 你今天不是不回家？

b. 你今天不回家，不是？

① 学界普遍提出，反问句不传达命题疑问信息，无需作答，但也有多位研究者指出反问句可以回答，如聂莉娜（2001）、冯江鸿（2004）等，该表参考邵敬敏分类“自问他答”的类型。

因此,"不是"属于句子层面,而"不"则与其后的 VP 紧密联系,不可移至其他位置,如:

㊳'*净坐着那儿招兵,不?
㊴'*就带出来了,不?
㊶'*你们家是蒙族,不?

上述句子的"不"移位后都不能成立①,因此,"不"属于短语层面,而非句子层面,是对其后 VP 的否定而非命题否定。

这种类型的反问句在汉语中常常出现,张伯江(1997:104—110)中就指出,疑问句"吗"前的命题中含有明确表肯否态度的词语,如"不"等,就常作为有明确肯否倾向的反问句使用。因此,从标记理论角度来说,否定词作为一种显性标记,与同为有标记形式的反问句构成关联模式,否定式反问句是常见形式,其中的否定词"不"保留其标记特征。

7.3.2.2 "不"的语义特征

反问句具有否定功能,吕叔湘(1982)就曾提出,反诘是一种否定的方式:无否定词时,用意在于否定;有否定词时,用意在于肯定。因此,反问句是一种命题否定,即对其句子层面的否定(吕叔湘,1982;李宇凤,2010:464—474)。反问句传达了命题在语义上的逆命题,即:

命题: a. 不去吗?   a. (难道)去吗?

---

① "你们家是蒙族不?"也可接受,但该句已属一般疑问句范畴,与原反诘句无相关性。

逆命题：b. 去啊。　　　b. 不去。

　　从以上例句可知,逆命题 b 即对原命题 a 的否定,"b=(Neg)a",如原命题 a 本身就蕴含否定性,就有"a=(Neg)b",a 可用否定性的 b 来表达,那么对否定性原命题 a 的否定,即"(Neg)[(Neg)b]=b"。也就是说,"不"的否定性对构成反诘句中否定功能是不可或缺的,"不"在反诘句中依然保留其否定语义。

7.3.2.3 "不"并非评注性副词

　　综合"不"在反诘句中的句法层面和语义功能特征,可以得出,"不"具有典型的否定标记特征,与其后的各类型 VP 紧密组合,属于短语层面的否定,且保留其否定性的语义特征,因此,仍作为否定副词使用,并未转化为评注性副词。从这一角度上来说,反诘句中的"不+VP"的组合与一般陈述句的该类组合性质相同,都为对事件或行为的否定性说明,"不"所在的疑问句之所以常具有反诘语气,是因为"不"与反问句都有标记形式,更易形成关联模式,而非由"不"转变为主观评述性副词所致。

　　由此可见,"不"并非评注性副词"不是"的简缩形式,在反诘问句中仍保留其否定副词的基本功能,因此"不"由帮助构成反问到转向表语气情态从而触发羡余否定的观点有待完善,那么,究竟如何解释否定副词"不"在上述三类格式中的形式羡余呢？它的出现与格式本身的语气和情态有何关联呢？

　　以上3种羡余否定格式均具有鲜明的语气和情态色彩,但句法构成和构式功能都有所差异,下文将对其分别进行分析,勾勒其肯定及否定式形成的路径模式,并探讨肯否式构成同义的共同认知机制及与语气情态的关联性。

7.3.3 客观必需性情态格式"(还)(不)得＋VP/NP"

7.3.3.1 载体"得"的语义域及客观情态必需性构式

该格式的载体为助动词"得"。关于"得"的语义域,多位研究者提出表某种情况的存在或出现是一种现实需要(鲁晓琨,2004：231;刘月华,2001：180),是一种强义务,相当于"必须"(吕叔湘,1980：143),彭利贞(2005：75)则将其处理为表情理上、事理上或意志上的需要,并非言者的权威,而是有更多的客观情态色彩;而《现代汉语词典》的解释将"得"下分三个义项：a. 需要；b. 表示意志上或事实上的必要；c. 表示揣测的必然。总之,"得"所指的言语行为都与"需要"相关,笔者赞同彭的观点,认为该需要为现实环境的内在需要,是道义情态词。

语料显示,当肯否式同义时,否定式中常有语气副词,如"还"与之共现,笔者以"(还)(不)得 VP"格式中"得"的分布为例进行分析,如下表。

表 26 否定式的语义关系类型

	否定式		肯定式
	X(客观外在环境)	Y(现实需要)	
㊺	谁家过年	(还)(不)得包顿饺子。(情理)	大家过年都得包顿饺子。
㊻	漂荡一辈子了,终于安稳下来,	房子(还)(不)得盖好一点儿。(意志)	房子得盖好一点儿。
㊼	托国家的福可以优惠买房,	市面上的商品房(还)(不)得二三十万一套啊。(事理)	市面上的商品房得二三十万一套啊。

上述例句中的 VP 尽管从表面上看都为说话人的主观推断,"得"可用"必须"取代,但该推断过程是基于客观外在环境而产生的,是一种现实和事实的需要,如:"包顿饺子"是过年时的必然性行为,是情理上的需要,而"商品房的价格"也是从市场行情的客观事理来推测的,"房子盖好一点"满足安稳下来的客观状态的需要。因此,该类格式的语义关系可表达为"X(客观外在环境)→Y(现实需要)"。X 是言者推断出 Y 的客观条件,X 的情况必然会从情理上触发 Y 的必要性。

而对于《现代汉语词典》第 6 版中的第 3 条表示揣测的必然,则如下:

X 前句 (客观外在环境)	Y 后句 (必然结果)
㊽ 快下大雨了,要不快走,	就得挨淋。(还不得挨淋?)
㊾ 那个李主任要是看到了你们,	得生吃了你们。(还不得生吃了你们啊。)
㊿ 看见你人猿似的,	得吓个半死。(还不得吓个半死?)

该格式的语义关系为"X(客观外在环境)→Y(必然结果)",即 X 的客观情况从情理上触发 Y 的必然性。如"下大雨时,不快走",必然导致"挨淋"的结果;"李主任看到了你们"的必然结果是"生吃了你们";而"看见你人猿似的",当事人必然会"吓个半死"。

Y尽管为言者的主观揣测,但该过程也是基于客观外在环境 X 的。该义项与表"现实需要"的核心语义也有共通之处,两者都为言者根据客观情况 X,从情理上所作的主观判断或揣测 Y,前者 X 是 Y 的充分条件,Y 相对于 X 来说具有必然性;后者 X 是 Y 的客观基础,Y 相对于 X 来说具有必要性。从认知角度而言,前者将其必然性逆推也可成立,即客观前提 X 得以存在,必定有揣测结果 Y 的实现为基础,"有果必有因",Y 也可理解为 X 前提条件得以成立的心理必需;后者 Y 是 X 情理上的现实需要,即"有因必有果"。

综上所述,助动词"得"的语义域可概括为:

X(客观外在环境)→Y(必需性)

Y 是言者基于 X 的主观推测,其推测过程有主观性的一面,但其推测基础为客观事理,因此,"得+VP"格式具有鲜明的客观情态色彩,"得"为典型的情态道义词,其核心语义为"客观必需性",而其认知图式可描摹如下图:

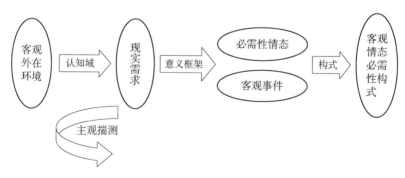

图 28 "(还)(不)得 VP"的意象图式

7.3.3.2 构成羡余否定的中介格式

根据语料,"得+VP"的否定式多以反诘句的形式存在,如:

(51) 连地都不会种，还不得过穷日子？（《1994 年报刊精选》）

(52) 如果不治沙造林种草，那些羊还不得饿死？（《人民日报》1995 年 4 月）

(53) 办场喜事，起码还不得一千块钱？（老舍《文博士》）

以上例句都能构成正反同义，并引致羡余否定，句中大多搭配语气副词“还”使用。

值得注意的是，否定式反诘句由于本身所带的否定功能，必然与其相应的肯定陈述句有同义倾向，如：

(54) a. （难道）他不是蒙古人吗？

b. 他是蒙古人。

(55) a. 他不是走了吗？

b. 他走了。

上述反诘句广义上都构成肯否同义，即反诘句“不是蒙古人吗”“不是走了吗”与“是蒙古人”“走了”语义相同，但该句式本书不将其归为羡余否定现象，原因有二：其一，本书针对的羡余否定的肯否式是基于同一句类的研究，形式差值即为否定词，而上述句式的肯否式所属句类截然不同，肯定式为陈述句，否定句为反问句，句间差异较大，除否定词外，两句的形式、语气、功用等都存在区别；其二，若把该类反问句都视为肯定句的同义否定式，则所有反问句都能与之相应的肯定句构成正反同义，甚至包括肯定式反问句和相应的否定陈述句，如：

㊞ a.(难道)我做错了?
　　b. 我没做错。

这会导致羡余否定现象的过度泛化,造成研究对象范围不明,难以界定。

根据第1章对羡余否定格式的界定,羡余否定的肯定式和否定式应基于同一原型,同义的结果包含显性否定词的形式差异,因此,反问句及相应的陈述句不属于研究对象。

"(还)(不)得+VP"的格式不同于一般的反问句式,具有特殊性,表现为以下2点:Ⅰ.语气副词"还"的高频性;Ⅱ.句类的二元化。

值得关注的是,该句式常搭配副词"还"使用,语料库中的"不得+VP"反问句,出现"还"的情况占绝大多数:

表27　与"不得"共现的语气副词分布

	还	岂	也	焉	莫	无(没有搭配)	总计
数量	178	5	5	1	1	22	212
比例	83.96%	2.36%	2.36%	0.47%	0.47%	10.38%	100%

由此可见,"还"的使用高达83.96%,成为"不得+VP"类反问句的标配。这一语言事实并非偶然,胡德明(2009:44—47)指明了否定词"不"进入反问句的5个条件,有两条标准为:与副词"还""就"结合;与情态动词结合。满足的条件越多,形成的反问句越典型。"还(不)得+VP"中,语气副词"还"与情态动词"得"作为反问触发标记,赋予所在句强烈的语气情态色彩及反问倾向。

另外,对于"不得+VP"格式,兼具反问和陈述功能,呈句类双元化倾向,通过语料库发现,大多以反问句的形式存在,如:以"(还)不得+VP"式为例,

表 28 "(还)不得+VP"的句类分布

句尾为问号的反问句	句尾为感叹号	句尾为句号(逗号)的陈述句	总计
45.33%	14.67%	40%	100%

在所统计的语料中,陈述句占 40%;反问句以问号结尾,强调表感情强烈性时也用感叹号收尾,两种情况共占 60%;因此,反问句是"不得+VP"格式的基础句式,而陈述句也应是从反问句衍生而来的。

在语料中有不少这样的陈述句性例句,如:

㊗ 人们余暇多了,吃饱喝足了,还(不)<u>得</u>找地方"消化消化"。(《1994 年报刊精选》)

㊘ 都给了他们,我拿什么装橱窗,到时候还(不)<u>得</u>挨批。(吕新《圆寂的天》)

㊙ 漂荡一辈子了,终于安稳下来,房子还(不)<u>得</u>盖好一点儿。(1994 年《人民日报》)

这类例句的肯否形式都为以句号结尾的陈述句,且"不"的隐现并不影响句义的表达,"不"成为形式羡余,即构成本书所研究的羡余否定现象。

因此,就语义表达而言:"(反问句)不得+VP?"等同于"(陈述

句)得 VP。"(反问句的否定功能);又有"(陈述句)不得＋VP。"等同于"(陈述句)得 VP。"(语料事实)(羡余否定),即"(反问句)不得＋VP?"等同于"(陈述句)不得＋VP。"(触发机制)。

解释羡余否定的关键在于"不得＋VP"的句类转换:即反问句转换为陈述句的语用条件及语气副词"还"的角色功能。

(1) 反问句和陈述句的分布情况及语义域对句类的选择度

根据上文语料,"(还)不得＋VP"的原型为反问句,即反问句比例高达 60%,这与语气副词"还"与情态词"得"的语用触发相关。另外,按照上文对"得"语义域的分类,有必要性现实需求及必然性客观结果之分,语料证明,在"(还)不得 VP"类句式中,后者占绝对优势,且多以反问句式存在。

表 29 语义域对句类的选择

语义域类型	必要性现实需求		必然性客观结果	
句类	反问句	陈述句	反问句	陈述句
数量	50%	50%	64.71%	35.29%
总计	100%		100%	

由此可见,"不得"类格式在表必要性现实需求时,反问句与陈述句出现的频率相当,而在表必然性客观结果时,则以反问句为主,达近三分之二,因此,句类的转换与"不得"格式的语义域存在相关性。

(2) "不得 VP"格式反问句的语用功能

"(还)不得 VP"的反问句承载了一定的语用功能,而在相应的陈述句中,该语用功能无疑被削弱,句类的转变伴随着反问语用功能的弱化。

关于反问句式的特有语用功能,历来研究者的解释诸多:关于汉语,刘娅琼(2011:110—120)将否定反问句定性为带责过性质的言语评断行为,将其话语功能归纳为负面事理立场,按负面程度从低到高为:"提醒＜意外＜反对＜斥责",其中提醒类否定式反问占大多数,指听者对某种应知信息表现出应知、忽视或遗忘时,说话人为听话人指出并希望对方能激活该信息,如:

⑥ (一对恋人谈论要参加科管年会的同学)
A:太翰有要去吧。
B:他要去喔。
A:<u>王本不是要参加?</u>
B:<u>王本要参加喔。</u>我不知道,可能吧。(刘娅琼例)

A 认为王本参加年会的信息为 B 的应知信息,而实际上 B 单方面遗忘或不知情,因此,A 的否定式反问句将其作为欲让 B 激活的信息焦点,提醒其不该遗忘或不了解该信息,表达了说话人的负面事理立场。

刘的这一观点与李宇凤(2010:464—474)的解释有相通之处。李指出,反问具有回应性,不能作始发问,从语境关联的角度,仅用于被引发的位置,反问的理解以建构其引发语境为前提,否定形式为反问提供了回应限制。如上例,其引发语境为:双方谈论参加会议的同学名单,言者认为太翰和王本要去这一信息为听者所了解。该语境触发了言者的推理性回应反问(speculative rhetorical question),传达言者的言外之力。

因此,笔者认为,根据语料,否定式反问句大多出现在话轮结尾,用于推动话轮转移(Sacks, 1974),为前设语境的回应性问句,而"(还)不得 VP"否定式反问句属于提醒性负面立场的类型,是在前言否定性隐含意义的语境前提下,做出的负面性回应,并对听者有意或无意忽视其信息作出隐性的负面评论推断,但这一负面立场相较责问、反对等话语功能,其负面效应较为隐晦,该回应最终在于表言者向听者提醒所表达的信息焦点,即基于客观事理的必需性,如:

(61) 最具体不过就是春山的反应了。你想过春山的意见没有?看见你人猿似的,还不得吓个半死?(引自齐春红 2005 例:《"不得"的语法化及相关问题研究》《胡子的喜剧》)

(62) 你已经跟全义是两口子了,可不得向着他说话!(陈建功、赵大年《皇城根》)

(61)和(62)的否定式反问都为前设语境所引发的负面性回应:如(61)所设语境为:听者未考虑过第三者春山的意见,未对自己"人猿似的"形象所造成的后果形成认知概念,这一语境引发言者的负面评断,言者提醒听者应注意到其行为造成的必然性后果,即把春山"吓个半死"。(62)所设语境为言者认为听者说的话不具公正性,且潜意识中认为:听者应意识到她与全义的关系会造成所发表意见的偏向性,而事实上听者好像并未意识到,所以言者用否定式反问句来提醒听者这一信息,并表达自己轻微的不满和责备意味。

由此可见,"(还)不得+VP"以否定式反问句为基本句式,它的成立应满足以下条件:

(1) 前设语境提供了足量的引发性信息：即言者认为听者应对 VP 信息有认知概念；

(2) 语言事实却是听者对该信息表现有意或无意的忽略和遗忘；

(3) 言者与听者的这一认知矛盾引发言者的负面性回应，明确列出客观事理的必需性，提醒听者应注意该信息焦点。

7.3.3.3 从肯定到否定式反问到否定式陈述的语用差异

关于该格式否定式反问的语用效果，Frank(1990)曾整合反问句的两种功能：Brown&Levinson 的面子缓和功能与 Anzilotti 的加强说服力度功能，认为反问句既可增强断言力度，又能减轻批评的冲击性。笔者认为，在“还不得＋VP”的否定式反问句中，与肯定式相比，其语用体现了典型的三元化功能：即提升言者对信息的确认度；减轻对当事人言行批评的力度；表达对听者信息缺失的负面立场。有研究者将后两者解读为同一概念，而笔者将其明确区分。如：

(61) 看见你人猿似的，还不得吓个半死？（引自齐春红 2005 例：《“不得”的语法化及相关问题研究》《胡子的喜剧》）

其中，当事人(例句中与听者重合)形象失当，像人猿似的，是言者批评的目标，反问句的使用减轻了直斥语气；另外，对于信息“吓个半死”，言者认为听者应注意到，而事实上却为听者所忽视，因此，言者对听者这一有意或无意的认知缺失有轻微的不满意味，持提醒态度。

比较肯定式与否定式反问，如下：

(61)’看见你人猿似的，得吓个半死。（引自齐春红 2005 例：《“不得”的语法化及相关问题研究》《胡子的喜剧》）

(62)’你已经跟全义是两口子了，（肯定）得向着他说话。（陈建功、赵大年《皇城根》）

如果用肯定句式来表达相同的意思，则言者具有一定的对信息的断言性，言者确信会出现被“吓个半死”或“向着他说话”的结果，但其力度较反问句略低；言者对听者言行（例句中当事人与听者重合）的批评意味更浓，有直指当事人错误的语气；而言者提醒听者应注意该结果的负面立场并未得以展示。

因此，比较该格式的肯定式与否定式反问，则有：

肯定式————————————→否定式反问

信息确认性　↑

批评力度　↓

负面立场（提醒）＋

而比较否定式反问与否定式陈述句，则有语例如下：

(59) 漂荡一辈子了，终于安稳下来，房子（还）（不）得盖好一点儿。

(59)’还不得盖好一点儿？

(57) 人们余暇多了，吃饱喝足了，还不得找地方“消化消化”。

(57)’还不得找地方消化消化？

(47) 托国家的福可以优惠买房，市面上的商品房（还）（不）得二三十万一套啊。

㊼’还不得二三十万一套啊？

(63) 王玉梅苦笑道：我今年带毕业班，学校收了钱，要是教不好，家长们还不得骂大街啊。（谈歌《城市警察》）

(63)’还不得骂大街啊？

上述例句在语料库都以陈述句的形式存在，若将其变为否定句，则一般也能成立，但可接受度比起陈述句较低，语气较为生硬，如(57)’。

由此可见，否定式反问句是“（还）不得＋VP”的原型句式，语气副词“还”的参与更触发了反问的形成，而否定式陈述句的出现是语境选择的需要，它在语用效果的3个层面，都与否定式反问句存在差异。

（1）就信息确认性而言，否定式陈述句比起反问句的程度，进一步提升。据上文所述，否定式反问相比肯定式陈述，言者对句中的信息的确认度得以提高，不再局限于自身认知的确定，还有说服听者认同的强烈意愿，而从否定式反问句到否定式陈述句，语境对信息成立条件的填充使言者对信息更为确定，即VP是语境下唯一成立的必定情况，连否定词“不”的出现都无法干扰其肯定性信息的成立，如(59)中“飘荡了一辈子，现在终于安稳下来了”这一先设语境下，“房子盖好一点”是在情理之中，是一种事理上的必需，言者对这一信息视为理所当然的情况，听者也自然有同样的理解，无需进行说明。

（2）就批评力度而言，陈述句比反问句进一步减弱。反问句多带质疑，责问的语气，常表现在句尾的上扬上，而陈述句语气较为平和，如比较(63)和(63)’：

㊣ 我要是教不好,还不得骂大街啊。
㊣'家长还不得骂大街?

显然,陈述句中对当事人(与言者重合)教学质量不佳的行为,较之反问句,批评和斥责的语气弱化,反问句向听者强调当事人这一行为导致的严重后果,进而表明对引发该后果的原因的责备态度,而陈述句则更多指明语言事实。

(3) 就负面提醒立场而言,陈述句的提醒语气比起反问句,也有减弱的趋势。

根据上文所述,该类格式的反问句成立条件之一为:言者认为听者认知中应有 VP 信息焦点的概念,而听者事实上却表现出有意或无意的忽视,从而引发言者的负面性回应,因此,反问句从本质上来说,并非独立的语法领域,应解构为询问,以疑问形式来表否定意义。然而,笔者认为,反问句的否定意义是对 VP 信息焦点的否定,即 VP 的肯否具有确定性,但是,反问句的疑问形式仍保留有一定的疑问功能,但这一疑问并非对命题意义的疑问,而是对听者态度的质疑,如"还不得＋VP"格式中,质疑的并非 VP 的情理必需性,而是听者对该 VP 信息的接受程度,即言者认为:(听者)你应该注意 VP 信息,你怎么能不注意,你不注意是不对的。对于陈述句来说,句调由句尾上扬变为下沉,旨在强调言者对该信息确信无疑,而无需要求听者也对该信息有概念认知,负面的提醒语气得以弱化。

否定式反问─────────→否定式陈述句

信息确认性 ↑
批评力度   ↓

负面立场(提醒)—

总之,对于"还不得+VP"格式来说,从肯定式陈述到否定式反诘再到否定式陈述,格式的基本语义趋向一致,即基于事理上VP的必需性,但就语用功能角度分析,言者对信息的确认度呈上升趋势,而对当事人言行的批评力度则具下降态势,言者对听者的负面提醒立场从无到有而后又弱化。

7.3.3.4　否定式反诘到否定式陈述的触发机制

反诘语义的实现,是语言的内部形式与外部情境共同作用的结果(傅惠钧,2009),同样,从否定式反问句式到否定式陈述句的转化,也是语言形式与外部语境互相作用而致。情态动词"得"与否定词的组合,语气副词"还"的加入,从形式上触发反诘问句的发生,而先设语境却不构成反问句成立的条件,或者说语境的选择致使句类的转变,语境转变为陈述句类的生成基础:

(1) VP 信息消极性及负面立场的弱化

"还不得+VP"类格式中,VP 所代表的信息有情理必需性与客观必然性之分,后者从广义上也属于结果对于原因的客观的"必需",语料显示,后者 VP 指代的信息一般都具有鲜明的消极性,强调言者基于事理基础推测必定会产生的消极性后果,如上例的"过穷日子""骂大街"等,甚至有不少极端情况,如"饿死"、"生吃了你"、"闹下天来"等;即使是表面上的中性现象,如"一千块钱",在句中也有数目太大,承担不起的消极义;该类必然性语义也有 VP 表积极性的情况,但较少见,在语料中只找到 3 例,如下:

(64) 现在你敢当团长,赶明儿你还不得混个师长旅长的干干。(王朔《玩儿的就是心跳》)

(65) 大歌星您要放得下架子到这儿来唱,顾客还不得翻一番呀!(陈建功、赵大年《皇城根》)

(66) 我一篇锦绣文章做下来,当今圣上还不得给我点个状元!(朱秀海《乔家大院》)

"当师长旅长"、"顾客翻一番"及"当状元"对于言者来说,显然为积极性信息,其中第1例为陈述句。

表30　客观必然性VP信息意义类型

意义类型	极端消极义	一般消极义	积极义
100%	49.02%	45.10%	5.88%

由上可见,VP信息表客观必然性时,消极义占绝对优势(94.12%),其所在句一般以典型的否定反诘句式出现,值得注意的是,当VP信息为极端消极义时,所在句无一例外都以否定式反诘句的形式出现。

另外,VP信息表情理必需性时,一般都为积极义或中性义,其理据为:VP是基于客观事理的必需,必需的条件一般来说自然不可能为消极性,如(57)、(59)中的"房子盖好点,出去消化消化"显然是积极性的。

据上文所述,反问及陈述句的分布与语义域的差异相关,当VP表情理必需性时,反问句与陈述句的比例为1∶1,当VP表客观必然性时,其比例为2∶1,且VP为极端消极义时,陈述句的概率为零,可见,反诘句是否能转化为陈述句,受制于VP信息的性质。在认知域中，相较于积极性或中性现象，消极性的情况更易于引起说话人的关注。同样的，当听话人有意或无意忽略该情况时，也更易于激发说话人的负面情绪，使其更着力于提醒听话人务必注意该情况，表现在语言形式上就是采用极具负面事理立场的否定性反诘问句。因此，对于极端消极性信息为主的结果必然性语义句，大多以反诘句形式存在，且不能转变为陈述句，陈述句的比例较情理必需义句显然更低。反之，对于一般消极性尤其是中性或积极性信息所在句，说话人认为听话人应加以注意的程度下降，其提醒意味的负面立场无疑被弱化，倾向于语调平缓的陈述表达。

值得注意的是，在该类句式中，VP极端消极义的情况占一半以上，且百分之百都以反诘句式存在。所谓极端消极义，即语义所指向的消极情况具高程度层级性，如"V死"类结构（56%）或为夸张的虚拟现实，例如"被炸成肉酱烧成灰"，这种极致的消极性信息必然引发认知的极端负面性，说话人认为听话人不了解如此糟糕的情况，是不可接受的，因而必然以强烈负面语气的反诘问句来表达。

(2) 对语境的充填和重置

一般来说，"还不得VP"格式所在句的语境提供了其必需性成立的事理基础，而上文提及，VP为消极性信息时，多以负面提醒意味的否定反问句式存在，这一现象可从人们对负面和正面信息的认知偏差来解释，实际上，这一语言现象也可从语境条件加以说明。言者认为听者应具该信息而事实上听者并不具备，造成言者与听者对该信息认知度的矛盾，这是否定式反问句成立的语境条件，而VP承载的消极性信息激化了言者与听者的矛盾，强化言者的负面性回应,使该语境的架构更为固化,VP 的信息类型通过语境,形成对句类的选择。

影响语境建构的要素,除 VP 的信息类型外,也体现在句中的其他成分。否定式反诘句的产生基于语境的三方面条件,而若句中其他成分影响任一条件,都会使得语境被重置,从而导致反诘句不再成立。

1) 言者弱负面性语气情态对语境的填充

语料显示,当前后语句中有关于言者语气情态说明的成分时,语境会得以填充和修正,如:

㊇ "贴到橱窗里,还不得都把这村里人给得了相思病,害死?"李云<u>忿忿得很</u>。(吕新《圆寂的天》)

㊈ <u>臭美什么</u>?早晚还不得服帖?(张炜《柏慧》)

㊉ 那也不成啊。<u>你想啊</u>,那萝卜酒还不得成灾啊。(王朔《编辑部的故事》)

⑳ <u>诶,估计啊</u>,还顾不上,还不得连工作都给忘了。(王朔《编辑部的故事》)

㉑ 王玉梅<u>苦笑道</u>:我今年带毕业班,学校收了钱,要是教不好,家长们还不得骂大街啊。(谈歌《城市警察》)

对比以上两组句子,第一组㊇~㊈为否定式反问句,第二组㊉~㉑为陈述句。第一组中言者的语气和情态强化了言语的负面回应色彩,如:㊇忿忿得很;㊈臭美什么?言者的语气显然都带有强烈的埋怨和愤懑情绪。受这种负面性情绪感染,听者如表现出对 VP 信息的认知缺失,言者即会表达极大的质疑和不满,心理活动类似"这么糟糕的情况,我都这么生气了,你绝对应该意识到后果的严重性"。第二组中言者的语气和情态则不同于第一组的强负面性,表现出商榷、无奈或妥协的弱化特征,如⑩中言者用"你想啊"表达提示听者赞同其观点的商榷性口气,而连用3个句尾语气词"啊"的句子,使语句表达更委婉,相当于"你想想看,是不是这么呢,我说得对吧",⑩和⑪中言者的"唉""估计啊""苦笑"等表达了对 VP 消极性结果的无奈语气,言者自身也对 VP 结果无可奈何,且主观希望减低其可能性("估计啊"),自然也没有对听者必须了解该后果的要求了。

2) 句尾语气词对 VP 信息确定性的提升

语料显示,当 VP 信息后即句尾出现"嘛""啦""了"等语气词时,该格式为否定陈述句式,如:

⑫ 要不是国家政策好,咱们<u>还不得</u>照样吃蔓菁、红薯,吃高粱面<u>嘛</u>。(《1994 年报刊精选》)

⑬ 放了他,就等于给社会上的一些王八蛋长了志气,以后我手下的<u>还不得</u>让人随便打<u>啦</u>。(谈歌《大厂》)

⑭ 他要活不下去了,那我们<u>还不得</u>早死多少回<u>了</u>。(王朔《永失我爱》)

⑮ 谁说让你们去了,那个李主任要是看到了你们,<u>还不得</u>生吃了你们<u>啊</u>。(谈歌《城市警察》)

在对 100 例该格式考察后,句尾出现的语气词分布如下:(按频率从高到低)

表 31　句尾语气词分布情况

语气词类型及数量	否定式反诘句	否定式陈述句
啊(呀)(14)	+(10)	+(4)
吗(4)	+(4)	—
了(2)	—	+(2)
嘛(1)	—	+(1)
啦(1)	—	+(1)
么(1)	+(1)	—

"啊"出现在反问或陈述句中均可,"吗"和"么"限于反问句,"了、嘛、啦"限于陈述句。句尾语气词对句类的选择性毋庸置疑,黄伯荣、廖序东(1979)指出,"吗"和"么"是典型的表疑问的语气词,高名凯(1960)称为询问语气词,"嘛""了"和"啦"为陈述语气词,"啊"可兼表疑问和陈述语气。"吗"和"么"表疑问语气,所在句为反诘句顺理成章;而"嘛""了""啦"及部分"啊"有提升 VP 信息确定性的作用,如⑫句中,"嘛"有该信息很明显,事理就是如此,谁都应作此理解之义;⑬中"啦"表对信息的肯定和解释意义;⑭中"了"表确定 VP 信息为新的变化;⑮中"啊"表对 VP 信息的强调、肯定之义。总之,这 4 种语气词置于句尾,构建的语境为 VP 信息为言者所确定,且言者认为该语言事实理所当然,每个人都应了解。该语境下,也就无所谓质疑听话人对该信息的忽略了。

由此可见,"(还)(不)得 VP"格式形成羡余否定的关键在于:

①"(还)不得＋VP?"的否定式反诘问句与"(还)不得 VP。"陈述句的正反形式均构成语义等值,即该反问句式是架构陈述句正反形式同义的中介格式。

② 从肯定陈述到否定反问再到否定陈述,格式的话语功能存在差异度;否定反问到否定陈述的变化,是因 VP 信息特性及句中其他成分对语境的充填和重置所致;"不"为肯否式形式差值上的羡余,而对于否定式本身而言,"不"的否定语义依然保留,是构成否定式反诘语义的关键要素。

③ 情态动词"得"和语气副词"还"的角色功能

"得"作为道义情态词,与 VP 的组合一般均表肯定义,其否定式"不得 VP"并非"不"对"得"的情态否定,而是以反诘问句形式出现,表对 VP 必需性的确认度的提升。语气副词"还"作为触发标记,更确立了"还不得 VP?"反问式的原型,由于"得"本身表基于客观事理的估测,具有言者主观推断的色彩,因此当语境重置为关注言者自身对 VP 信息极高的确认度,而非求同听者的认知度时,反诘问句极易转化为羡余否定的陈述句式。

7.3.4 威慑性情态格式"看我(不)VP"

"看我(不)VP"是汉语中一类特殊的格式,如:

⑦ 你等在那里,<u>看我(不)</u>收拾你!(高阳《红顶商人胡雪岩》)

⑦ 你若是不听,将来学坏了,<u>看我(不)</u>打断你的腿!(戴厚英《流泪的淮河》)

其中,"看我"并不表通常的动作意义,且"不"的出现与否不影响句义的表达,即形成肯否同义,"看我收拾你!"可等同于"看我不收拾你!";"看我打断你的腿!"可等同于"看我不打断你的腿!"。

张谊生(2004：234)将这一格式归入肯否同义的羡余否定格式,认为"不"在该句式中能强调主观情态,他的观点揭示了格式的关键特征,但并未展开进一步讨论,学界也基本未见对这一格式的专门研究,因此,本书将以此格式为对象,针对几个相关问题进行分析：格式的构式特征；"看我"标记语的特性及形成；以及羡余否定的构成路径和机制,旨在对该类格式做初步的探讨。

7.3.4.1 "看我(不)VP"的构式特征

(1) 历时使用情况

在古代语料中,对于构成肯否式同义的情况,该格式的肯定式用法如下例：

⑱ 好一个贼道,欺人太甚！<u>看我</u>结果你的性命！(贪梦道人《彭公案》)

⑲ 小蹄子,你又嚼舌根,<u>看我</u>明儿撕你！(曹雪芹《红楼梦》)

而否定式仅存1例,如：

⑳ 一日,戚青指着计押番道："<u>看我不</u>杀了你这狗男女不信！"(冯梦龙《警世通言》)

值得注意的是,严格来说,上句应为"看我+双重否定格式",意为"我不信不杀了你这狗男女！",如去掉"看我"后的"不",该句则不成立。

因此,究其根源,与"看我+VP"同义的"看我不+VP"格式直

至现代汉语才正式形成,且无论肯定式还是否定式,与古代相比数量都有一定的增加,如下:

⑪ 过两天考试,语文和数学你都必须考上 90 分,不上 90 分,<u>看我(不)</u>好好收拾你!(《故事会》2005 年)

⑫ 到那时你要真的那样对待我,<u>看我(不)</u>撕了你的皮!(冯志《敌后武工队》)

⑬ 高大老人一把抓住阿蛋:"你要是敢骗我,<u>看我(不)</u>揪下你的脑袋!"(张浩《看完没笑?! 你绝对够狠!》)

另外,还存有一个典型的语例,鲜明地揭示了肯否式的同义现象。

⑭ 大人骂他:"再淘气,<u>看我</u>揍你!"有时却这么骂:"再淘气,<u>看我不</u>揍你!"这里的"不揍",意思还是要揍的。(《读者》2006 年)

(2) 形式的固化及非现实性语义

语料显示,当"看我(不)VP"构成肯否同义时,为具有典型形式及语义特征的情态构式,表现为以下几点:

1) 格式的形式特征

(A) 人称的固化

"看我不 VP"中,"看"后的 Pron. 固化为第一人称"我",而 VP

事件一般指向听话人"你",在 700 例语料①中,只出现 4 例指向第三人称"他(们)"的句子,占 0.57%,如下例:

㊄ 年轻气盛的李建勋听后不由火冒三丈:"好,姓单的!看我不收拾他们,叫他们知道姓李的厉害!"(《作家文刊》1993 年)

尽管 VP 当事人为第三人称"他们",但说话人实际上把"他们"的可及性(accessibility)②级别提升到第二人称"你们",即说话人虚拟了一种直接面对"他们"的话语场景,"他们"相当于说话人意象中的听话者,说话人实际的会话对象是"他们",在虚拟场景中向"他们"直接传达 VP 包含的消极性信息,"他们"也能接收到这一信息。

另外,对于 VP 未明确指定指向人称的情况,如下:

㊅ 他忍无可忍在楼道里发出警告:"谁要再背后糟蹋人家清白人,看我不撕碎那张嘴!"(李国文《危楼记事》)

结合语境,尽管当事者未通过人称代词明示,但先行句中周遍性的主语"谁"隐含在 VP 中,相当于说话的对象,即"你们这些听到的人"。

由此可见,"看我不 VP"中,涉及的人称是固定的,VP 当事人与听话人"你(们)"重合,VP 信息是说话人直接传递给听话人的。

---

① 语料来源于 CCL 语料库及部分互联网材料。
② Ariel(1990)提出,信息表征的可及性,表现为其在记忆系统中的激活状态,如人称代词与言谈中心的心理距离。

(B) 优势句类

考察"看我(不)VP"的肯否同义用法后发现,句尾为感叹号的句式占据绝对优势,可见,该格式具有强烈的情态色彩。

表32 "看我(不)VP"的句尾标点分布情况

句尾标点	句号	问号	感叹号	总计
数量	121	42	537	700
比例	17.29%	6.00%	76.71%	100%

2) VP语义的情感色彩特征

格式内VP具负面色彩,大多为极端消极义,如考察CCL中33例VP的结果如下表:(仅以否定式为例)

表33 VP语义的情感色彩类型

意义类型	一般消极义	极端消极义	中性义(语境充填)
数量	7	24	2
比例	21.21%	72.73%	6.06%
VP语例	收拾、惩罚、揍、抖出	打断狗腿、抽到活蹦乱跳、撕烂、要……的命、用鞭子抽、剥……的皮、揍肿、拆(骨头)	告诉

VP信息为极端消极性的占绝对优势,为72.73%,中性义经过语境充填①也可理解为对听者的消极信息,因此,该格式的VP信息限于对听者而言的消极信息。

---

① 即语境提供表层语义潜在信息的解释,如:"你要是不听我的,看我不告诉他!"中,"告诉"虽为中性词,但在语境中,对听话人来说显然是消极性行为。

3) 格式的非现实性特征及语义域

语料显示,肯否同义的"看我 VP"与一般情况下的"看我 VP"具有不同的语义特征,句中 VP 事件的现实性存在差异,如下:

㉝ 你要是敢骗我,看我不揪下你的脑袋!

其后承载的 VP 信息具有特殊性,依前所述,VP 信息内容一般呈极端消极性,即在现实中无可能实现的事件,如"揪下脑袋""打断狗腿""拆(骨头)",因此,该格式的 VP 具有非现实性的语义特征。

至此,该格式的形式语义特征可归纳为如下构式:

"看我"+(不)(羡余否定词)+VP[极端消极性][非现实性]+!

构式义:

该构式集中体现言者对听者的威慑性语气,其语义关系体现为下图:

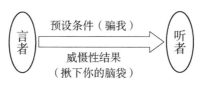

图 29 "看我(不)VP"的构式义

先行句与所在句间存在假设条件关系,即如果先行句隐含预设信息成立,如"骗我",说话人则会对听者施加某种威慑性行为,如"揪下你的脑袋",VP 的极端消极性明确指向这种威慑性行为的消极性后果,尽管这些极端消极性信息在客观世界中无法实现,具有夸张色彩,但更强调了说话人对听话人的震慑意味。

由上所述,"看我(不)VP"的羡余否定式可定性为,基于某种预设条件的非现实威慑性情态构式。

7.3.4.2 "看我"的情态话语标记功能

笔者认为,"看我"为触发构式情态的情态话语标记。话语标记是话语层次上的标记,主要体现为语用功能(吴福祥,2005:78)。关于"看"及相关人称代词"你""我"的组合,以往研究者多将其定性为情态话语标记,即兼具话语和情态的双标记功能,旨在表达言者对相关信息的主观态度,体现了对叙述事件的参与程度,既反映客观常态,也包含发话者的心理认知和主观评价。

相关研究如"你看""我看"(曾立英,2005;陈振宇,2006),指出了"我看"和"你看"可表言者的态度和意向,两者都为话语标记:"我看"具评价功能,是认识情态标记;而"你看"则可分为"你看$_1$"和"你看$_2$",前者表认识情态和道义情态,后者表提醒注意的标记。另外,"你看你"(郑娟曼、张先亮,2009)则被视为结构重析的责怪式话语标记。

(1) 话语标记的判定标准

对于"看+Pron",则未见前人相应分析,按照历来研究者对话语标记的确定标准,大致可归纳为以下几点特征:

Ⅰ.语音特征:如停顿;Ⅱ.句法特征:独立性成分,多位于句首;Ⅲ.语义的非真值性:即不具命题意义,出现与否不影响基本句义的表达;Ⅳ.话语功能:提示说话人立场和态度及主观情感。

根据语料,"看我"常出现于口语中,其后可略作停顿,句法位置固化于句首,其隐现并不影响所在句的命题意义,如下:

㉜ 到那时你要真的那样对待我,(看我)(不)撕了你的皮!

将"看我"去掉,句子的意义仍能成立,但加上"看我"后,更能传达言者主观的抱怨、责怪态度,传达了"你注意!如果你不按照我的意思做,我就要对你采取一些惩罚行动了"的意思,表示威慑性的情态意义,因此,羡余否定式中的"看我"应为半固化的情态话语标记。

(2)"看我"的话语功能分类

值得注意的是,"看我"只有表肯否同义时,才体现其情态话语功能,而语料中还存有其他类型的"看我"的用法,试比较以下语例:

㊱ a. 主席<u>看我</u>老是在夹吃菠菜豆腐,他顺手夹了一块辣椒肉放在我的碗里。(《1994年报刊精选》)
   b. 奶奶,<u>看我</u>打网球!(琼瑶《梦的衣裳》)
   c. <u>看我</u>如何一步步走上成功路!(《1994年报刊精选》)
   d. <u>看我</u>,身体棒,睁开眼就唱。(老舍《铁牛和病鸭》)
㉛ 不上90分,<u>看我</u>好好收拾你!(《故事会》2005年)

㊱a"看我 VP"为标准的兼语式述谓结构,"看我"表单纯的动

作义，即确实存在主语发出的“看”这一实质性动作，且 VP 为现实性事件；后几例均为具体的言语行为：(87)b“看我”既可理解为促使听者发出“看”的动作，看的内容“打网球”为正在发生的现实事件；又可理解为提醒听者自己即将发出 VP“打网球”的动作，VP 为尚未发生但即将发生的非现实事件；(87)c、(87)d 中的 VP，前者“一步步走上成功路”为长时量的事件，后者“身体棒”则为持续性状态，“看我”如理解为单纯的动作义，则表用眼睛观察现场 VP 事件的发生进程，往往从开始“看”到结束为有限的时量范围，在这两例中不适用。因此，将“看我”作为提醒性话语标记更为合适，即“看”是一个抽象的进程，言者提醒听者应对言者持续性的或即将发生的行为保持一段时间内的关注。d 中“看我”的独立前置，更突显其作为话语标记的独立性。

(81)为本书探讨的羡余否定式，其特征为消极性预设条件的前置，强调在该条件下，言者会采取的 VP 行为。值得注意的是，该事件具有非现实的虚拟性（subjunctive），其一在于条件句与汉语虚拟思维的关联（王晓凌，2009：51）；其二在于 VP 本身的特性，大多为极端消极性事件，在现实中无实现的可能性，既然 VP 是虚拟的非现实性的事件，自然也不应作为言者促使听者“看”的实质性内容。(81)的成句，是言者将现实域中的“看＋言者行为”事件经隐喻从心理空间投射到虚拟域中，因此，“看我”的动作也被虚化为抽象的提醒言者注意的话语标记，且具有威慑性的情态色彩，又由于该 VP 事件无可实现的虚拟性，它又引发语义重点前移和句义倒灌（intrusion），强调反预设条件，如(81)中言者威慑听者“上 90 分”的重要性。

综合以上，“看我”成分应该一分为三，如下表：

表 34　“看我”的话语功能分类

	例句	结构类型	功能特征	后缀 VP 类型	肯否式语义关系
看我 1	(87)a、(87)b	谓宾式	实义动作	现实性	相反
看我 2	(87)c、(87)d	半固化	提醒话语标记	非现实性(将来态)、现实性(持续态)	相反
看我 3	(81)	半固化	威慑性情态话语标记	非现实性、虚拟性	相同

7.3.4.3　构成羡余否定的中介格式

对于羡余否定式“看我(不)VP”,否定词“不”成为形式上的差值,语义上的冗余成分,但究其肯否式的形成,却又有各自的形成模式,从而达到语义上的耦合。

“看我(不)VP”构成肯否同义时,“看我”为触发威慑性情态并连接现实域与虚拟域的话语标记,其肯定式的形成路径如图所示:

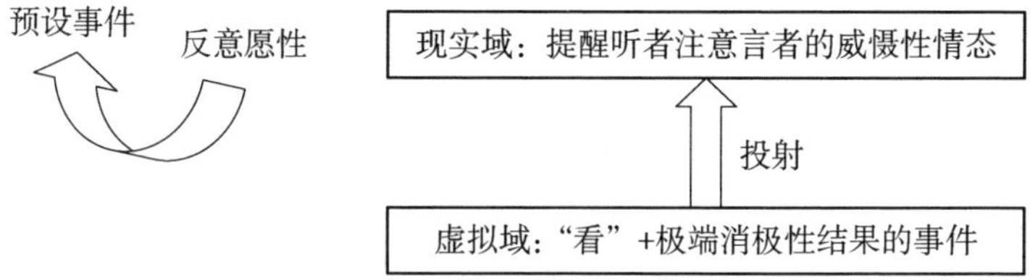

图 30　“看我 VP”的形成机制

以(81)为例,说话人预设听话人要“参加考试”,如果考试结果与说话人主观意愿“考得好”相悖,就会将极端消极性的结果置于听话人眼前,而又因这一结果在现实中无法实现,只能置于虚拟域中,这种假想中看到的事件投射到现实域中,则反映为对听话人的威慑性情态,提醒听话人一定要做出符合说话人意愿的行为,即

"考得好"。

总之,"看我 VP"的肯定式是言者提醒听者的威慑性情态的意象图式经认知域的构式外显。

而对于"看我不 VP"的否定式来说,该显性否定标记"不"并非肯定式在某种语用机制触发下添加的附缀,而是由特殊的谓语结构演变而成。

据上文所述,在古代语料中"看我不 VP"的孤例,以双重否定式存在,如下例:

⑧ 看我不杀了你这狗男女不信!

双重否定式为"不杀了你这狗男女不信",即言者威胁听者"不信不杀了你这狗男女!"其中,"看我"后的"不"为双重否定的一端,具有实际的否定义。

另外,在现代语料中,存有这类例句:

⑧ a. 好呀!看我<u>不惩罚你们才怪</u>!(《读者》2006 年)
   b. 看我<u>不剥你的皮</u>?(姚雪垠《李自成》)

⑧a 中采用了"不 VP 才怪"的紧缩句式,即"不 VP 才会觉得奇怪",由于"对……奇怪"隐涵对该事件的否定性态度,因此,"不 VP 才怪"也就类似于隐涵的双重否定句式,即"一定要 VP",b 句为反诘式,也表肯定意义,两例的"不"均为实义动词。

综合以上,不管是"不 VP 不(才怪)",还是"不 VP?",其中的"不"都为不可或缺的实义否定词,该格式有加强肯定义的作用。

因此,从语义表达的角度而言:

“看我＋VP”＝“看我＋双重否定/反诘VP”(强调肯定)

“看我＋VP”＝“看我＋不VP”(语料事实)(羡余否定)

即“看我＋双重否定/反诘VP”＝“看我＋不VP”(触发机制)

笔者推测,“看我(不)VP”之所以能构成肯否同义,关键在于“看我＋双重否定/反诘VP”架构的中介格式,“看我不VP”的形成有可能是“看我＋双重否定式”的后端否定词在一定的语用机制下脱落,或是反诘式语气弱化的产物。

那么“看我＋双重否定式/反诘VP”转化为“看我＋一元否定”,究竟合理与否,有何语用依据呢?又如何解释其后端的否定词呈现表层脱落现象或反诘语气弱化的介质呢?

7.3.4.4　形式演化的语用依据

(1)“不VP”与“看我”共现的合法条件

在一般情况下,汉语中的否定标记“不”与部分语法标记无法共现,如:“不”＋“$了_1$”的组合,“不”否定未然事件,而“$了_1$”为已然标记;又如“不＋完结结果性动补结构或描述性状中结构”的组合,语义也存在逻辑矛盾,无法共现,如下:

(89) a. *不杀了你这狗男女($了_1$)　　a’. 看我不杀了你这狗男女!

b. *不把你们干掉(完结性动补结构)　b’. 看我不把你们干掉!

c. *不好好收拾你(描述性状中结构)　c’. 看我不好好收拾你!

而这类共现情况,出现在"看我"后却是合法的,如⑧⑨a'、⑧⑨b'、⑧⑨c',这与该句存在的非现实语境密不可分。

上文提及,肯否同义时,"看我+(不)VP"为非现实域,"(不)VP"为非现实性事件,具有虚拟性,而这种虚拟性常体现为"不VP"所在的特殊结构。当"不VP"作为表强调肯定义的格式构成部分时,由于"不"为有标记成分,因此必然搭配其他有标记的语言形式,最常用的语言形式有两种,其一为双重否定式;其二为反诘式,即:

⑨⑩ a. 不杀了你这狗男女<u>不信</u>/才怪!
　　b. 不杀了你这狗男女<u>?</u>

此外,这类有标记的语言形式也提供了"不VP"与一般情况下无法共存的语言标记共现的逻辑背景:a.假设性条件关系,"如果不……才会奇怪";b.负面回应性逻辑关系,"不VP的话,怎么可能?"这两种逻辑关系都与虚拟的语言环境相关。这两种与"不VP"共现的有标记形式正好与上文所提及的两种介质形式相合,证明了以上推测的合理性。

因此,笔者认为"不VP"与有标记的语言形式搭配,既提供了与肯定式语义相合的句法条件,又构建了虚拟语境的逻辑关系。综上,"不VP"出现在"看我"后的合法条件如下:与有标记语言形式的搭配,其中的有标记语言形式除了如双重否定或反诘式,"不VP"在"看我"后的单独使用,则为有标记搭配的变型。

(2) "不VP"单独格式的演化介质

如上,"不VP+有标记形式"的组合构成了"不"出现于"看我"

后的形式条件,那么该组合是如何演化为"不 VP"的单独格式呢?

有标记形式分为双重否定式与反诘式两种类型,关于其向"不VP"单独格式的去标记化进程,前者(设为 A 式)表现为后端否定(隐含)词的脱落;后者(设为 B 式)表现为反诘语气的弱化甚至消失,结合语料分析,两者均与言者主观情态色彩的加强相关,且分别体现为以下两点:

1) 主观情态及语义重心前移

A 式: 不 VP+才怪

(不打死你+才怪)

该格式的逻辑关系为"如果……就"的假设条件关系,因此语义重心也分布在两端,即条件"不 VP"和结果"觉得奇怪",其中条件为"不 VP"的虚拟性事件,结果表言者的主观态度。而当 A 式出现于"看我"后,则形成关系如下:

看我+|不 VP 才怪→看我+不 VP+|才怪→看我+不 VP!

从形式而言,"不 VP"从双重否定式的前端分离,并向"看我"靠拢,"才怪"渐而成为赘余成分甚至脱落,与之相对应,从语义角度来说,双重否定式的语义重心前移至"不 VP"条件,"才怪"的结果语义弱化甚至虚化。原因表现为两方面:

(A) 情态功能的覆盖和语义压缩

"看我"作为话语情态标记,前置于 A 式,包含强烈的主观威慑性情态色彩,而"才怪"同时也传递了言者主语的主观态度,两者都为对 VP 信息的主观趋向,因此,有表达功能重复之嫌,"看我"的言者主观情态功能覆盖了"才怪"的功能,"才怪"的语效逐渐弱化而脱落,双重否定式被压缩为一元否定式,语义也被压制到"不

VP"中,"不 VP"经"看我"触发,承载了信息的肯定意义。

(B) 足量 VP 信息的煞尾功能

语料显示,"不 VP"格式中,VP 为相对简单结构时,如光杆形式,易与"才怪"共现,而为相对复杂的结构时,如"打断你的两条狗腿",则多单独出现,这也与语义重心的偏离相关。当 VP 为复杂结构时,VP 承载的语义信息更为丰富,"不 VP 才怪"则呈现语义重心失衡,即前重后轻的趋势,VP 所提供的信息对于成句已足量,易在其后出现语气煞尾倾向,"才怪"成为缩略成分。

2) 主观情态与信息确定度的提升

B 式:不 VP ?

(不打死你?)

"看我不 VP"中的 VP 常有结果性或状态性,对于这类"不 VP"格式,单独成句时,常以反诘形式存在,如:

㉑ a. 不打死你? a'. *不打死你。
　　b. 不好好收拾你? b'. *不好好收拾你。
　　c. 不揍肿你的脸? c'. *不揍肿你的脸。
　　d. 不打得他活蹦乱跳? d'. *不打得他活蹦乱跳。

上句如以陈述句的形式存在,则接受度较低,笔者认为,"看我＋不 VP"之所以表肯定义,是因为"不 VP"的反诘式在"看我"主观情态标记的诱发下,演变成非疑问句式。其演变依据为:

(A) 负面提醒立场的重合

否定式反诘句的基本功能之一是表言者主语的负面事理立场

(刘娅琼,2011:112),如㉛b中"不好好收拾你?"言者意在提醒听者不应忽略自己将"好好收拾你"这一 VP 信息,具有负面提醒意味;同时,"看我"作为话语情态标记,也承载了言者主语主观的提醒功能,威慑性实质上就是一种负面提醒功能,提醒听者应注意可能对其施行的 VP 的负面信息,因此,反诘式与"看我"的主观负面提醒功能相重合,VP 对于听者的信息确定度提升,鉴于"看我"位于句首的优势位置,反诘式的负面提醒功能被覆盖,"看我"的主观情态功能提供了"不 VP"得以存在的语境,使其由反诘句转化为非疑问句式。

(B) 强感情色彩的互通性

反诘句一般以问号结尾,但强调强烈感情时也能使用感叹号,因此,在表强烈情感时,感叹句与反诘句间存在互通性,如:

不好好收拾你!/?

在表反诘语气时,句尾为"!""?"均可。

从信息确定性的程度层级来说,从低到高依次为:

陈述句——反诘句——感叹句→

$$\begin{cases} 我要好好收拾你。\\ 我不好好收拾你?\\ 我要好好收拾你!\end{cases}$$

相较一般陈述句,反诘句对语义信息的确认度更高,而当反问句的语气进一步增强,言者对语义信息的确认度进一步提升时,其反问语气向感叹语气过渡,因此,感叹语气的反问句应为反诘句向感叹句转变的中间状态。

对于"看我+不 VP"构式,由于 VP 事件是言者用以威慑听者的极端性负面信息,因此具有极强的信息确定度。言者认为在某种条件下,必然会采取这一消极行为,"不VP"的反诘句有感叹句转变的趋势,一般都以感叹号结尾,表达言者强烈的威慑性语气,这与"不VP!"的否定式反问句在表达强烈情感语气上是互通的,这种互通性为"看我"后"不VP!"的原型为否定式反诘句的观点提供了佐证。

总之,"看我不VP"是一种基于某种预设条件的非现实威慑性情态构式,"看我"为情态话语标记,负载言者主语的主观情态色彩;VP多承载极端消极性信息,触发构式的非现实性;"不"表面上看为羡余的否定词,实质上在否定式中为实义否定,属于肯否同义下的形式差值;"不VP"与双重否定和反诘句的有标记形式共现,构成肯否同义的介质格式,其向独用否定式"不VP"的转化分别由语义重心前移和信息确定性提升的机制引发,两种机制均与构式的主观情态性相关。

7.3.5 测度性情态格式"别(不)是+VP"

7.3.5.1 "别是VP"的主观测度情态特征

据前人研究,否定性副词"别"的语义有两方面:分别为劝止义和测度义,关于后者的研究,代表性的观点如高增霞(2003:97—102),她指出"别"在表揣测义("揣测"即"测度",是称法的不同)时,是认识情态标记,由禁止性否定义演变而来,其机制在于:(1)转喻机制,禁止和劝阻的事件在认知域中常具不如意和不期待性,因此,表禁止和劝阻的"别"与不如意和不期待态度间建立某种关联,在言者表达对违背主观预期事件的揣测性时,"别"易被作为该态度的负载标签;(2)礼貌机制,表情达意时,对没有把握确定的事件,应留有余地,常加上否定词"别"来降低肯定度。

此外，叶建军(2007：10—20)、李宇凤(2007：44—55)在对“别”同类词“莫”分析中提到，“莫”的测度用法归因于劝止义的演变，表对“不希望”情况的看法，并构拟了“莫”从实义禁止演变为虚化主观揣测义的历时路径。

因此，作为禁止副词“莫”的同类属词，学界普遍将“别”的测度义也归因于劝止义的转化，且以主观非预期性为情态特征，如：

(92) 冯志明纳闷道：你别是有病吧。(谈歌《城市警察》)

(93) 我的上帝，多么幸福呵！这难道是真的？别是一场梦吧？(《读者》1988 年第 12 期)

(94) 吕建国苦笑道：别有什么想不开的吧？(谈歌《大厂》)

“别”后的信息呈现言者主观的非预期性，如(92)“有病”无疑是言者不期待的，(93)“一场梦”虽为中性信息，但在言者主观意象中显然也是未曾预料到的，因此，均具有主观非预期性。

值得注意的是，语料事实证明，“别(是)VP”的原式为“别是VP”，这与韵律规则及歧义的区分相关。

7.3.5.2　“别不是”的历时演变与基本格式

关于“别不是 VP”格式的使用，《现代汉语虚词例释》(1982)就指出，“别是”“别不是”都表猜想测度；至于其形成机制，相较“别是”格式，“别不是”的研究者甚少，所见仅有张谊生(2004：234)提出，“别不是”也表揣测义，“不”为否定性情态成分，“别是”和“不是”都可用于反问的表情、传信，具有相通之处，因而融合为“别是”和“别不是”并存互用的羡余现象。

我们赞同张先生的观点,并将就"别是"和"不是"在表情传信上如何相通,又如何相融为羡余形式,展开进一步的研究。

以下就其使用特征及语义域、语用功能等对这一格式的生成进行解释。

(1) 历时演变

以往研究多认为"别不是 NP/VP"是现代汉语的用法(王银,2008),但笔者在晚清语料中找到下例:

㉟ 严奇一看,不由地暗暗吃惊道:"好大身量!我<u>别不是</u>他的个儿罢。"(《七侠五义》)

上例的"别不是"句构成"别不是+NP+罢"(陈述句)的基本句式,以揣测类语气词"罢"结尾,是言者看到对方身量后与自身比较的估计。值得注意的是,此时的"不是"仍为否定性判断动词,而非揣测性标记。

其后,在近代汉语中未再出现"别不是"的他例,直至现代汉语中,"别不是"的语例进一步增加,如下:

㊱ <u>别不是</u>两个司机又聊上了吧?(《人民日报》1995 年)

㊲ <u>别不是</u>他们又回来了。(《人民日报》1995 年)

㊳ 这样晚的时光,到哪里去,<u>别不是</u>她听错了!(《1994 年报刊精选》)

表35 "别不是(VP)"句式的历时分布①

"别不是"句式	数量	句尾语气词			句类		
		吧	了	无	疑问句	感叹句	陈述句
数量(CCL)	5	2	3		2	1	2
网络语料	300	176	54	70	138	32	130
比例	100%	58.67%	18%	23.33%	46%	10.67%	43.33%

1) 句尾语气词的分布

古代语料中的孤例句尾语气词为"罢",现代汉语中,"吧"仍占优势,达半数以上,其次为零语气词和句尾为"了"的情况,这一比例与"别是"格式类似;

2) 句类的分布

"别不是"测度句呈现3种类型:即疑问句、感叹句和陈述句,且疑问句的使用更为普遍,综合以上,"别不是"测度句在现代汉语中的基本格式如下:

"别不是"+VP/NP+吧?(句尾一般为语气词"吧"、句类为疑问句)

(2) 格式的语义域特征

据上文所述,"别是"测度式的肯定式具有元语否定性,即言者主语对VP事件的非预期性。那么否定式"别不是"是否对其后的VP构成语义域的约束性,以下结合具体语料加以论证,如下:

⑨⑨ 车停了一会儿,别不是前边出事了!(《曹禺选集》)

---

① 由于"别不是"句在CCL语料中出现甚少,因此参考网络语料。

⑩ 这么积极,别不是这里有什么交易吧?(《曹禺选集》)

⑨中,VP 有典型的消极性表述,如"出事",主观期待度为(-),VP 为言者不期待发生的消极性行为;⑩尽管 VP 无极性特征,"交易"为中性词,但其主观期待度可由语境充填而得,如:⑩中的先行句"这么积极"与其后测度问的反差,说明该处的交易为消极情况,也属期待度为(-)的情况。

参考各类语料发现,"别不是"在现代汉语中只有主观期待度(-)的情况,分为 VP 为消极性特征及语境充填两类,"别不是"与"别是"语义域相同,都为[-预期][+揣测],语义的等值引发了形式上"不"的羡余。

(3)"别不是 VP"的构成机制

以往研究者多将"别不是 VP"看成"别是 VP"与"不是 VP"的组合,王银(2008)提出,"别是"和"不是"融合的基础在于两者共同的语义基础,即揣测义。

相同语素"是"被融合,"不"成为与肯定式形式差值的语义羡余标记。该观点具有一定合理性,但仍有一些问题值得推敲:

1) 基于共同语义的融合缺乏认知理论的支撑,缺乏相关语例的证明,如汉语中哪些语言现象是这种融合的结果呢?为什么"别是"不能和"可能"等同样表揣测义的词语融合呢?

? 别是可能睡着了。

别不是睡着了。

2) 共同语素"是"的融合机制是什么?为何"别是"的"是"而非"不是"的"是"成为隐而不现的成分?

笔者认为,"别不是 VP"格式的层次划分应为"别"和"不是……吧",是"别"和"不是……吧"概念整合的结果,其测度用法伴随"不是"的命题否定到元语否定的否定义的虚化而生成。

现代汉语中,"不是 NP/VP 吧"为典型的测度句,与之对应的肯定式为"是……吧",如下:

⑩ 否定式　　　　　　　　　肯定式

a_1 不是他吧?　　　　　　　a_2 是他吧?

b_1 不是三点吧?　　　　　　b_2 是三点吧?

c_1 穷了一辈子,从没见过
　　这么多钱,不是做梦吧?　　c_2 是做梦吧?

d_1 这么大一个城市三年时
　　间取消 5 平方米户,不是　　d_2 是在说大话吧?
　　在说大话吧?　　　　　　　(见 CCL 语料库)

对比肯定和否定的测度句式,可以发现,两者在形式上呈对应关系,而在语义上却存在不完全对称性,如 a_1 "不是他吧?"和 a_2 "是他吧?"("不是+NP")都为"是他"或者"不是他"均有可能的情形,然而 a_1 中言者主语对"不是他"的信度占优势,而 a_2 则对"是他"的信度占优势,语义取向上呈对称关系,形式和语义相一致,这种情况下,肯定式和否定式不能互换,如:

⑩ a. 这么高的个子,你不是四川人吧?
　　b. 这么高的个子,你是四川人吧?(自拟)

四川人一般个子较矮,因此,根据语境 X(高个子)推断,"不是"四川人的可能性较大,⑩²a 成立而 ⑩²b 不成立。

然而,这一对称性却不足解释下例:

⑩³ a. 这么高的个子,你是东北人吧?
　　b. 这么高的个子,你不是东北人吧?

根据语境 X(高个子)推断,"是"东北人的可能性较大,但肯定式和否定式均可成立,也就是如下图:

⑩³的推断路径成立,而其逆向推断路径(即⑩²)不能成立。

然而,语料显示,⑩³例的肯否同义推断并不适用于所有情况,如下:

⑭ 多年的文学艺术修养兼体育锻炼,使他乐观豁达、思维敏捷,这也许正是他健康长寿的奥秘所在吧!(《1994 年报刊精选》)

⑮ 这个熟悉的国家,也会是一样可爱的吧。(《人民日报》1996 年)

⑯ 你长跑不错,该是运动员吧。(自拟)

⑰ 有点不可靠呢?是要去相亲吧?(自拟)

若将以上句子变为"不是"句,则有:⑩⑥、⑩⑦句也能成立;而⑩④、⑩⑤句却接受度很低。同样是语境 X 推断的肯定信息 VP,为何不再适用否定式?笔者认为,这与言者主语对 VP 的主观预期度有关,该格式言者判断 VP 信息可分为(-)、(+)和 0 三种情况,分别如⑩①c_2、⑩①d_2、⑩④、⑩⑤和⑩⑥、⑩⑦,也就是说,当 VP 的预期度为(+)时,无法将其转换成"不是"句。

因此,"不是……吧"用作测度句时,"不是"的使用情况如下:

1) A 式:语境 X—推断—否定式,不能与肯定式互换;B 式:语境 X—推断—肯定式,可与否定式互换。

2) "不是"的语音差异:A 式中"不是"为重读音节;B 式中"不是"较之更为弱化(reduce),语音的弱化,常伴随词义的虚化和新语法单位(语缀或虚词)的形成—语法化(grammaticalize),即语音—词汇(语义)—语法的综合演变(戴昭铭,2004)。因此,有理由推断 A 式中"不是"更倾向于实义的命题否定,而 B 式则倾向于虚化的元语否定。

3) 格式中 VP 信息,以非预期性为主,即该格式的语义域可描述为[-预期性][+揣测]。

7.3.5.3 话语标记"不是"的分类及演变链

对于"不是"的用法,刘丽艳(2005:23—32)将其分为 4 类:(1)"是"的否定形式(否定副词"不"+判断动词"是");(2)名词,有"过失""错误"之义;(3)表提醒或确认的反问语气副词;(4)话语标记(discourse markers)(以下分别标注为"不是$_1$""不是$_2$""不是$_3$""不是$_4$")。胡德明(2008)提出 7 个"不是",并对其中 3 类提出质疑。

殷树林(2011:36—45)提出,"不是$_4$"是"不是$_3$"语法化的结果,其使用条件和提醒功能具相通性,且后者句法更为独立,意义更为虚化。

笔者采纳刘的分类法,结合上述语料,A 式中的"不是"应对应"不是$_1$",为实在的否定义;而 B 式中的"不是"却无对应用法。

笔者借鉴殷对于"不是$_4$"为"不是$_3$"虚化结果的界定,认为除"不是$_2$"(名词)外,其各项意义间存在顺序演变关系,而测度句中的"不是"正处于"不是"演变链中的一环。

表 36　话语标记"不是"的分类及演变链

不是	不是$_1$	不是$_5$	不是$_3$	不是$_4$
语例	这不是做梦。	这不是做梦吧?	你这不是做梦吗?	小王:我今年一定能赚个 100 万。小李:不是,你别做梦了好嘛。
所在句类	陈述	测度问句	反诘问句	可独立成句
语音	重读	轻读	轻读	轻读,"是"可脱落
句中位置	VP 前	VP 前或句法主语前(即句首)	VP 前或句法主语前(句首)	话轮中间
VP 信息确认度	否定 VP 信息(即确认度为 0)	确认度不定,半信半疑	肯定 VP 信息,确认度 100%	否定先行句信息
语用功能	否定 VP 的实现(命题否定)	反言者预期(元语否定)	负面立场,表提醒(元语否定)	VP 信息与言者的认知偏差(元语否定)
定性	否定标记	情态标记	反问句触发标记	话语标记

由上表可见,"不是$_1$"到"不是$_4$"构成"不是"成分演变的连续统,其触发机制为语法化和主观化。"不是"的测度用法不同于另外 3 种,将其定为"不是$_5$",根据演变规律,位于"不是$_1$"和"不是$_3$"间最为恰当。

(1) 语音:不断弱化,由"不是$_1$"的重读及至"不是$_4$"的极度弱化,甚至引发"是"的脱落。

(2) 句法位置:从否定副词+判断动词的组合到可独立成句,"不是"的位置更为独立和灵活。

(3) 信息确认度:对 VP 信息的判断,由 0 到 100％的强确认,"不是$_4$"作为独立成分,是对先行句信息的纠差。其中,"不是$_3$"和"不是$_5$"同属疑问系统,疑问句从疑问程度角度构成一个降级疑问序列:特指问句＞是非问句＞选择问句/正反问句＞测度句＞反问句,测度问和反问句位置相近,作为半信半疑和无疑而问,对比其他疑问句,有一定的信度趋向。如"这不是做梦?",在缺失"吧"的情况下,既可理解为测度句(存在做梦的可能性),又可理解为反问句(强调确实在做梦),因此,这两类句式应处于连续统中相连的位置。

(4) 语用功能:"不是$_1$"是对信息的命题否定,具有实在的否定义,其他"不是"均从言者主语的认知角度出发,与言者的主观情感密切相关,属于元语否定。

(5) "不是"的语义不断虚化,由表实际的否定义,到虚化为各种主观化的语用标记。

总之,"不是$_5$＋VP 吧?"应归纳为以"不是"为认识情态标记的反主观预期的测度问句,语料中甚至出现如"不是吧?"的惯用语,VP 的脱落不影响该句的反预期义,整句作为一个独立成分隐含言者对可能出现但未确认的结果在预期之外。

7.3.5.4 概念整合的双域型网络(Two-scope)模式

对比"是/不是……吧"的肯否式,肯定式"是……吧"中,言者对 VP 信息没有明显的期待值取向,仅表言者根据客观条件所作的推断,且言者对该推断有相当的把握;否定式则为反预期的推断和测度,VP 的信息对言者的认知域来说具有冲击性。

笔者认为测度句"别不是吧?"是概念整合的结果。Fauconnier(1985)提出心智空间(Mental Space)理论,即"小概念包",强调应关注言者活动者的认知域;1997 年,进一步提出概念整合理论(Conceptual Blending Theory),以此作为建构实时意义的认知方式。一个完整的概念整合网络包括四个心智空间,即输入空间$_1$(Input Space Ⅰ)、输入空间$_2$(Input Space Ⅱ),类属空间(Generic Space)及合成空间(Blending Space)。两个输入空间的共有结构和信息被投射到类属空间里,然后有选择性地投射到合成空间,形成层创结构。(田聪,2006)

"别不是吧?"句式的构成属于概念整合中的双域型网络(Two-scope),即具有类属性的两个输入空间的组织框架都被投射到合成空间上,并在上面继续运行,加工为浮现结构(Emergent Structure),凸显浮现意义(Emergent Meaning)。

"别"为输入空间$_1$,据上文所述,具有[＋/－非现实性][－主观预期][＋控制],"不是 VP 吧"为输入空间$_2$,用于言者对非预期 VP 信息可能性的估测;前者表否定性劝止,后者表某种可能性 VP 信息不符合言者的预期,在言者预期之外。在认知域中,对于非预期的情况,无疑会产生主观的控制意愿,因而输入空间$_1$、输入空间$_2$在否定性预期因素上构建一种因果的共通性,这种共通的对应关系形成跨空间映射,并投射到合成空间上,加工整合成新的

结构和浮现意义,如下图:

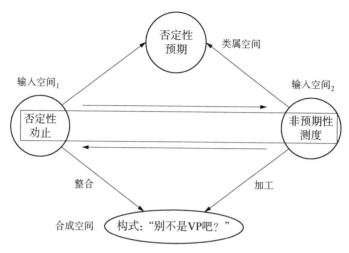

图 31 "别不是 VP"的构式整合机制

由上可见,最终形成的构式"别不是 VP 吧?"实质上是由"别+VP"的否定性劝止构式和"不是 VP 吧?"的非主观预期测度构式概念整合而成,在整合加工过程中,VP 信息的否定性预期因素被凸显为新构式浮现意义的主要特征,"别"的劝止性隐退为次要特征,而其言者对非预期的控制意图得以凸显(尽管其控制性在现实中难以实现),比起"不是……吧?","别不是 VP 吧?"更强调 VP 信息在言者认知域中的冲击性。

7.3.5.5 "别(不)是 VP 吧?"构成羡余否定及否定词的连用

据上文所述,测度句式"别是 VP 吧。"与"别不是 VP 吧?"构成羡余否定,两者都表对非预期事件 VP 的揣测意义,语义真值相合。

(1) 两者形成机制的差异性

后者并非前者的演变结果。前者体现了"别(是)"劝止义到揣测义的过渡,当 VP 信息在现实中的受控度极度弱化时,"别是"凸显非预期信息的可能性,形成该测度句式;后者则为"别"与"不是 VP 吧?"的概念整合的结果,其浮现意义主要凸显 VP 信息的否定性预期。两者形成机制不同而语义相合,其载体"别"的认识情态标记特征是构成该羡余否定的关键要素。

(2) 否定的套叠

该格式比起其他格式最显著的特殊性在于出现了否定词连用现象,即否定套叠格式。"别"和"不是"都为显性否定词,且都由实义虚化为认识情态标记,因此,严格来说,该格式既可视为"别是 VP 吧。"和"别不是 VP 吧?"的肯否同义,也可看成"不是 VP 吧?"和"别不是 VP 吧?"的肯否同义,关键在于将哪一个否定词作为载体,哪一个作为形式上的显性否定标记。在本书中笔者将前者作为研究对象。

(3) VP 信息确认度的偏差

该格式的肯定式、否定式都为对 VP 信息的测度,即存在一定的疑度和信度,那么两种形式在两个度量方面有无差异性呢?张谊生(2004:236)提及,否定式"别不是"对 VP 的确认度要略高于"别是",理据在于否定词"不"强化确定性情态和言者的主观倾向。笔者赞同这一观点,并且进一步区分了 VP 信息的确认度及言者对 VP 的主观预期度,前者即 VP 信息现实性的可能性,后者即 VP 在认知域中的预期性。上文也提到,该格式肯否式测度句所属句类均为陈述句、疑问句和感叹句 3 种,但肯定式主要表现为陈述句,否定式主要表现为疑问句,这就与两者对 VP 信息的确认度有关。相较于肯定式,其否定式为双重担心—认识情态的套叠,即"不是"与"别"均有非预期认识情态概念,从而对 VP 信息调低信度,升高疑度,表现为疑问句为主的特征。因此,相比肯定式,否定式对 VP 的确认度较低,而主观非预期度却更高。

7.4 特殊语气情态格式构成羡余否定模式的共性

(1) 格式的载体都为情态标记,负载言者主语的主观情态色彩,"得"为道义情态词,激发格式主观推断的客观必需义;"看我"则为话语标记词,激发格式的提醒注意的威慑义;"别"为测度语气标记,激发格式的对非预期性信息的揣测意义。

(2) 格式肯否式的构成均有不同的路径,两者间无相互演化关系。肯定式由言者主观情态的意象图式构建而成;否定式的构成则为特定格式的变型,该特定格式构建肯否式同义的介质。

(3) 构成肯否式同义的中介格式为,对于"(不)得 VP"和"看我(不)VP"而言,否定式反诘句均可用于解释为两者肯否同义的介质格式,其向非疑问句式即该类格式否定式的转化与语义确定性的提升相关,而引起提升的语言机制则为载体强烈的主观情态性因素;双重否定句式是构成"看我(不)VP"肯否同义的又一中介格式,其载体的主观情态色彩覆盖双重否定的强主观性功能,将后端否定压制而为单元否定;对于"别(不)是 VP"格式,肯否同义的形成机制为:"别"在非现实性的凸显下,由否定性祈使标记转化为非预期性测度标记,及"不是 VP"从否定性判断到反预期性测度的演变。

(4) 否定词从形式而言,为肯否式的差值,其语义的等值赋予其"羡余"色彩,但就否定式本身而言,"不"仍保留实在的语义,并非冗余成分(测度式"别不是 VP"的"不是"已虚化为测度标记);从语效而言,由于否定式的原型为强语义确定级别的反诘式或双重否定式,因此,否定式比肯定式更强调言者主语的主观确定性,从而使显性标记"不"也蒙上了主观情态色彩。

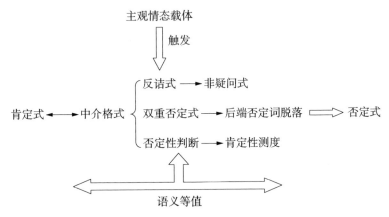

图 32　语气情态类羡余否定的中介形成机制

第8章 羡余否定标记的从属性及所在格式层级解析

8.1 羡余否定标记的静态解析

羡余否定标记是羡余否定格式的肯定式与否定式的形式差值,究其来源,可为附着于肯定式并否定载体的量域标记,亦可为历时双重否定式的必需成分,也可为肯否式语义耦合的形式冗余。总之,从羡余否定格式的构成路径和模式角度探讨羡余否定标记的存在和功用,是一个动态的过程,凸显了其隐现的动因,并描摹了其历时变化及语用机制。

语言现象是静态研究与动态研究(Stative vs. Dynamic)的统一,学界普遍认为应"在静态研究的基础上进行动态的研究"(范晓,1988;王希杰,1993;方光焘,1997)。

研究羡余否定标记的来源及隐现规律,多从语用和历时角度入手,尤其关注言者主语的话语行为、主观情感、交际语境等,属于动态研究的范畴。而本章拟从静态范畴,共时层面,对羡余否定标记的从属性及所在格式的层级切分进行探讨,从而建构系统性的羡余否定标记静态特征模型。

8.2 层级切分的三维系统判定标准

羡余否定格式从整体上说属于谓词性结构(见3.3),而其否定式由于显性否定词的介入,使结构层次呈复杂化趋势,如"X＋Neg＋Att"类"差点(没)VP""难免(不)VP"格式等,为肯定式时,无疑是典型的状中结构。而为否定式时,"没"和"不"究竟应视为VP的状语还是载体X的否定性成分呢?又如"Neg＋X＋Att"结构,"不得VP"中,"不"应是作为"得"的情态否定副词还是对"得VP"能愿谓宾结构进行否定?再如"X＋Att＋Neg"格式的"非VP(不可)","不可"应归入哪一结构层次呢?

要对羡余否定格式的结构层次,尤其是否定词所属结构体进行区分,必须确立系统性的判定标准,综合前人研究,笔者将标准归纳如下。

8.2.1 显性句法形式标准

8.2.1.1 语音层面
包括否定词及其他成分的轻重音、停顿位置等。

(1) 重音:否定词与其后VP共现时,有两种情况:否定词轻读、弱化,其后VP重读;否定词重读,无弱化趋势。

(2) 停顿位置:是否可在该位置停顿或插入语气词等,也表现为两种位置:载体后和否定词后。

8.2.1.2 与后置VP(Att)的共现性
是否允准与否定词无法共现的句法标记进入,如结构助词、语气词、特定的VP类型等。

该类格式的否定词有"不"和"没",关于其出现的语言环境,前人多从意愿性、时间性来区分,如朱德熙(1982)、李瑛(1992)、蒋琪、金立鑫(1997)、李铁根(2003)等,多认为"不"为主观意愿否定,用于现在、过去和将来;"没"为客观叙述否定,用于过去和现在。至于其存现的句法限制条件,多有零星叙述,但少有研究者从这一角度作系统分析,可见的有吕叔湘(1956)的观点:"'不'可用在所有的助动词前,'没有''没'只限于'能''能够''要''肯''敢'等少数几个。"限定了"没"与多数助动词无法共现的特性。

笔者结合"不"和"没"的句法、语义和语用等特征,归纳了无法与"不"和"没"共现的形式句法标记,如"X+Neg+Att"式中,如果VP出现这些句法标记,则否定词不可能归入VP结构体,而应与载体直接组合,即必为"X+Neg|+Att"结构,这是因为"不"无法与动态助词"了$_1$"共现,"了$_1$"和"不"都为事件变量(event variable)的约束语,逻辑否定算子"不"和存在算子"了$_1$"构成双向约束,违反Koopman与Sportiche(1982)提出的双向约束条件(Bijection Condition),造成语义不可解读。

(为比较的便捷,只选择有代表性的限定标记,作为佐证)

"不":完结性动补短语、动态助词"了$_1$""着""过"

"没":动态助词"了$_1$"、语气词"了$_2$"

8.2.2 深层语义标准

羡余否定词的语义是否弱化,羡余否定词在内层结构体中的语义功能,如周、李等对"差点没VP"中否定词"没"的语义分析,尽管两者对其语义虚化程度定性有所差异,但对整个格式义的生成都具有解释力。

8.2.3 形成动因标准

结构层次的划分应该与格式的形成动因相一致,动因模式能投射到相应的句法结构层次上。"不"所属结构层次的划分体现为共时的静态特征,与其所在格式羡余否定的成因模式互相印证,如双重否定式"无时无刻(不)VP""不由得(不)VP"等,其载体的语法化就关涉到表层结构的重新分析。Langacker(1977)指出,重新分析即没有改变表层表达形式的结构变化,如 ABC 的线性序列,由 A|BC 到 AB|C 的结构重析,这一重析的过程往往为语法化动因所致。

总之,以上 3 个标准,句法标准是判断的主要依据,后两者是作为句法标准的旁证,以此验证结构层次划分的准确性。

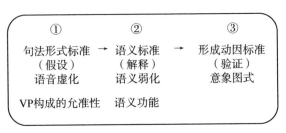

图 33 对应性的三维系统判定标准

8.3 "X+Neg+Att"类格式的层级切分

8.3.1 切分模式的双重性

该类格式中,否定词 Neg 介于载体 X 与吸附成分 Att 之间,

构成 X+Neg+Att 的线性排列,呈现两种可能的结构层次类型,即(1)stru₁: X+|Neg+Att;(2)stru₂: X+Neg+|Att,前者又可根据出现于该类格式的 X 的句法性质分为两类:

1)X 为副词时,为典型的多项状语和中心语结构,谓语中心语为 VP,否定词是 Att 的第 1 层状语,X 是 Neg+Att 的第 2 层状语,即 X 与否定词分别为高位状语(C-licensed adverb)和低位状语(V-licensed adverb),X 与 Neg 不互为直接成分,两者为跨层关系,如下图:

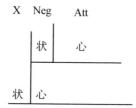

2) X 为动词时,为典型的并列式复谓结构,即 VP₁ 不 VP₂,否定词为 VP₂ 的状语,X 与否定词间无关联关系,如下图:

后者的 X 与 Neg 存在直接关联关系,两者作为一个结合体,修饰其后的 VP,如下图:

stru$_2$ 为 stru$_1$ 的同形异构格式,stru$_1$ 为典型的双层状语结构,在句法层面较易分析;stru$_2$ 的外层为状中结构,而内层"X＋Neg"的组合却难以用常见的结构关系来定义,这一关键问题将在下文展开论述。

另外,该种层级划分类型仅适用于 X 为副词的情况,而当 X 为动词时,动词与否定词的结合总采用"Neg＋VP"的语序,这一现象具类型学依据,马宏程(2009)提出,无论是 SOV 还是 SVO 语序的语言,大多数语言都采用副词式否定标记,出现在动词谓头前的句法位置,因此该层级结构的 X 无动词的可能性。

总之,"X＋Neg＋Att"可能的层级结构划分如下:

表 37 "X＋Neg＋Att"可能的层级切分

	stru$_1$	stru$_2$
X＋Neg＋Att	X＋|Neg＋Att	X＋Neg＋|Att
X 为 VP	连谓结构	/
X 为 Adv	状中结构	状中结构
Neg 直接连接成分	Att	X

结构层级划分的关键在于否定词直接连接的成分,否定词是与 X 还是 Att 构成共同结构体。前人对该类格式的层级划分基本也参照上表所列类型,提及最多的是"差点没 VP"类格式。大多数研究者都将"差点没"格式归入 stru$_2$ 类格式,如朱德熙(1980)提出,由于动词前的"没"和"了"无法共存(co-occur),"差点没死了"格式只能解释为"差点 VP"硬加上一个"没","没"为羡余成分;李

小玲(1986)、董为光(2001)、周一民(2003)、赵万勋(2009)均指出,可根据语音表现形式来确定"没"所属于结构,无论从停顿还是发音来看,轻音的"没"都只能算是"差点儿"的后附成分;"差点"与"没"为结构体,即构成[差点没]+VP,"差点儿"与"没"结合较紧,VP重读,强调VP,"差点没 VP"在表肯否同义时,应为 $stru_2$ 结构层次。另外,从语义上来说,"差点没"的组合也具有解释力,李认为"差点"为否定义,"没"为无实义的冗余成分,"差点没"整体仍表否定义,而周的解释是"差点"凸显接近义,"没"凸显否定义,两者组合表"接近可是没有 VP"的语义,整句的否定义由"没"承载。

此外,对于"难免"的层次划分,也有如裘荣棠(1980)、李兰香(2000)、李治平(2010)等提及,其观点出现分歧,裘和李兰香认为应属于 $stru_2$ 格式,主要依据语义标准,"难免不"的产生,是否定之否定达到肯定的目的;李治平则指出,"难免不"应归为 $stru_1$ 结构,"难免不"不是一个合法的结构体,而是一个跨层组合,就结构而言,并不存在"难免不"这个语言单位,将"难免不"看成一个语言单位,从其所处的更大的句法结构来看,是不合理的,但他同时也认为,尽管"难免不"在结构上不合法,但人们在语言实际运用中也可将"难免不"这个跨层组合看成一个语法实体。李认为语言结构在实际运用中可根据语义需要改变句法层次,其说法存在矛盾性,语言的形式和意义是统一体,一种结构语义对应一种结构关系,如"做不好的事情"两种结构层次划分分别对应不同的语义:

做|不好的事情——做坏事(语义)

做不好的|事情——事情很有难度(语义)

同一语义条件下,结构层次的划分不存在静态分析和实际运用中的区分,因此李的看法实际上仍倾向于 $stru_2$。

8.3.2 概念叠加动因及对应 $stru_1$ 的局限性

形态构成与其产生动因间存在对应性,对于"X＋Neg＋Att"类格式,学界多将其归为正反结构的概念叠加式,如马黎明(2000)、张谊生(2004)、任鹰(2007)、江蓝生(2008)等,认为该格式的形成是主观视点的正向思维和反向思维的叠加结果,如下(江例):

  a. 差点儿 VP   b. 没 VP
  a'. 接近到达 VP   b'. 还没有到达 VP[①]

由于 a、b 核心语义都表 VP 事件未发生,因此可同义叠加来增强语义色彩,即:

  差点儿 VP＋ 没 VP→差点儿没 VP
   (正说)   (反说)

同样地,其他同类格式如"难免(不/没)VP"和"拒绝(不)VP"等也有类似的情况:

  这样做难免出问题(正说)＋这样做不出问题很难(反说)→这样做难免不出问题

  一个人难免犯错误(正说)＋一个人不犯错误很难(反说)→一个人难免不犯错误

  总不免有个别地方会拒绝执行＋总有个别地方会不执行→总不免有个别地方会拒绝不执行。

[①] 沈家煊(1999)指出,b 和 b' 分别为 a 和 a' 的衍推式(entailment),即纯逻辑推导。

该解释的核心是"正形式＋反形式→正反同义形式"。

根据认知语言学的观点,构式的形成是认知域中的意象图式投射到句法层面所致,上述正反同义格式的形成,也是说话人正反意念叠加,相同的蕴含义明示到句子表层的结果。因此,根据形式和意义的对应原则,正反同义格式的正形式和反形式属于不同的意象概念,应区分为不同的结构体,如下图:

```
正意念      反意念
正形式      反形式
差点    |   没VP
难免    |   不VP
拒绝    |   不VP
```

图34　概念叠加意象图式对应结构层级

该种意象图式对应的结构层级划分应属于 $stru_1$ 式,这一从形成动因到静态结构的关联,在解释正反同义形式的构成方面确实具有一定理据,然而,这种假设是否能覆盖整类羡余否定现象,对所有羡余否定格式都有"完美"的解释力呢?事实证明并非如此,该假设只对部分格式有效,且即使在这有限的解释范围内,其解释力也存在疏漏,如"拒绝不 VP"和"差点没 VP",依据上述形成机制的假设均属于"Att 与否定词 Neg"结构体的情况。然而,无论是从否定词的语音轻重、停顿,还是 VP 的类型来看,这两种格式都具有较大差异,因此,将其归于同类结构体有失牵强。另外,持以上肯否同义形成机制的研究者非但没有明确提出应属 $stru_1$ 结构,反而认为该类格式仍应归于 $stru_2$ 结构,江指出,"差点没 VP"应分析为"差点没∣＋VP"的异构式,可见,研究者并未在形成机制和静态结构间建立起系统的联系,其观点存在局限性。

8.3.3 三维系统模式的验证

按照以上三个步骤,笔者试分析"X+Neg+Att"的层次构成及"没"所属结构体,则有如下结论。

8.3.3.1 几类代表格式的验证结论

(1) "差点没 VP"格式

1) 形式层面

Ⅰ.语音层面:"没"比起"差点"和 VP,语音较弱,为附缀成分,由于"没+VP"为结构体时,否定副词"没"语音较重,因此,"没"应为"差点儿"的附缀成分。

Ⅱ.VP 层面:"$了_1$"和"$了_2$"可广泛运用于该格式中,如:

① 爹爹死后,妈妈领着哥哥和我下了关东,混了两年,差点<u>没喂了$_1$关东狗</u>。(李英儒《野火春风斗古城》)

② 孙刚、李铁带着手枪队专跟咱们做对,差点<u>没吃了$_1$他们的亏</u>。(雪克《战斗的青春》)

③ 老板鼻子差点<u>没气歪了$_2$</u>,这是哪跟哪儿啊?(《1994年报刊精选》)

④ 瓶底儿记得,似乎为了保住佐罗这点油儿,差点<u>没把他给折腾死了$_2$</u>。(冯苓植《猫腻》)

划线部分显然不能单独成句,也就是说,"没"和"$了_1$""$了_2$"无法共现在"没+VP"结构中,因此,"差点没 VP"句中,"没"与 VP

非同一结构体。

显然,无论从语音或 VP 类型角度,"没"都应与 VP 处于不同结构层次,即"没"与"差点"直接连接,所在格式属于 $stru_2$ 格式。

2) 语义层面

"差点没"为格式的内层结构,"差点"为"多点"的反义词,表接近但还没到的临界域,"没"为对该程度量域的否定,即"不是差点",是"差很多",与 VP 结合为"差很多才发生 VP",强调没有 VP,这一内层结构义与整体格式义相一致。

3) 形成动因标准

5.2.2 中笔者将"差点没 VP"的形成模式归为量域属性,即"差点"为模糊程度量,"没"为限定并明晰程度量级的否定词,"没"直接作用于"差点",将事件 VP 发生可能性的程度量级向左延伸,扩大到 VP 发生的心理距离,使听者更易明确事件未发生的结果。

"差点没 VP"的层次划分应该为"差点没｜VP",否定词与载体为内层结构体,进而作为状语修饰中心语 VP,属 $stru_2$ 结构,该形式上的层级划分与其语义及形成模式互相印证,具有合理性。

(2) "难免不 VP"格式

1) 形式层面

Ⅰ. 语音层面:"不"显然也发生语音弱化,成为"难免"的附缀成分。

Ⅱ. VP 层面:了$_1$、完结性动补结构及特殊动词的普遍共现,如下:

⑤ 也有人仍想挤到近处,难免不挨了₁锦衣卫和兵马司的皮鞭、棍棒。(姚雪垠《李自成》)

⑥ 议员和政府官员都有不严格遵守法规、漏交养老保险费的纪录,就难免不遭到社会舆论的广泛责难。(新华社2004年5月)

⑦ 不摔坏,也难免不扭伤脚。(彭荆风《绿月亮》)

⑧ 三十几岁的人,难免不有些火气。(姚雪垠《李自成》)

划线句子中与"不"共现的成分分别为:⑤动态助词"了₁";⑥、⑦完结性 VP,"到"和"伤"均表结果义;⑧非自主性动词"有"①。以上句子中,划线部分如单独使用的话无法成句,因此"不"必定与 VP 不属同一结构体。

"难免"后也有少量"没"的情况,如下:

⑨ 但世界是复杂的,难免(没)有人叽叽喳喳。(《作家文摘》1996 年)

否定词为"没"时,后接 VP 只限于"有",如将"没有"看作否定副词"没"+动词"有"的组合,则也存在肯否同义。此时,尽管从语音及 VP 类型角度无法判定"没"的从属性,但如果假设其层级划分为"难免|没 VP",由于"难免 VP"格式将 VP 主题化后,一般能转化为"VP 是难免的",以"难免没有人叽叽喳喳"为例,如下:

---

① 马庆株(1988)在《中国语言学报》第 3 期提出自主和非自主动词:非自主性动词一般不用"不",而用"没"否定,如"没病"成立,"不病"则不合法。

a_1. 难免有人叽叽喳喳。　　a_1'. 有人叽叽喳喳是难免的。

b_1. 难免没有人叽叽喳喳。　　b_1'. ＊没有人叽叽喳喳是难免的。

以上例句,a_1 到 a_1'的转化是合理的,句义基本不变;但从 b_1 到 b_1'的转化却使句义完全反转,也就是说,"难免"的肯定形式可以有这种形式上的转变,而否定形式无法转化,由此可见,这一转化的前提条件是错误的,即"难免＋[没＋VP]"的层次划分不合理,"没"并非后面 VP 的状语。

2)语义层面

"难免不"为格式的内层结构,"难免"处于事件避免性量级的低端,表事件发生的可能性较大,"不"调高了"难免"的避免性量级,降低了事件发生的可能性,也表有一定可能性,这一内层结构义与 VP 的事件义相结合,形成的格式义表事件有可能会发生,与肯定式构成同义。

3)形成动因标准

"难免不 VP"的载体"难免"为模糊的"避免"程度量,"不"作用于"难免",通过限定"难免"的避免性量级,强调主观规避意愿对 VP 的阻滞力,其结果证明 VP 客观的无可避免性。

因此,"难免不 VP"的层次划分同于"差点没 VP",应该为"难免不|VP",属 $stru_2$ 结构,"不"调高"难免"的避免性量级,强调 VP 的必然性。

(3)"拒绝不 VP"格式

1)形式层面

Ⅰ. 语音层面:"不"重读,作为 VP 的否定副词。

Ⅱ. VP 层面:VP 动词仅限于光杆动词或谓宾结构,且均为自主动词,如:

⑩ 最后她干脆拒绝<u>不去</u>了。(玛格丽特《飘》)

⑪ 当初之所以拒绝<u>不当魔术师</u>,就是因为他对骑士怀着憧憬。(水野良《罗德岛战记》)

无法与"不"共现的"了₂"、非自主动词、完结性动补结构等都不能用于该格式。另外,汉语的固有语序是"否定词+动词"的组合,因此,不存在"拒绝+不"的结构体,"不"应与后置 VP 相连接,属于 stru₁ 结构。

2) 语义层面

"拒绝"与"不 VP"形成正反叠加复谓结构,两者的语义指向相同,均表对 VP 事件的排斥性,不让 VP 事件发生,两者相加,在语义表现上有增量功能。

3) 形成动因标准

"拒绝+不 VP"为双意象叠加的主观意愿规避构式,以强调主观排斥性为语用重点,前导谓语和主导谓语分别从正反视角说明主题,两个意象分别表现为前后两个结构层次。

"拒绝不 VP"的层次划分应该为"拒绝|不 VP",否定词与 VP 为主导谓语,进而与"拒绝"构成正反双谓核结构,属 stru₁ 结构,其语义其形成机制与结构层次也能互相印证。

8.3.3.2 不同动因模式下的层级重析

表 38 三维系统验证下的"X＋Neg＋Att"类格式层级切分①

结构层次类型	X＋Neg＋Att 格式	否定词	语音弱化(停顿)	可否与特殊的 VP 类型共现	形成机制
stru₂	差点儿/几乎/险些(没)VP	没	＋	＋	模糊量域限定
	难免(不)VP	不	＋	＋	模糊量域限定
	好(不)AP	不	＋成词化	/	模糊量域限定
两可	不由得不 VP	不	＋	＋	双重否定式语法化,重新分析
	无时无刻不 VP	不	＋	＋	双重否定式语法化,重新分析
stru₁	小心别 VP	别	—	—	正反双意象图式
	拒绝不 VP	不	—	—	正反双意象图式
	忍住不 VP	不	—	—	正反双意象图式
	阻止不(让)VP	不	—	—	正反双意象图式
	责怪不(该)VP	不	—	—	正反双意象图式
	看我不 VP	不	＋	＋	主观情态标记载体触发
	别不是 VP	不	＋	—	主观情态标记载体触发

上表归纳了"X＋Neg＋Att"格式结构层次划分的类型,其中 stru₁ 有 7 种,stru₂ 有 3 种,介于两者之间的有 2 种,形成动因模式

---

① 为表述简洁,同类羡余否定格式只选择典型语例,如"差点(几乎/险些)VP"类,只列举"差点 VP"的情况。

相似的格式属于同一结构层次类型,有以下问题值得注意。

(1) stru$_2$ 中"X＋Neg"结构体的成词化趋势

上文也已提及,当 X 为副词性时,"X＋Neg＋Att"格式的原型层级应为:"X＋|Neg＋Att",即双层状语的状中结构,如"差点|没考上大学""难免|不高兴""好|不讲理"等,那么为何会出现"X＋Neg"结构体的超常搭配呢?这实际上与上述格式的结构重析相关,"X＋Neg"体现了成词化的趋势,而成词化的动因则与其形成动因相关。

江蓝生(2008)分析"差点没"格式时,指出"差点没＋VP"是常式"差点＋没 VP"的异构式,这种异构式必然引起语义异指,表现为两者的语义不对称性。

笔者赞成江的看法,将常式看成无标记格式,异构式则为有标记格式,有这样的对应关系如下:

	无标记	有标记
语例	[差点]|没考上大学	[差点没]|摔倒
形式层次	X＋|Neg＋Att	X＋Neg|＋Att
Neg 的位置	前置	后置
Att(VP)性质	合意	非合意
肯否对称	对称	不对称

可见,有标记的形式层次不止对应非常态的语义指向,在其构成成分及肯否性方面也存在有标记性,如"差点|没考上大学"和"差点没|摔倒"的对比,否定词"没"一般前置于所修饰的中心语,且在合意与非合意这对范畴中,合意事件无疑为无标记性,否定式

与肯定式的语义对比中,对称性显然也为无标记状态,因此,格式构成成分与语义指向等的非常态性必然也表现为一种结构上的超常规层级划分。

另外,该类格式载体的模糊量功能也为其与否定词的结合提供形成依据,否定词限定了载体的量域范围,"X＋Neg"对应量域上的某一位置,成为具有整体结构义的固有成分,如"好(不)AP"为模糊量域类的典型格式。尽管"X＋Neg"一般仍表现为双词组合的形式,但在"好(不)"格式中,"好不"已语法化为双音节程度副词,结构体的词化得以完成。

因此,随着该类格式的泛化,"差点没"和"难免不"的词化趋势更为明显,但之所以尚未形成像"好不"的完全词化形式,与其韵律搭配相关。

(2) "不由得不 VP"、"无时无刻不 VP"的层次双元性

这两类格式究竟应归入 $stru_1$ 还是 $stru_2$,前人从未进行过分析,有意思的是,该格式的否定词"不"表现为双重性。

1) 语音重读,且与常态的 VP 类型共现,X 后可停顿,如:

⑫ 大洋彼岸的赵中云先生,无时无刻<u>不在思念自己的故乡和亲人</u>。(《1994 年报刊精选》)

⑬ 心里也觉得不伦不类,但看看其上的照片、大印,却又不由得<u>不信</u>。(《作家文摘》1997 年)

显然应属于 $stru_1$ 结构。

2) 语音弱化,且与特殊的 VP 类型共现,Neg 后可停顿,如下:

⑭ 不过,埃里克松坦言自己无时无刻不承受着压力。(新华社 2004 年 5 月)

⑮ 听着建设者们对建设情况的介绍,我们无时无刻不感受到建设者那骄傲自豪的心情。(《1994 年报刊精选》)

⑯ 瑞珏听见淑英的话,又看见这个情形,不由得不起了₁一点疑心。(巴金《家》)

⑰ 尤其是对于当地人事所下批评,尖锐透入,令人不由得不想起法国那个伏尔泰。(沈从文《沅陵的人》)

格式中"不"能与"了₁""着"、动结式等共现,划线部分无法单独使用,显然又应归为 stru₂ 格式。

之所以形成这一矛盾性结果,与这两种格式的特性和语法化进程密切相关。上述两种格式的载体都为否定性成分,含有显性否定词,属于双重否定式,且双重否定体现为原型格式。根据前章所述,其肯定式是由双重否定式发展而来,这一过程又伴随着 X 的主观化和语法化,如下:

$$\underset{\text{动词}}{\underset{\text{否定式}}{X(显性否定)+Neg+VP}} \xrightarrow[\text{主观化}]{\text{语法化}} \underset{\text{副词}}{\underset{\text{肯定式}}{X+VP}}$$

随着 VP 独立性的增强,Neg 逐渐为 X 所吸附,形成"X+Neg"结构体,Neg 的否定义为结构体所吸收,Neg 成为羡余成分,X 由动词虚化为副词,格式也由连谓结构演变为状中结构。因此,当该类格式表现为双重否定的原型格式时,其层次划分无疑为 stru₁ 的连谓式。而当该类格式表现为动态性的演化过程中的否定式时,X 体现副词化趋势,并有促使 Neg 靠拢的倾向,即属于

stru₂ 的状中式。总之,该类格式兼属两类结构层次划分类型①。

(3) 句法形式标准与结构层次类型的背离性

从上表可见,"看我不 VP"和"别不是 VP"在句法形式标准方面区别于其他格式,即尽管其否定词体现出弱化特征,且前者能与特殊的 VP 类型共现,但仍归入 stru₁ 类。

究其原因,关键在于该类格式载体的特殊性及成分间的条件关联性。

	载体	"不(是)VP"原型
<u>看我</u>不 VP	情态话语标记	假设条件或反诘式
<u>别</u>不是 VP	情态测度标记	测度式

对于"看我不 VP",其载体"看我"为动宾结构虚化而成的带威慑语气的话语标记,一般置于句首,具有独立性,因此无法与"不"结合而成结构体;另外,其后"不 VP"可出现以下语例:

⑱ 看我<u>不杀了你这狗男女!</u>(冯梦龙《警世通言》)
⑲ 看我<u>不抖出来!</u>(白先勇《玉卿嫂》)

前文提到,这类有标记的语言形式之所以能与"不"共现,是因为"不 VP"特殊的逻辑背景,即⑱双重否定式"不杀了你这狗男女才怪!"表现为假设性条件关系,"如果不……才会奇怪";⑲反诘式"不抖出来?"表现为负面回应性逻辑关系,"不 VP 的话,怎么可

---

① 语法化是一个泛时进程(panchronic process),Hopper(2003)提出语法化的"并存原则",即早期的语言形式可能与后来的形式长期并存。

能?"这两种逻辑关系都与"看我"提供的虚拟的语言环境相关;而"不"的语音弱化也是语境虚拟化,引起否定实义虚化的结果。

对于"别不是 VP",其载体"别"为劝止性否定副词虚化而成的测度副词,正如汉语中其他同类词"大概""莫非"等一样,它具有相对独立性,一般前置修饰 VP,无法与否定副词构成组合体,如"大概|不去",显然属于"大概"修饰否定性结构"不去"的双层状中结构,即 $stru_1$。另外,Neg"不(是)"的弱化则是其作为测度标记,表实义虚化的结果。

这两类格式的载体的情态标记功能触发了"Neg+Att"的整合化,Neg 在特定情态语境下,其语音弱化,实在的否定义也呈现虚化趋势。

8.4 "Neg+X+Att"类格式的层级切分

该类格式中,否定词 Neg 位于句首,形成"Neg+X+Att"的线性序列,X 介于 Neg 与吸附成分 Att 之间,也呈现两种可能的结构层次类型,即 Ⅰ. $stru_1$:"Neg+|X+Att";Ⅱ. $stru_2$:"Neg+X|+Att",前者为否定词修饰其后结构体的状中结构,后者为否定词与 X 构成组合体,与其后 Att 构成谓语结构。

划分层级的关键在于 Neg 是独立还是修饰 X、X 与哪一成分组成结构体。不同于第 1 类格式,判断该层次划分时只需确定 Neg 的独立与否,因此相对简单一些。

8.4.1 三维模式的验证过程

分析对象如下:

"(不要)太 AP""(不)得 VP""(不)一会儿 VP"

以下仍按照层次划分的 3 个标准步骤进行判定：

(1) 句法形式标准

1) 格式中程度副词"太"的语音可拉长，并出现停顿，如下：

⑳ 不要太——伤心哦！
㉑ 不要太——有钱！

2) 停顿位置在"得"后而非"不"后，如下：

㉒ 如果不治沙造林种草，那些羊不得——饿死！（《人民日报》1995 年）

另外，"不＋得(dei)VP"用于一般陈述中，显然无法表示对"得 VP"结果的否定，如下：

㉓ a. 他要是知道了，得气死。
   b. ＊他要是知道了，不得气死。

"一会儿"后有明显停顿，可出现逗号，如下：

㉔ 不一会儿，晓军从里面走了出来，冲我笑了笑，欢迎大驾光临。（卞庆奎《中国北漂艺人生存实录》）

3 种格式的停顿位置都位于 X 后，因此可初步判断其层次划分应属于 stru₂，即 Neg 与 X 形成结构体。

（2）语义标准

"Neg＋X"，否定词前置修饰载体 X（分别为程度副词、情态动词和时间副词），是汉语中常见的搭配形式，表对 X 性质的否定性限定。"不要"否定程度副词"太"，调低了"太"的量级，强调对 AP 性状的弱阻性。"不"修饰情态动词"得"(dei)，形成表结果必然性否定式反诘句。"不"对时间副词"一会儿"限定，否定了短时量域，强调出现 VP 事件的时间之短。可见，"Neg＋X"的结构语义与 VP 语义搭配，具有语义平面上的合法性。

（3）形成动因标准

"不要太 AP"的形成机制表现为通过限定 AP 的程度量级表现其主观的否定性，"不要"的阻力无法改变客观情状，更凸显了客观情状的无可避免的肯定性，传递了言者欲阻止而又无法阻止的强烈感叹语气。

"不得 VP？/！/。"的原型为反诘句，其陈述式的产生，基于负面情理立场的弱化和信息确定性提升的双重作用。载体"得"具有主观情态功能，与否定标记"不"的结合触发了反诘句的形成，"不"不属情态否定而是元语否定。

"不"对"一会儿"的限定，强调短时量，"不一会儿"有成词化趋势。

8.4.2 层级切分规律

归纳如下表：

表 39　三维系统验证下的"Neg＋X＋Att"类格式层级切分

结构类型	Neg＋X＋Att	否定词	载体后停顿	可否与特殊的 VP 类型共现	形成机制
stru₂	不要太|AP	不(要)	＋	/	模糊量域限定
	不得|VP	不	＋	/	主观情态标记触发
	不一会儿|VP	不	＋	/	模糊量域限定

8.5　其他位置关系的格式验证

8.5.1　可能的层级模式

Neg＋Att＋X："没 VP 前"

X＋Att＋Neg："非 VP 不可"

Att＋Neg＋X："VP 了不一会儿"

这几类格式尽管有成分序列的不同,但 Att 都介于 X 和 Neg 之间,即结构层次判断的关键在于 Att 与哪一成分组成结构体。由于 Att 具有可变性,因此从句法形式标准判定较为困难,下文笔者就语义标准结合形成机制进行分析。可能出现的层级模式为 stru₁："Neg＋Att｜＋X"、stru₂："Neg＋｜Att＋X","X＋Att＋Neg"亦是如此。

8.5.2　内外时量结合的"没 VP 前"格式

前人多对该格式的时间意义、制约条件及语用功能等角度进行探究,如王灿龙(2004)、江蓝生(2008)、石毓智(2001)等,但甚少有人分析"没 VP 之前"的结构层次,即"没"否定的究竟是 VP 还是"VP 之前"。

现有的研究中,王(2004)曾论述到,"没 VP 是对 VP 事件的否定","没 VP 之前"表现"否定性事件"的开放的时间域。尽管王没有明确提出,但实质上他将该格式归为 $stru_1$,即"Neg＋Att｜＋X"格式。江(2008)则提出,仿照肯定式的结构,"没 VP 之前"按语法通例,应切分为"没 VP｜之前",为"没 VP"修饰"之前"的定中结构,即 $stru_1$。然而,这种符合语法常理的切分却不符合语言逻辑。人们在确立时点标准时,往往会选择已知的、明确的基准,而非未知的、模糊的标准。如我们可以说"四天以前",却不能说"不到四天以前",因为后者"不到四天"不是清晰的时间基点,因此,江将该类格式层次归为叠合式。表层结构同于 $stru_1$,深层结构则类似于兼语式,是概念叠加的结果。

江所提出的叠合式结构切分,与其格式产生的语用机制——概念叠加模式相一致,具有一定理据。然而,这种切分方式与汉语常规的语法结构有较大偏离性,缺乏形式和意义的相互印证。

笔者将该格式归入 $stru_2$,即"没｜VP 之前"。"没"否定"VP 之前"的时间性,这与汉语中常见的"没三天"类形式相似,是对时量的否定,具有形式上的普遍性。另外,从语义和形成动因机制上来说,VP 的内部时间量与"之前"的外部时间量相结合,受"没"减量标记操作,凸显远离参照时点的趋势,强调后续事件在 VP 前早就发生。

总之,"没｜VP 之前"是针对该格式构成肯否同义时的层级切分,这一有标记的切分方式自然也对应有标记的语义指向。

8.5.3 "非 VP 不可"的框式解构

这一格式的载体和否定词构成双重否定,将 VP 包含其中,邵敬敏(2008:352—358)将其归入框式结构(can-celled structure),他提出:"典型的框式结构,指前后有两个不连贯的词语相互照应,相互依存,形成一个框架式结构,具有特殊的语法意义和特定的语用功能,如果去除其中一个,该结构就会散架;使用起来,只要往空缺处填装合适的词语就可以了。"

"非 VP 不可"属于典型的单项框式结构,即结构具有整体性意义,"非"和"不可"为固定部分,可变部分 VP 插入其中。关于该格式"不可"的归属性问题,邵敬敏指出:"框式结构不是常规短语组合,无法用短语组合规则进行分析。""非 VP 不可"亦是如此,究其来源(参见上章),是由"非 VP$_1$ 不可 VP$_2$"条件关系复句,经 VP$_2$ 主题化前置及格式有界化等发展而来,因此,"非"和"不可"作为格式的定位标记,与变项 VP 构成紧密的整体,Neg"不可"是格式的后端标记,与载体和 Att 均不可分割,假设一定要作层次切分,大致如下图所示:

8.5.4 类词化的"VP 了(不)一会儿"

这类格式实际上是"不一会儿 VP"类格式的变体,是 Att 移位的结果。"不"修饰"一会儿",构成类词结构,语义上表短时量,句法上作为 VP 的时间补语。

表 40 三维系统验证下的其他位置格式层级切分

结构类型	格式	结构类型	否定词	形成机制
Neg＋Att＋X	(没)VP 前	没|VP 前	没	模糊量域限定
X＋Att＋Neg	非 VP(不可)	框式结构	不(可)	双重否定式语法化
Att＋Neg＋X	VP 了(不)一会儿	VP 了|(不)一会儿	不	模糊量域限定

8.6 小　　结

表 41 羡余否定格式否定标记的组合类型

组合类型		数量	比例
Neg 与 X	Neg＋X	4	22.22％
	X＋Neg	3	16.67％
中间格式		2	11.11％
Neg＋Att		7	38.88％
Neg	框式结构	1	5.56％
	独立	1	5.56％
总计		18	100％

组合类型	形成动因机制	
Neg 与 X	模糊量域限定 6 例	主观情态标记触发 1 例
中间格式	双重否定式语法化重析 2 例	

续　表

组合类型		形成动因机制	
Neg＋Att		正反双意象图式 5 例	主观情态标记触发 2 例
Neg	框式结构	双重否定语法化重析 1 例	
	独立	模糊量域限定 1 例	

由上所述，将羡余否定格式的"否定标记"的组合类型归纳如上表。

Neg 在结构中的组合情况分为 3 类：

(1) Neg 与其他两个要素中的一个组成结构体：Neg 与 X 和 Att 构成结构体的比例相当；

(2) Neg 单独使用：仅占 1 例；

(3) Neg 构成框式结构：仅占 1 例。

因此，羡余否定词绝大多数情况下都位于格式的内层，与格式内成分直接连接，形成一定句法关系，构成整体性结构。另外，同样的动因机制下形成的格式往往具有相同的层次切分，即羡余否定词呈现相同的归属性，如模糊量域限定机制下，一般都为"Neg 与 X"的结构体，当然，也存在例外，如模糊量域"没 VP 之前"属于"没"独立修饰"Att＋X"的情况，这往往与 X、Neg 和 Att 排列的语序相关，由于否定词"没"与模糊量域载体"之前"间有 Att 相隔，"没"无法跨层直接否定"之前"，因而转为否定"VP 之前"的整体。

综上，羡余否定格式的层级切分及否定标记的依附结构与其语义和生成机制上表现出系统的对应性，形成互相印证的关系。

第 9 章 羡余否定格式的否定辖域及焦点考察

研究者多将羡余否定词看成是肯否同义中肯定式的附加羡余成分,因此常从其隐现条件及语用功能角度进行分析,却鲜少关注其作为否定词本身的特性,如所在句否定的辖域、焦点等问题。根据前文分析,羡余否定词并非否定式的羡余成分,而是在表义相同的条件下,否定式相较于肯定式的形式差值,因此,它具有以下特征:在否定式中,该否定词并非羡余成分,是实在且必要的显性否定标记;占据一定的句法位置,与句中其他成分构成结构关系,并呈现特定的语用功能;羡余否定句也属于否定句范畴,其否定词否定句中一定范围的项目——即辖域,并凸显要强调的项目——即焦点,由于它的特殊性,与之相关的否定辖域、焦点等概念也体现出了标记性。

9.1 否定辖域及焦点的界定模式

前人对于否定辖域及焦点的研究是否定范畴研究的一个重要方向,否定辖域即否定范围(the scope of negation),否定焦点即否定中心(the focus of negation),最早由 R. Quirk、G. Leech、S.

Greenbaum、J. Svartvik(1972)提出,最初针对英语语法,而后在20世纪80年代引入国内,徐盛桓(1983:1—12)的《"否定范围"和"否定中心"的新探索》一书仍偏重于英语语法基础,其后研究者针对汉语以语序与虚词为手段的特殊性,探讨汉语的相关问题,主要问题集中于对否定辖域及焦点的界定及语序的相关性。

有研究者持语序无关论,如徐杰、李英哲(1993)认为:否定没有独立的辖域,作用范围为全句,否定焦点也没有独立的否定焦点,否定中心就是句子焦点。但多数研究者认为语序是汉语的否定辖域及焦点的限制性成分(restrictor)。吕叔湘(1985)将否定范围界定为否定词后的全部词语,焦点为句末重音或对比重音所在;石毓智(2001)认为无标记的否定,否定辖域与句子语序相同,有标记的否定,否定辖域与句子语序不同;沈家煊(1999)指出否定词连接不同成分对辖域的影响。当 VP 前有其他副词性成分与否定词毗邻时,否定词否定的不是 VP,而是副词性成分。袁毓林(2000)提出否定词有独立的辖域,否定焦点与句子焦点可以分离。Lee&Pan(2001、2005)也认为否定词有独立辖域,且在无焦点时只否定右侧成分,形成毗邻否定,如有焦点,则否定焦点。胡建华(2007)指出,否定词辖域为统制(c-command)的 VP,否定词在句法上否定的是 VP 以及 VP 的中心语 V_0。

根据前人研究,笔者对否定辖域的定性有三个方面:

(1) 辖域范围包括受否定语义限制的 VP 或 AP 及从属成分;

(2) 直接支配 VP 的主语不属辖域范围;

(3) 具有非连续性。

关于否定焦点,笔者认为,否定焦点不等同于句子焦点,两者相对独立,但又存在相互联系。句子焦点(F)与否定焦点(f)的分合,关键在于是否在否定辖域之内:如若在否定辖域内,则相合;若在否定辖域外,则相离,且否定焦点与辖域内小句的自然焦点相合。此外,F 与 f 的相合关系,又可分重合和覆盖两类,并与 F 的焦点类型相关:F 为对比焦点时,f 与 F 完全重合;F 为自然焦点时,f 与 F 重合或前者覆盖后者,覆盖的条件为辖域内其他成分在语义上为否定焦点核心成分所蕴含。

表 42　句子焦点与否定焦点的分合关系

句子焦点	否定辖域内	否定辖域外
自然焦点	相合	相离
	f⩾F	f⩾F(去焦点化)
对比焦点	相合	相离
	f=F	f=F(去焦点化)

9.2　羡余否定的辖域与焦点

9.2.1　特殊否定句辖域及焦点的特殊性

对于否定词及所在否定句的辖域与焦点问题可谓众说纷纭,上文也在其研究基础上,从辖域范围、句焦类型、辖域内核心成分与其他成分的语义蕴含关系角度,揭示了 F(句焦)、f(否焦)间的三种关系:重合、覆盖及相离。

上文谈及的否定句式都为否定的"正序"结构,即"Neg＋Pred"句式(徐盛桓,1983),否定焦点常被解读为 V_0,辖域则为 V_0 及支配成分,而对于一些特殊的否定句式,如对比否定句("不是……而是……")、强调否定句("不是……的")、降级述谓结构句、复句等,其辖域及焦点问题则具有特殊性,须另作分析。不少前贤已注意到这些问题并进行了探讨,如赵旻燕(2010)对元语否定辖域的探究;李宇明(1998:71—78)、倪建文(2001:13—19)、张明辉、王虎(2009:29—34)分别关于强调否定句式"一量+否定"和"一……也+否定词""不是……的"的分析;袁毓林(2000:22—33)对流水句否定句否定词辖域类型进行了分类等。

然而,先行研究中却并未有针对羡余否定句式相应问题的专文研究,仅有少数研究者在对个别羡余否定格式的讨论中提及这一问题,但也未作专门论述,如王进文(2008)认为"小心别VP"的句子焦点落在表提醒的"小心"上,"不要太AP"的焦点在于"太AP","非VP不可"的"非"是对比焦点标记;张东华(2004)认为"差点儿没VP"中的"没"是焦点标记;曹婧一(2007)提出"好不AP"依据重音判断焦点位于"好"上。可见,各家对羡余否定焦点及辖域的分析缺乏系统而深入的研究。因此,本节将针对各类羡余否定格式的特性,尤其是具有典型性和特殊性的否定焦点及辖域类型格式,找出句法结构、表层语义结构及深层语义结构在否定式中与辖域及焦点的对应关系,并归纳系统性的焦点指派规则[①]。

9.2.2 羡余否定格式焦点与辖域的普遍特征

9.2.2.1 "X+Neg+Att"类格式

据8.3所述,该类格式按其否定标记的切分层级可分为 $stru_1$

[①] 鉴于羡余否定式中任一成分从理论上都可通过逻辑重音方式强制指派焦点,下文中笔者只讨论自然重音和自然焦点的情况。

的"X+|Neg+Att"和 stru₂ 的"X+Neg|+Att"两类,前者根据形成机制又可分为正反双意象图式格式和主观情态标记触发的格式,分别以"拒绝(不)VP"与"看我(不)VP"为典型格式,下文笔者将结合 9.1 关于否定焦点与辖域的界定对其进行分析。

对于正反双意象图式格式,对应的句法形式为正反叠加式复谓结构,"X+Neg+Att"中,Neg 与 Att 构成结构体,与 X 分别从否定和肯定角度来论述同一事件,如"拒绝不当警察",隐性否定动词 X"拒绝"和显性否定形式"不当(警察)"表义趋同。

9.1 中对否定辖域范围的界定如下:

(1) 辖域范围包括受否定语义限制的 VP 或 AP 及从属成分(如 AD);

(2) 直接支配 VP 的主语不属辖域范围;

(3) 辖域范围可能是非连续性的片段的集合。

以此来判定该类格式的辖域,实义否定词"不"与其后 VP 组成结构体,属于所谓的否定正序结构,即"Neg+Pred","不"否定语义支配的范围为其后的 V_0 及支配成分,如"他拒绝不当警察"中,"不"的否定辖域为"当警察",而"不"的主语"他"不属于辖域范围。

至于"不"的否定焦点,据上文所述,应为所属辖域内小句的自然焦点,在该类格式中,表现为其后的谓语的自然焦点,如"拒绝不当警察"的否定焦点应为"警察","小心别摔了"的否定焦点应为"摔"。

对于主观情态标记触发的格式,如"看我不 VP"和"别不是VP",否定词"不"与其后 VP 组成结构体,其否定辖域为受"不"支配的 VP,否定焦点为辖域内被真正从语义上否定的成分 V_0。

对于 stru₂ 的"X＋Neg|＋Att",载体 X 与 Neg 组成结构体,X 具模糊量性质,Neg 从语义和功能上指向并否定 X,与常规的"Neg＋Pred",即否定词向后否定谓语的语序相悖,属于特殊的逆序否定现象,其否定辖域及焦点都表现出"特异性",因此极具研究的价值,笔者拟在 9.3 中详加分析及解释。

9.2.2.2 "Neg＋X＋Att"格式

该类格式的层级切分类型为"Neg＋X|＋Att",否定标记 Neg 与 X 组成结构体,根据形成机制又可分为模糊量域限定及主观情态标记触发,前者如"(不要)太 AP""(不)一会儿 VP",后者如"(不)得 VP"。

对于两类格式来说,均属于"Neg＋Pred"的正序否定,前者为 Neg 对载体量域的否定性限定,后者为 Neg 对情理必需性情态的否定。总之,就两者的否定类型而言,都属 Neg 与 X 的否定性结构再修饰 Att 的形式,Neg 的辖域为受其语义限定的部分,即 X,其否定焦点也为 X,该类格式是常规的否定类型。

9.2.2.3 其他位置关系的格式

该类格式呈现 3 种位置关系:(1)Neg|＋Att＋X:"(没)VP 前";(2)X＋Att＋Neg:"非 VP(不可)";(3)Att＋|Neg＋X:"VP 了(不)一会儿",(1)(3)的形成机制为模糊量域限定、(2)的形成机制为双重否定式的语法化。

对于(1),Neg 否定 X 与 Att 的结构体,即对 X 与 Att 的叠加时量进行否定限定,因此,Neg 的否定辖域应为受其语义支配的"Att＋X",其否定焦点也为"Att＋X",属否定结构体的宽焦点类型。

对于(2)，X、Att、Neg 形成框式结构，就该格式的历时演变进程来说，其原型应为"非 A 不可 B"，随着格式主观性的增强，B 经历了前移并缩略的过程，"不可"与"非"构成双重否定式。张琳(2010)提出，双重否定句存在两个否定焦点，可按一般否定句确定否定焦点的方式分别进行确定。由此可见，对于原型格式"非 A 不可 B"而言，否定词"非"指向的焦点为 A，这也可由其相应的肯定式"非 A"得以印证；"不可"则指向谓词性结构 B，"不可"否定的是其后的谓词性结构 B，表示对 B 来说，A 是不可或缺的必需性条件，然而，随着 B 的消失，"不可"逐渐成为高度虚化的主观性标记，与"非"共同构成封闭性框式结构，这种结构层级的特殊性进而引致其否定辖域及焦点指向的不明确性。

对于(3)，"不"限定模糊时间量域"一会儿"，强调主观的短时量，其否定的辖域与焦点重合，都为载体 X"一会儿"。

总之，对于上述格式，除 $stru_2$ 层级切分的"X＋Neg＋Att"格式以外，其否定辖域及焦点特征呈现普遍性规律。

(1) 其否定语序都属正序否定"Neg＋Pred"，否定词的辖域及焦点均符合常规否定的类型，可按一般否定句确定焦点的方式进行界定。

(2) Neg 可与 X 或 Att 组成结构体，当形成"Neg＋X"的整体性结构时，Neg 的否定辖域与焦点重合，都为载体 X；当形成"Neg＋Att"的整体性结构时，否定辖域为 Att，否定焦点指向 Att 所在小句的自然焦点。

(3) 源于同一形成机制的格式其否定辖域及焦点存在相对的一致性，这也为羡余否定格式形式、意义与生成的系统对应性提供了佐证。

9.3 模糊量载体格式"X＋Neg＋Att"特殊的否定辖域及焦点特征

"差点没 VP""难免不 VP""好不 AP"

上文提及,该类格式的 Neg 与 X 构成组合体,呈逆序否定,这一有标记的否定语序必然对应否定焦点及语义关系的特殊性。

9.3.1 辖域的范围及非连续性

该类格式的句法结构划分为载体副词与否定词的结合体修饰 VP 的吸附成分,否定辖域包括 X 和 Att,体现跨越否定词的非连续性特征,如:

① "大庆联谊因虚报利润被调查",丁三[差点]F 没晕过去。(大理工作室《股市宝典》)

② 但明年,黑龙江上将架桥铺路,自然的、原有的景观[难免]F 不遭到破坏。(《1994 年报刊精选》)

上述两句的否定辖域分别为"差点晕过去"和"难免遭到破坏",研究的关键在于,对于 X 和 Att,哪一成分属于 Neg 的否定焦点。

9.3.2 载体焦点化的结构描述及语境先设依据

9.3.2.1 格式的焦点三分结构

焦点所在句可用焦点的三分结构(tripartite structure)(Rooth,1985)来描述,这一描述过程也证明了载体"差点""难免"

等为否定焦点的合理性。袁毓林(2003：326)指出："焦点和背景的关系就像是限定性从句及其所修饰的中心语跟包含这个中心语的母句(matrix)的关系。Heim(1982)称焦点结构中的背景为限定式(restrictor)，焦点为母式(matrix)，Partee(1991、1999)将焦点和背景合成的母句形式称为核心域。"用树形图表示上述句式的焦点三分结构，则如下：

S

	operator	nuclear scope	restrictor
① a.	没	丁三 X 晕过去	X=差点
b.	没	丁三差点 X	X=晕过去
② a.	不	景观 X 遭到破坏	X=难免
b.	不	景观难免 X	X=遭到破坏

以上描述的是可能出现的两种焦点结构的分布情况，即

① a. 丁三[差点]F 没晕过去。
　　b. 丁三差点没[晕过去]F。
② a. 景观[难免]F 不遭到破坏。
　　b. 景观难免不[遭到破坏]F。

用 Lambda 标记法(Lambda notation)可表示为：
① aλX(X 晕过去)
[λX(X 晕过去)](差点)
　bλX(差点 X)
[λX(差点 X)](晕过去)
② aλX(X 遭到破坏)

[λX(X 遭到破坏)](难免)

　　bλX(难免 X)

　　[λX(难免 X)](遭到破坏)

以①a 为例,前项为 Lambda 抽象式,表示背景信息存在着"晕过去"这一事件的可能性,后项为 Lambda 还原式,表示焦点信息,即"晕过去"事件的发生概率的性质为"差点";①b 则具有不同的背景和焦点特征,背景信息为"差点"发生了某事,焦点信息为"差点"发生的事件性质为"晕过去"。

9.3.2.2　辅重原则与疑问测试法

笔者认为 X"差点"和"难免"才是否定焦点所在。其理据如下。

(1) 重音和辅重原则(non-head stress)

袁毓林(2003)提出:"辅助成分(即非核心成分)应该在韵律上比核心成分重。与此相应的是辅助成分一般比核心成分的内嵌层次要深一些。"学界普遍认同修饰性成分更易成为表达重点,在否定句中,修饰语同时是否定焦点和句子焦点(沈开木,1984;钱敏汝,1990;徐杰、李英哲,1993)。上例中,结合相对的肯定式"丁三差点晕过去""景观难免遭到破坏"可知,"差点"和"难免"为辅助成分,对其后核心 V。有限定性,且被赋予调核重音,因此,X 为句子自然焦点 F,另外,根据上节的否定焦点界定规律——在否定辖域内且核心成分与支配成分无蕴含语义关系下,F 与 f 重合,例句中的否定焦点也为 X。

(2) 疑问测试法的局限性

袁毓林(2006)认为:可用疑问句来确定陈述句的焦点结构,疑问词(或选择性短语等疑问形式)一般指代焦点位置,是焦点的

外显标记。如下:

③ 他不在学校读小说。
  a_1 谁不在学校读小说？（他）
  a_2 他不在哪儿读小说？（在学校）
  a_3 他不在学校干什么？（读小说）
  a_4 他不在学校读什么？（小说）

疑问词不同的分布位置与其相应陈述句的焦点位置相一致。用该疑问法来测试上述句子，则有：

① c. ＊丁三怎么样没晕过去？
  d. 丁三差点没怎么样？
② c. ＊景观怎么样不遭到破坏？
  d. 景观难免不怎么样？

测试结果表明：X"差点"和"难免"不能成为提问的核心，即焦点只能落在其后的 VP"晕过去""遭到破坏"上，这显然与理据一的结论相反，那如何解释这一矛盾现象呢？

语言事实表明，疑问测试法只是界定焦点的旁证手段，而非充要条件，它在判断焦点时具有局限性。引用袁(2006：14—28)的例子：

④ a. 经济在怎样地增长？经济在缓慢地增长。经济没有怎么样地增长？

b. 经济在缓慢地怎么样？* 经济在缓慢地增长。经济没有迅速地增长。

袁认为，上述句子只能对限定语而不是中心语提问，因此，焦点应为限定成分，而不是 V_0。诚如袁毓林先生所言，上例中焦点应落在疑问词位置，即 V_0 的限定性成分上，然而，对于以下句子，又应如何解释呢？

⑤ a. 他认真学习。　　b. 他怎么样学习？
　 c. * 他认真怎么样？　d. 他认真做什么？
⑥ a. 他不认真学习。　　b. * 他不怎么样学习？
　 c. * 他不认真怎么样？d. 他不认真做什么？

依照袁先生的观点，⑤限定部分和 V_0 部分分别用疑问词"怎么样"指代，生成的疑问句前者⑤b 可成立，后者⑤c 可接受度比较低，那么该句的焦点位置应落在修饰性成分，而非谓语核心 V_0 上，这与"修饰性成分优先指派焦点"相一致，然而，对于否定式⑥，无论限定成分还是 V_0 被"怎么样"取代后可接受度都很低，那么应如何区分其焦点？另外，如把疑问词换作与行为相关的"做什么"，即⑤d 和⑥d，即 V_0 被疑问词代替后，句子就又能成立了，那么是否句子焦点具有浮动性，可根据疑问词的不同而变化呢？显然不是，实际上，陈述句中的任一成分都可通过替换相应的疑问词来转变成相应的疑问句。正如玄玥（2007：68）指出："在疑问测试时要注意疑问代词选用的问题，'怎（么）样'是询问性质、状况、方式等的疑问词，大多数是对修饰性的状语进行提问。"因此，用"怎么样"

来指代修饰性状语"缓慢地"可以成立,但用以对表谓语行为的 V。提问,句子的接受度就降低了。总之,凭借"疑问测试"来排除不能实现焦点的成分具有局限性。

另外,疑问测试在否定辖域内提问,更不具操作性,如上例"怎么样"一般不用于否定式中,如"经济在怎样地增长?"句子合格,而"经济不在怎样地增长",则合格度降低,这是因为"怎么样"针对的是事件的性质、属性、状态等因素,而这些因素往往是已然和肯定的,只有已经存在的特性才有询问的必要①。

9.3.2.3 否定焦点推导的语境先设原则

既然疑问测试无法解决界定焦点的问题,那么笔者拟用语境印证的方法来证明 X 的焦点位置。玄玥(2007)就引用了语境设定的方式,从预设的角度来验证状中结构和述补结构的焦点差异,如下:

⑦ a. 这时基本消费即使有所增长,消费比收入增长得<u>缓慢</u>这一趋势也是不会改变的。

b. 2003 年全球经济将继续<u>缓慢</u>增长。消费需求的不断上涨、低通货膨胀率及扩张性货币发行和财政政策的影响等因素成为支持这一趋势的中坚力量。(玄例)

玄认为⑦a 的背景已经提供了经济增长的信息,后续句述补结构中的"缓慢"成为自然焦点,强调尽管增长了,但增长的趋势是

---

① 陈述句中,修饰性状语前置 VP 出现在否定式中,往往体现了心理上的反预设,如④⑥预设应为:"经济预期应该迅速增长""他应该认真学习的"。

缓慢的;⑦b 强调"增长",尽管经济环境不好,但还是增长了,缓慢增长也是增长,因此得出结论为:述补结构的焦点在补语,状中结构的焦点在中心语。

玄的分析理念值得借鉴,但分析过程却存在一些问题,主要体现为对状中结构焦点的确定上,既然是以先设来验证焦点,那就应优先考察状中结构所在句的先行句,即"……先行句……,后续句(状中结构)……"。然而,文中所列语例无一例外将状中结构置于先行句的地位,与先设考察的方式矛盾,如⑦b。另外,即使考察以状中结构为先行句的句式,其后续句所提供的语境也并非都如文中所述,如下:

⑦ c. 从生产上看,今年头 3 个月<u>缓慢增长</u>,增长率明显低于全国工业增长的速度,也低于去年同期水平。(《1994 年报刊精选》)

后续句设定的语境为:增长的趋势太慢,不管横向还是纵向比较都低于预期,强调的不是 V。"增长",而是修饰状语"缓慢",即"缓慢"更易被指派为焦点,且绝大多数语料都属于该情况,这与玄文的分析结果恰好相反。

笔者对 CCL 中"缓慢增长"作为后续句的语料考察后发现,其先行句的语境设定均为强调增长率,而非"增长"事件,如下:

⑦ d. 上个季度,31 个产业呈现负增长,32 个产业仅以低于 10%的速度<u>缓慢增长</u>。(《人民日报》1998 年)

先行句中的"负增长"与后续句中的"缓慢增长"形成鲜明对应,"缓慢"成为句子的焦点所在,这正验证了状中结构中的修饰语更易成为句子的焦点所在。

这一先设语境印证法实质上源于焦点——预设关系,Jackendoff(1972:230)指出,句子的语义表达(semantic representation)可分成预设(presupposition)和焦点,焦点是言者假设的与听者的非共享(shared)信息,一般为新信息;预设则相反,是两者的共享信息,一般为旧信息。背景(background)出于预设,与焦点构成限定从句和中心语的关系,预设可通过用上位词语替换焦点而得到的,如"丁三差点晕过去",预设则是"丁三存在晕过去的可能性概率的集合",焦点"差点"是可能性概率的下位词(sub-ordinate)。预设一般根据语境推导而出,推导方式有多种,如常理推断"小王和他老婆离婚了"(预设是"小王结过婚")。有上文提及的上位词替代,如"我不在学校上网",逻辑重音强派给"在学校"时,预设为"我上网,但是在别的地方"。笔者采用的是先行句设定语境的方式,如:⑦a 先行句为"基本消费即使有所增长",即后续句的预设为"消费有所增长"(但存在一些制约因素)。

另外,根据 Jackendoff(1972:240)关于焦点指派规则的理论,焦点是被表层结构相关的语义材料所支配的,用适当的语义材料替换可推导出句子的预设。焦点与预设间存在着推导关系,即用语义变量(上位词)来代替焦点,就能推导出预设。反之,预设也能逆推出焦点,在已知预设的条件下,如果预设中的某个可变的集合性成分能被下位词所代替,那么该成分就为焦点所占位置。

总之,从设定语境到推导焦点的过程如下:

设定语境→推导预设→界定焦点(用适当的下位词限定预设)

对"差点没"句焦点的推导过程如下：

⑧ a. 小陈听了后<u>一阵晕眩</u>，差点没<u>栽倒</u>！(《市场报》1994 年)

　　b. 看到毛泽东同志身体十分清瘦，他<u>鼻子一酸</u>，差点没<u>哭出来</u>。(《作家文摘》1996 年)

⑧a 先行句设定的语境为当事人"一阵晕眩"，可推导出的直接结果就是"倒下去"，即提供了后续句的预设当事人"栽倒"的语义先设，"栽倒"不再是被关注的新信息，后续句的句子焦点集中于动作"栽倒"的限定性成分"差点"上。⑧b 也是如此，"鼻子一酸"一般就会"哭"，因此"哭"与"差点"相比，"差点"更易成为句子的焦点。

再来看"难免"句，如下：

⑨ a. <u>在过去一年半时间里，发生了 16 起政治暗杀事件</u>，这难免不<u>使外人对它产生恐怖之感</u>。(《人民日报》1995 年)

　　b. <u>日本国土狭小，建筑密集</u>，卡拉 ok 的歌声难免不<u>传入左邻右舍</u>，一时成为噪音问题。(《人民日报》1993 年)

遍及"难免不"的所有语料，其先行句(有的无先行句，可由语篇推导语境)均提供了"难免"句中 V_0 所实现的语义环境，如⑨a 短时间内多起暗杀事件无疑会使人心生恐惧；⑨b 日本的国土和建筑因素使得声音容易传播,这些都为后续句中的动作行为提供先设条件,限定性成分"难免"被指派为焦点。

表43 例句对应的焦点和先设类型

S	小陈[差点]F 没栽倒。	他[差点]F 没哭出来。	这[难免]F 不使外人对它产生恐怖之感。	歌声[难免]F 不传入左邻右舍。
focus	差点	差点	难免	难免
presupposition	小陈有栽倒的可能概率。	他有哭的可能概率。	这会使外人对它产生恐怖之感。	歌声会传入左邻右舍。

至于"好不AP"类格式,由于"好不"已成词化,因此"不"的辖域范围较难界定,但对应其肯定式,"好"无疑也是句子的焦点。根据上文对格式"不"所属结构层次的分析,"好"处于"不"的否定范围内,即也是否定焦点。杨子(2013:39—42)也提及了"好不AP"的一大特点是常出现在"传达'是AP'语境假设的小句之后,通常接近或处于该意群、甚至是句子的结尾"。AP语境的先设突出了限定性成分"好"的焦点地位,如下:

⑩ a. 学生们<u>挂起科普展版</u>,摆上书摊,说相声、演小品,<u>好不热闹</u>。(《1994年报刊精选》)

b. 莫慧兰<u>喜得4枚体操金牌</u>,<u>好不开心</u>。(《人民日报》1994年)

"好不热闹"的先行句设定了热闹场景的语境,为后续句架构了"存在热闹场景"的预设,因此后续句的焦点无疑是"好",⑩b也是如此。

总之,对于典型的模糊载体类"X+Neg+Att"格式而言,Neg的否定辖域分别前指和后指,具有非连续性,句焦和否焦则向前指派为载体 X,这既与其肯定式相对应,又与载体 X 为格式成立的主要承载者地位相一致。

9.3.3 羡余否定词的准焦点标记功能

在羡余否定式中,否定词自然有否定算子的功能,否定算子是焦点敏感算子的下属类型,张东华(2004)将"差点没"中的"没"看作焦点标记,那么羡余否定词在句中到底是作为焦点敏感算子还是焦点标记而存在呢?

9.3.3.1 焦点算子和焦点标记的界定

考察一下前人对焦点敏感算子和焦点标记的界定。

焦点标记:方梅(1995:281)首先提出焦点标记的概念,认为焦点标记应具有以下特征。

(1) 自身不承载实在的意义,不可能带对比重音;

(2) 其作用在于标志其后成分的焦点地位,因此,其后成分在语音上凸显;

(3) 不是句子构成的必要成分,可省略。

其后,多位研究者沿用了这一概念和标准,如潘建华(2000)、徐杰和李英哲(2003)、范晓和张豫峰(2003)、孙汝建(2004)、张豫峰(2006)、温锁林(2006),目前被界定为焦点标记的词主要有:"是"(方梅,1995;潘建华,2000;陈昌来,2000;徐烈炯,2001);"连"(刘丹青,1998;方梅,1995;范开泰,2000;王灿龙,2004;蔡维天,2004);"给"(范群,2005;温锁林,2006);"来"(鲁晓琨,2006;张全生,2009);"数"(宗守云,2008),研究者认为这些词能凸显自然焦点和对比焦点。

焦点敏感算子(focus-sensitive-operator):从西方语言学借鉴而来,刘丹青(2001)对"可",董秀芳(2003)将"都、只、也"均定性为焦点敏感算子,徐杰(2001)将汉语中除"是"之外的其他凸显焦点的成分称为"焦点敏感式",蒋严、潘海华(1998)将"也""还""又""都""只"等都定义为焦点敏感算子;蒋静忠(2010)提出"才"和"就"也是有确定焦点作用的敏感算子。

比较焦点标记和焦点敏感算子,两者均作为凸显焦点的方式,因此研究者多将其混为一谈,即便部分研究者区分二者,对同一成分的界定也有差异,如"连"的定性,刘丹青、方梅等将其作为焦点标记,而徐杰、李英哲等则认为它是焦点敏感算子。出于经济原则和标准统一,也有些研究者将具有凸显焦点功能的成分统称为"焦点副词"或"焦点虚词"。

笔者认为,区分这两类成分对于系统的研究是有必要的,袁毓林(2003)指出:焦点敏感算子和焦点标记都有凸显焦点的功能,但两者存在差异,算子(operator)是必须运作的变化过程,具有把一个句法语义表达式改变为另一表达式的作用,同一个算子跟不同的成分相关联也会改变句子的意思,约束焦点语义的算子就是焦点敏感算子;焦点标记则是对业已成为焦点的成分起标志的作用。如英语中的"always",汉语中的"只"等都是焦点敏感算子;而马来语中附于焦点成分后的助词-lah(陈述句中)或-kah(疑问句中)以及汉语中的"是"则为典型的焦点标记。

笔者赞同袁对算子和标记的区分方法,并将两者的共性和差异归纳如下。

表 44　焦点算子与焦点标记的同异特性

		焦点敏感算子	焦点标记
凸显焦点	后凸	＋	＋
	前凸	＋	＋
承载句子语义		＋	－
省略		－	＋
典型成分		范围副词"只"	"是"

由此可见,两者的共性为,多以副词成分为主,均具有凸显焦点的功能,且被凸显焦点的位置有两种,其一为焦点前置,即所凸显的焦点位于成分之前,将其称为"前凸"式,如"来"标注施事主语时(我们[用实际行动]来证明决心);轻读的"就"(我三天<u>就</u>看完了这本书);"才"(我三天<u>才</u>看完了这本书);其二为焦点后置,即所凸显的焦点位于成分之后,称为"后凸"式,大部分成分都属于这种类型,如"是""连""只"等。两者的差异在于是否具有对语义的可运作性,焦点标记是纯标记性成分,无实义,可被省略;焦点敏感算子则具有运算功能,有实义,不可被省略。

9.3.3.2　羡余否定词的焦点化功能

以"差点没 VP"为例,界定"没"的焦点功能。

(1)"没"具有凸显焦点的功能,是焦点化成分。

根据石毓智(2005:46)的观点,焦点化需满足 3 个条件:一是只能焦点化紧邻成分;二是被焦点化成分必须具有离散性;三是与焦点化成分有关的变项应为大于 2 项的集合,以此来检验"没",如下:

⑪ a. "大庆联谊因虚报利润被调查",丁三[差点]F 没<u>晕过去</u>。

⑫ a. 小陈听了后一阵晕眩,[差点]F 没<u>栽倒</u>!

条件一:"没"向前凸显紧邻成分"差点",使其焦点化;条件二:被焦点化的成分"差点"具有离散性征,Langacker(2006:110)将事物分为有界物体(bounded objects)、连续性物质(continuous substances)和离散性实体的集合(collections of discrete entities)。Talmy(2000)认为,一个数量体内形成的概念在其构成整体中有分离或中断的情况,就是离散性的。"差点"为事件发生的临界点,是事件发生的可能性量域上的一个量级,与其他可能性量级共同构成量域集合,因此,具有离散性特征;条件三:与焦点化成分有关的变项即"差点"相关量级的集合,选项语义学(Rooth,1985)把焦点定义为选项的集合,焦点的语义作用就是引出选项集合并断言其中的一项,区别其他的变项。

"没"满足以上条件,因此"没"具有焦点化的功能。

(2)"没"的准焦点标记功能

考察"没"在句法和语义上的特征,若句法上可省略,语义上可虚化,则为焦点标记,否则为焦点算子。

1) 句法角度

上述两例,将否定词"没"省略后,如下:

⑪ b. 丁三差点<u>晕过去</u>。

⑫ b. 小陈差点<u>栽倒</u>!

所得句的句法和语义都是合法的,也就是说否定词"没"可省略,且省略后句义基本不变,满足焦点标记的特性。

2) 语义角度

据前文所述,在羡余否定式中,所谓羡余是否定式相对于同义肯定式的形式差值,否定词本身的语义功能并未丧失,如"没"是对"差点"所表量级的否定,相较纯标记的"是",其语义更为实在,因此更接近否定焦点算子的功能①。

羡余否定式中的否定词在语义上并未完全虚化,在句法上则可省略,究竟应判定为焦点标记还是焦点算子呢?笔者认为,鉴于其判断标准的矛盾性结果,"没"应为焦点敏感算子,但有向焦点标记转化的趋势。

9.3.3.3 "没"准焦点标记的判定

"没"这一特殊现象,是多重因素作用的结果。

(1) 与羡余否定式的特性相关

宗守云(2008:95)指出,焦点标记在语义上是一个羡余成分,在句法上可省略,去掉后不影响意义。羡余否定格式的基本特征之一即否定词去掉后,不影响句义的表达,与焦点标记的特性相吻合,因此,否定词"没"作为焦点标记的语义羡余性其实是由羡余否定的羡余性所赋予的。

(2) "没"的否定语义和句义表达

袁毓林(2003)指出:"焦点算子能将一句法语义表达式改变为另一表达式。"这里所谓表达式的改变,是指整句的句义或所在结构的结构义的改变,还是焦点语义的改变呢?笔者认为,只

---

① 否定焦点算子:汉语中不同类型的算子间存在交叉,如果否定算子同时还能指派焦点,则为否定焦点算子,其焦点化功能通过否定词对焦点成分的语义否定实现。

要是对焦点的语义表达有逻辑运算功能的成分,都应视为焦点算子。因此,即使羡余否定式中去除否定词后句义表达取向相同,但焦点成分的语义是存在变化的,如"差点没",焦点"差点"的可能概率量级被调低了,否定词对焦点具有语义操作性。因此,应注意区分整体句义和焦点语义,焦点标记之所以能省略,并非因为其不影响句义的表达,而是因为本身的语义空白使其对焦点无语义操作性。

此外,袁还指出:"算子除了能改变表达式外,另一大特征是同一个算子跟不同的成分相关联会改变句义。"以"差点没 VP"为例,当"没"焦点化不同成分时,如下:

⑬ a. 我[差点]F 没死。(没死)
　　b. 鬼子差点没[死]F!(死了)

句义刚好相反。因此,羡余否定式中的否定词具有焦点算子的基本特征,仍应归于算子。

(3) 焦点算子和标记界限的模糊性

尽管前人已就焦点算子与标记的特征及差异进行明确定性(方梅,1995;袁毓林,2003),但仍有不少研究者对算子和标记一概而论,或是在针对具体焦点化成分时,判定结果不一,如对"连"的判定,大部分学者将其归入焦点标记(方梅,1995;刘丹青,1998;王灿龙,2004;袁毓林,2006),依据为可去掉且不影响句义;而白梅丽(1981)、徐杰(2001)则认为"连"是焦点敏感算子,理据在于"连"可话题化其后成分,"连"字句有"不寻常"的语义和"居然""竟然"的语气,去掉后会影响句义。

判定结果的差异与判断标准的可执行度相关,对于焦点标记来说,句法上的标准(可否省略)较为明确,但语义上的标准(是否具实义、可否改变语义表达式)则较难操作。标记理论(Markedness Theory)本就源于西方语言学,由布拉格学派在探讨语音音位的基础上产生,是索绪尔语言符号学的衍生。西方语言中,普遍存在纯标记性的成分,如分裂句的载体"it"("It is Tom who stole the bicycle.")、动词过去式的标记(ed),都是无意义的形式标记(Halliday,1994:37),而对于汉语来说,其形态变化特征不明显,语法手段通常靠虚词和语序来实现,无意义纯标记性的形态标记较少见。焦点句同样与虚词和语序相关,焦点辖域与位置具有语序效应,焦点化成分为虚词,主要是副词。相较于具实在指代概念义的实词,虚词的语义更为虚化,但不代表语义已消失,如历来对副词的分类就基于语义基础。另外,"无语义"的标准较为模糊,所谓语义究竟是概念义、还是语用义、功能义或语篇义,如徐杰将"连"判定为焦点算子显然是基于其语用义。

再看较新的焦点标记"来""数"的研究,鲁晓琨(2006:20—30)指出,"来"可去掉,且句义不变,故为焦点标记,而笔者认为"来"在趋向的动词义消退的同时,增加了"目的性"的语义,如下:

⑭ 大家静一静,听我<u>来</u>说两句。(鲁例)

"来"去掉后句子仍成立,但"目的性"却消失了,因此句义是有变化的,"来"应为趋向动词虚化为结构助词,语义泛化但未消失,仍为焦点算子。

关于宗守云提出的焦点标记"数",笔者注意到,某些句子去掉

"数"后不成立,如下:

⑮ 当年村里那些知青,<u>数</u>吕建国有出息。(谈歌《大厂》)
⑯ 过节时,数孩子们<u>最</u>乐呵。(宗例)

"最"与"数"搭配使用时,去掉"数"可成立,没有"最"时,则不可省略"数",这是因为,"最"是典型的量级算子,有极性意义,而与之共现的"数",对极性义有强化作用,并非语义完全虚化的纯标记,也具有极性义色彩。因此,"数"也为极性焦点算子,不可省略。

笔者认为,焦点算子或标记判断结果的分歧,主要源于对焦点化成分语义缺失程度的判定差异,实质上,二者没有明确的判定界限,而是处于一连续统中,如下图:

图35 焦点算子到焦点标记的连续统

由上图可见,越靠近左端,越体现算子的性质;反之,则更易被判定为标记。"没"可有条件地省略,但省略后引起语义变化,因此"没"仍为焦点敏感算子,但具有准焦点标记的性质。

9.3.4 "没"的前凸性逆序否定

上文提及,焦点化成分在凸显焦点时,有前凸和后凸两种关联位置,尤以后者为主。"没"在"差点儿 VP"类"X+Neg+Att"格式中,具有前凸性。李宇明(2000:30)指出,对于量范畴,非数值记量的重要手段之一就是使用程度副词(adverbs of degree)。张国宪(2006:140—141)从情态角度将程度副词分为客观量程度副词和主观量程度副词,前者常用于比较句,如"最""更";后者可独立使用,即王力(2000:131)所说"无所比较,泛言程度",如"很""非常"。载体"差点儿""难免"等均有主观量化特征及计量功能,类似主观量程度副词,因此,考察其与否定词的搭配可借鉴程度副词与否定副词的共现。

以"很"为例,尹洪波(2008:71)指出,主观量程度副词与否定词共现时,有两种语序,既可位于否定词前,又可位于之后,如"很没意思""没很讲究",可见,"差点没"的语序是合理的。然而,对"AD+Neg"语序的解释,李宇明(2000:265)认为,该语序下,否定的是程度或级次,AD 在否定辖域外,实质上是对"Neg+VP"性质或状态程度的肯定,见王力(2000:127)、石毓智(2001:130)等。

这种层级划分与"X+Neg|+VP"截然不同,从语义角度而言,"X+Neg|+VP"其实应对应于"Neg+AD|+VP",如"没很讲究","没"降低"很"的量级程度,也就是说 Neg 在限定 X 的量级时,应向后凸显 X,那么这种凸显焦点的逆序应如何解释呢?

9.3.5 量级否定的句法与语义的扭曲性

尹洪波(2008:90)注意到,根据李宇明(2000:270—271)对否定的分类,从句法层面,否定有同维度否定和异维度否定之分,其中后者又可下分对等否定和非对等否定,"AD+VP"的对等否定(就意义而言)应该是"AD+Neg+VP",但从结构形式上看,"AD+VP"的否定式应为"Neg+AD+VP",如"很讲究"的对等语义否定为"很不讲究",而对应否定式则为"不很讲究","AD+VP"的否定形式和否定意义的句法结构不一致,其扭曲关系表现如下:

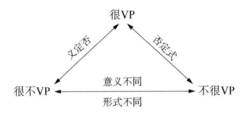

图 36　AD+VP 否定形式与否定意义的扭曲对应性

既然否定意义的句法结构"AD+Neg+VP"与否定式的句法结构"Neg+AD+VP"存在扭曲的对应性,同理,否定意义的句法结构"Neg+AD+VP"与否定式的句法结构"AD+Neg+VP"也存在扭曲的相关性,将"差点"代入,则有如下:

差点没 VP——没差点|VP

否定式　　　　否定意义

参照"不很 VP"的层次切分,研究者大多将"不很"作为结构体修饰 VP,否定词"不"调低"很"的程度量级,因此在"没差点 VP"中,"没"也是对"差点"量级的限定,调节"差点"的量级为"差得

多"。根据否定词与程度副词结合时,意义与形式之间的扭曲的对应关系,否定式"差点没 VP"表达的意义其实是"没差点 | VP"的意义,这为"没"在语义上向前凸显焦点 X 提供了事实依据。

9.3.6 核心吸附与否定词的降落移位

在汉语中,否定词修饰其辖域内副词时,一般遵循"Neg＋AD＋VP"的语序,那么,"差点没 VP"为何会反其道而行之,"没"逆序修饰"差点"呢?王森(2001)指出,东干话存在与普通话相反的情况,即"AD＋Neg＋VP"的语序,Neg 向前修饰 AD,如"我的窗子甚不高"表示"我的窗子不太高","水很很地不热"表示"水不太热"。AD 出现在 Neg 前,却是 Neg 辖域内的否定焦点。"差点没 VP"与这一方言现象相符,其正常语序应为"没差点摔倒",即:"丁三{NegP[没(VP 差点)]}[VP 晕过去]"

胡建华(2007)认为可用否定词的降落移位(lowering)来解释这一现象,将"我的窗子甚不高"的产生推导如下:

"我的窗子{NegPtNeg[VP 甚(VP 不 Neg 高)]}"

否定词之所以能否定其前副词,是因为该副词原本就在其辖域之内。胡进一步提出,"不"的降落移位且修饰前置成分,其机制在于普通话的否定词是 VP 嫁接语,而东干话则是 V₀ 嫁接语,"VP 嫁接语以 VP 为嫁接对象,自然可以不紧靠动词,而 V₀ 嫁接语的嫁接对象是动词中心语,便不可与动词分离"。依据刘丹青(2005)对东干话的分析,其中一些否定成分,可看作是附缀。胡赞同其分析并进一步提出,普通话的否定词是"词",而东干话中的否定词则是附缀(clitic)。

笔者认为,"差点没 VP"类"X＋Neg＋Att"格式中,"没"体现为一个准附缀性的成分,因此接近于东干话否定词的用法,紧靠动词,但否定对象为其前的限定成分 X。下文笔者拟用胡建华的附缀判定条件(2007)及刘丹青的核心吸附原则(2005)来推导这一结论。

胡建华(2007)提出,将普通话和东干话中的否定词看作不同性质的成分是有依据的,如下:

(1) 普通话中的否定词可被指派重音,而东干话则不行,附缀一般排斥重音;

(2) 普通话中的否定词可单独回应问句,东干话则不能,附缀必须与其他成分同现。

用这两个限制条件来检验羡余否定式中的否定词,则有:

(1) 重音指派规律

羡余否定式中的否定词轻读,绝对不能指派重音,如下:

⑰ a. 差点<u>没</u>晕过去。
　 b. 难免<u>不</u>被破坏。
　 c. 差点<u>没</u>考上大学。
　 d. 难免<u>不</u>负责。

上例中的否定词"没"和"不"无法指派重音,如果一定要指派重音的话,就会转成如 c、d 的句子,此时,否定词向后否定 VP,不再构成羡余否定。

(2) 单独回应问

⑱ 甲:你去吗/你去不去?

乙：不,我不去。(刘例)
甲：他差点没晕过去？
乙：没？

鉴于羡余否定词的如上特性,它与普通话中一般的否定词不同,属于类附缀的否定性成分①。刘丹青(2005：1—22)用核心吸附原则来解释东干话中"不"的位置。刘认为,句中独立性弱、虚化程度高、弱读的部分容易被 VP 核心 V_0 所吸附,否定词强烈的附缀化倾向甚至可以用违背否定词辖域作代价。这一核心吸附规则具有类型学特征,最典型的就是附缀化现象(cliticization),附缀化即功能词丧失其独立地位成为实词的依附成分,有时会引起成分间位置关系的变化,如 Trask(1996/2000：118)发现,法语口语的语序变化部分来源于附缀化。刘认为,东干话的特殊语序是准附缀化的结果,按照这一原理,由于羡余否定式中否定词相对弱化,也容易被吸附到 VP 之前,突破辖域规则修饰其前的 X,该否定词表现出准附缀的性质。

核心吸附机制下东干话否定词的降落移位与其嫁接 V_0 而非 VP 事件论元(event argument)(Davidson,1967)相关,那么羡余否定式的否定词是怎样被核心吸附到动词之前呢？

其移位动因为下文的两个方面。

9.3.6.1 否定词的准附缀化

如上所述,羡余否定式中的否定词弱读,独立性弱,因此无法

---

① 普通话中类似的情况不止羡余否定词,如述补结构 V 不 R 格式的"不"("洗不干净"),也是类似附缀的成分。刘丹青注意到这一现象,认为"不"在"V 不 R"和是非问句疑问句末时从句法形式而言为后置性否定,但究其根源,仍为前置性否定。这种否定方向形式上的异变也与"不"的弱化相关。

前置于 VP 的限定性成分再修饰 V_0,容易被 V_0 所吸附,形成 X＋Neg＋Att 语序,推导过程为:

丁三{NegPtNeg[VP(差点"没 Neg"VP 晕过去)]}

然而,这与胡的"我的窗子甚不高"例移位结果有所差异,"甚不高"的附缀化过程较为彻底,否定词"不"由 AD"甚"前降落至 V_0 前,且与 V_0 形成具有否定特征的动词中心语,并将否定性渗透(percolation)给整个 VP,即:

NegPtNeg[VP 甚(VP 不 Neg 高)]

而"X＋Neg＋Att"类羡余否定式,Neg 的附缀化则不够完全,Neg 趋向于普通话否定词和东干话否定附缀之间的成分,尽管受 V_0(Att)吸附,但仍与 X 具有结构化趋势,其否定性通过前指 X 渗透到整个 VP 论元,相当于普通话中的外部否定操作形成否定性 VP(未移位前)。总之,羡余否定式中 Neg 的移位与其附缀化过程相关,但由于 Neg 的附缀化程度不高,其移位结果也并不彻底。

9.3.6.2　语用否定的牵制性

据前所述,"X＋Neg＋Att"格式中 Neg 的特殊语序机制体现为:(1)Neg 的相对弱势强化了 V_0 核心对其的吸附能力;(2)Neg 附缀化的不彻底性使 Neg 未完全依附于 V_0 核心,在位置上向 V_0 靠拢,但在语义和结构上与 X 仍为结合体。

Neg 的这一特殊语序将其置于 X 与 Att 的双重牵制之下,这种现象背后的机制为何?迄今并无研究者对其作出解释,可见的相关分析仅有"差点(没)VP"的"双向否定"(Two-way negation)论。朱迪(2010:25)提出,"差点没 VP"格式中,"没"的否定性具有双向性:向前否定"差点";向后否定 VP,即:

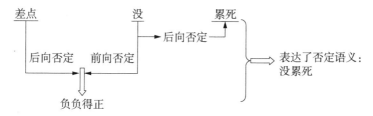

图37 "没"的双向否定

朱认为该格式中实际上存在两个"没",分别为前凸和后凸否定,双向否定功能经整合后省略其中一个"没",符合语言的经济原则,语义上也能成立。朱意识到"没"与 X 及 VP 的双重关联,其对现象的揭示值得借鉴,但对其动因机制的分析——否定双向论,则太过浅显和主观。句中的否定焦点一般仅有一个,无论是否承认焦点的独立性,前人都将否定焦点定义为辖域内真正被否定的那一个成分(徐杰、李英哲,1993;李彦凤,2007),即使如袁毓林(2003)所说,否焦也可能是语义上被集中否定的几个成分,但这几个成分也往往为结构体,如否定判断句"不是……的"中的降谓述宾结构及所谓的宽焦点等。

因此,同一个否定词"没"不可能同时前指否定和后指否定,"双向否定论"缺乏语言理论依据。另外,对于整合后省略一个"没"的说法,也存有疑问,否定词"没"一般不会出现重叠使用的情况,且无法解释"没"前凸限定"差点"的超常(abnormal)语序搭配。

笔者认为,"X＋Neg＋Att"格式中,"没"的特殊语序是格式的语义与语用意义,深层——表层结构结合点的作用结果。彭玉海(1998:17)提出:"语义是句子内容与客观现实的关系,语用意义是句子内容与交际环境及言语主体的关系。"因此,句子表层结构既构成句法功能,外显深层结构语义,又"人格化"交际内容,承担说话人意义,即语义结构的边缘意义,包括"表情意义、评价意义、修辞意义和理据意义"(华劭,1995:1—6),显性表层结构是深层语义和语用意义的接口(interface)。陆俭明(2006:32)也对句子的意义进行分类,如下图:

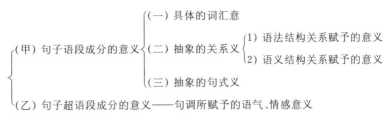

图 38 句子意义的分类

其中,(甲)义尤其是(二)即深层语义,是句子的事实性内容,(乙)义是语用意义,两者都是基于表层语言物质材料所体现的,后者除句调外,还可由语境、交际意图、预设背景等指派超语段意义。这两种意义构成了客观现实和主观现实的同构性(homo-organicity),后者是对前者的主观加工,这与 J. Lyons(1977)关于"句子意义"(sentence meaning)与"话语含义"(utterance meaning)的认识的解释具有一致性。

以下用语义—语用同构理论来分析 X+Neg+Att 的句式,如下表:

表 45 "X+Neg+Att"对应的语义类型

句子	语法结构关系义	语义结构关系义(语段成分义)	话语含义
丁三差点没晕过去。	离晕倒就差一段距离	丁三险些晕过去	幸好没晕过去
小陈差点没栽倒。	离栽倒就差一段距离	小陈险些栽倒	幸好没栽倒

续　表

句子	语法结构关系义	语义结构关系义（语段成分义）	话语含义
景观难免不被破坏。	被破坏有很大概率	景观很可能被破坏	希望不被破坏
歌声难免不传入左邻右舍。	传入左邻右舍有很大概率	歌声很可能传入左邻右舍	希望不传入左邻右舍

具体词汇义对应纯句法平面的表层结构义，而深层结构意义则是外显的命题意义，话语含义是深层语义在语境中的衍生意义，比如："丁三差点没晕过去"，其语法结构关系应为主语—述语结构，述语部分为限定性状中结构，其中限定性状语的量级阀值又由否定词来调节，因此，其语法结构关系义应为，离"晕过去"事件的临界点尚有一段距离，没到该临界点，而其语义结构关系义则为，丁三晕过去的事件险些发生，由结构意义衍生而得的话语含义则是句中态式（注："态式"中说话人的主观认识、评价等往往为可在表层结构或显性语句中通过语言物质形式体现出来的外化），对照结构义和语用义，均包含否定性，然前者为命题否定，后者为语用否定。前者的否定性对应于形式上的显性否定标记"没"，否定功能表现为限定"差点"的量级，其原型应为"没差点 VP"，如下：

⑲ 我当时没差点喷饭！（网易新闻 2012 年 5 月 18 日）

⑳ 我一看没差点吐血！（搜狐 2006 年 5 月 15 日）

㉑ 一进去没差点把我吓死！（凤凰网 2013 年 11 月 18 日）

㉒ 对方的一番话没差点把沈小姐噎着。（新浪 2006 年 7

月 24 日)

㉓ 买房,这个词,让多少人费尽了心思,却<u>不难免</u>遇到种种坑爹的事。(资讯中心 2014 年 8 月 7 日)

㉔ 中国篮球已经让姚明这块巨大的遮羞布遮了 10 年之久了,露出本来面目的时候,<u>不难免</u>会让人接受不了现状。(凤凰网 2010 年 9 月 2 日)

在新闻语料中能找到不少"没差点 VP"("不难免 VP")的语例,且"没"弱读与"差点"("不"与"难免")结合,其后可停顿,这些语料可作为"没"否定"差点"(Neg 否定 X)量级功能的佐证。

但大多数语例还是以"没"逆指否定"差点"为常态,这其实是原型的变型。

上文提到,后者为语用否定,即庆幸 VP 事件没发生,根据语义—语用同构的原则,其否定性的语义必然也对应否定性的结构义,VP 事件有隐含的否定义,投射到表层结构上,根据最简原则,否定 VP 事件的最直接形式就是否定词"没"前置动作,即"没+VP"格式,如下图:

图 39 "没"语用否定的表层投射

语义否定对应的"没"应前置否定"差点",语用否定对应的

"没"应后凸否定 VP,语用否定下,VP 对"没"产生核心吸附作用,使得"没"从原型中的 X 前位置,被吸附到 X 后 VP 前位置,而又因为"没"在表层结构中实际的语义否定对象是"差点","差点"对"没"又有吸附作用,前后双重吸附的结果是,"没"语序后移,但仍与"差点"形成结构体,否定焦点前指"*差点*","没"未完全成为 V。的附缀。

朱迪的"双向否定论"注意到了 Neg 受 X 和 VP 的双重牵制,但值得注意的有以下几点:

(1) 否定词本身不具双向否定性,无论它在语义上"否定"X 的量级,还是在语用上否定 VP 事件的实现,都属于后凸性否定,这与刘丹青(2005)提出的否定的单向后置性相符;

(2) 表层形式只有一个否定词,不存在整合后的否定词缩略现象,"没"趋向 VP 的语序是因语用否定的"没"投射到表层结构给交际者造成的错觉(illusion)所致;

(3) "没"的逆语序是语义否定和语用否定双重牵制的结果,"没"后一般直接连接 V_0,而不能插入其他成分(如副词),也印证了刘指出的核心吸附来自于 V_0 的观点。

9.4 小　　结

本章结合前人对否定辖域及焦点的研究,提出相关界定标准,其中,否定辖域的特征表现如下:

(1) 辖域范围包括受否定语义限制的 VP 或 AP 及从属成分(如 AD);

(2) 直接支配 VP 的主语不属辖域范围;

（3）辖域范围可能是非连续性的片段的集合。

否定焦点具有独立性，不等同于句子焦点，否焦与句焦间存在分合关系，表现如下：

（1）当句子焦点位于否定辖域内时，句焦与否焦相合；句焦与否焦的相合关系，又可分重合和覆盖两类，并与句焦的类型相关；

（2）当句子焦点位于否定辖域外时，句焦与否焦相离，且否定焦点与辖域内小句的自然焦点相合。

羡余否定格式的否定辖域及焦点具有普遍性，当 Neg 与否定辖域呈现正序否定时，否定焦点依据 Neg 所在最小层次组合体的情况，可为载体 X，也可为 Att 的焦点成分，其界定模式参照一般否定的情况。

值得注意的是，模糊量域类"X＋Neg＋Att"体现出否定的非常态特征。本章重点探讨了其焦点和辖域的特殊性及形成机制。其辖域具有非连续性，根据重音原则和语境原则，X 是格式的焦点所在，Neg 为前凸性焦点算子。此外，Neg 对 X 的逆序非常态否定，一方面源于 X 类程度量级与否定词搭配的语义形式扭曲性，另一方面，Neg 具有准附缀化倾向，在对 X 的语义否定与 V_0 的核心吸附双重牵制下，Neg 从 X 前移位至 V_0 前，但仍与 X 构成整体性搭配。该种否定词、辖域等构成机制的解释是"X（量级副词）＋Neg＋VP"类羡余否定格式的系统共性。

第 10 章 结语

羡余性是自然语言的三大特性之一,体现在语言的各个要素中,其中最为突出的研究热点是羡余否定现象。自朱德熙先生1959年开创性地提出这一问题以来,针对该类现象的论文数量呈不断增长趋势;研究对象的范围不断扩大;新语言理论的引入使得研究不再局限于对现象的单纯描述。总之,研究者在这一领域取得了一定的研究成果,且处于不断推进和深化中。

然而,目前的研究也存在明显的缺憾和不足,集中体现为系统性的缺失:其一,研究多为现象内部个别格式的个案分析,对其他大多数格式关注甚少,且缺乏共性的探究和系统的分析;其二,孤立地从形式或意义角度对格式描写分析,割裂多角度间的联系,缺乏对句法形式、语义表达及语用功能等抽象层面的接口研究;其三,重复性的研究较多,有新意、建树性的观点较少,提出的理论性假设缺乏充分的事实验证。

本书在梳理和归纳前人研究基础上,引入句法语义接口理论、韵律规则、认知语言学相关理论,如主观化理论、认知凸显观、语法化理论、量域理论等,探讨了羡余否定现象的类别、共性特征、形式制约、语义等值取向、生成机制、层级切分、否定辖域及焦点界定等问题,理论分析结合语言事实、个案研究结合共性探讨,试图建立羡余否定格式的系统性模型。

10.1　本书主要结论

本书围绕羡余否定格式及否定标记的相关问题进行分析,探究的主要问题及阐述的结论如下:

(1)羡余否定格式的名称、界定及分类系统

综合前人研究,将其名称统一为羡余否定格式,并将范围限定为由固化载体 X(词或短语)、显性否定标记 Neg 及附加成分 Att(VP/AP)按一定的线性顺序排列,形成肯否等值的命题意义并传达言者特定语用意图的格式。其中,载体为承载羡余否定的关键成分,是格式相对固化的成分;显性否定标记为"不""没""别"等否定词,其隐现不影响语义的表达。附加成分是格式中相对可变的成分,如"差点(没)VP"格式中,载体 X 为"差点",否定标记 Neg 为"没",附加成分为 VP。另外,从形态标准出发,结合载体 X、否定标记 Neg 及吸附成分 Att 三要素的线性排列顺序,将羡余否定格式分为 5 类 18 种,其中,"X+Neg+Att"(如"差点没 VP")为原型格式。

(2)羡余否定格式的系统共性

1)句法角度定位:结合语料统计分析,羡余否定格式应为类谓词化结构;

2)语义角度解析:每类格式都具有微观层面的核心语义,而其宏观层面的语义共性体现为对句义的补充和修正,有两种类型:(A)强化语义:如"差点(没)VP"强化"没 VP"的临界性倾向;"小心(别)VP"强化 VP 的非合意性。这类格式的运用也是句子语境

所需,有明示语境义之用;(B)规定时间意义:时间意义包括事件的外部时间构成——时的概念,及内部时间构成——体的范畴。如"不由得(不)VP"等只适用于现实体,VP 为已然状态;"小心(别)VP"适用于最近将来体,VP 为未然状态;

3)肯否形式的频率差异及不对称性:笔者用标记理论的频率和分布标准来检测肯否式的标记性,通过穷尽性统计 CCL 语料库相关语料发现,肯否式使用频率呈 3 种模式:即肯定式占绝对优势、否定式占绝对优势及两者比例趋同。该频率差异呈规律性,与载体否定性程度、载体与否定标记的抵消、削弱、强化及叠加作用相关。当载体为隐性否定成分时,其否定性与否定标记的否定性相叠加,强化格式的否定意味,且肯定式占优势。当载体为显性否定成分时,其否定性与否定标记的否定性相抵消,且否定式占优势;

4)语域特征:根据语域论和语体分类理论,笔者考察各类格式的语域分布后,发现羡余否定格式多用于非正式书面语体和口语中,其冗余及修辞特征排斥高精确度的正式书面语体;

5)句类和语气角度:句类和语气情态是构成部分羡余否定格式的先决条件——

(A)句类的规定性:如,"好(不)AP""(不要)太 VP"和"小心(别)VP",上述格式只有分别为感叹句和祈使句时才构成羡余否定;

(B)语气情态的规定性:如"还(不)得 VP"格式构成羡余否定时,大多表客观必然性的语气情态。

(3)羡余否定标记的隐现,即肯否式的形式受制性

1)格式内部的形式制约条件:Att(VP/AP)的谓头成分于载

体 X 的准入性规定形式的选用,根据不同的谓头分为以下几种:

（A）谓头为 AD:部分格式的否定式受制。否定标记与谓头关系的实质是否定副词及他类副词的共现及受制,如"差点没 VP"格式,VP 不能以限定副词开端,这与"没"及限定副词的共现条件相关,具体受限情况分别见前文表 9、表 10、表 11;

（B）谓头为 S-V 结构:S-V 对部分否定式存在过滤性,且与大小主语的领属关系及主语的移位相关;

（C）谓头为 V 单:在韵律规则下,考察 VP 的音节性对部分肯定式的限制,如"非 VP(不可)",VP 为单音节动词时,常适用于否定式;

（D）否定性 VP:否定标记与否定性 VP 的共现属于外部否定,否定标记焦点化排斥羡余否定,否定式受制。

2）格式外部的形式制约条件:肯否式形式受制与句际关系也存在一定相关性。如"非 VP(不可)"若为与前一分句有转折关系的后续句时,则无形式制约性;反之,则肯定式受限。

（4）否定标记羡余的绝对性和相对性

羡余否定肯否式等值语义的取向以肯定结果（句中的事件或行为发生或实现,或状态未发生改变）为主。根据肯否式与语义结果取向的关系,用否定逻辑等式检测后发现,否定标记分为绝对羡余与相对羡余,前者指格式的肯定式已建构自足的语义,否定标记并非解构的必需成分;后者指格式的否定标记是语义解构的必需成分,肯定式可视为省略否定标记的结果。两者分别以肯定式和否定式为常式,前者如"差点（没）VP",后者如"无时无刻（不）VP"。另外,否定标记羡余的绝对性和相对性与其肯否式的比例分布存在对应关系:肯定式占据数量优势的格式一般为绝对羡余;否定式占据数量优势的则为相对羡余,这与肯否式在范畴中的常式和变式地位一致,也从数据角度印证了上文关于绝对羡余和相对羡余格式区分的合理性。

(5) 否定标记的生成机制

这一生成机制共有3种模式。

1) 构式的添加及强化模式

肯定式已语义自足,添加显性否定词以彰显言者主观意图。该类格式共有6种,分别为概率量级范畴模式"差点(没)VP"、避免量级范畴模式"难免(不)VP"、时间量域范畴模式"(没)VP之前"、短时量级范畴模式"(不)一会儿"、高程度量域范畴模式"好(不)AP""(不要)太AP"。

其载体具有主观模糊量的特征,即分布在一定的量级范畴模式上。其承载的格式也体现强烈的主观量化特征,格式义具有鲜明的主观性,是主观意愿、主观预期和客观结果综合作用的结果;否定算子"不"和"没"作为主观量标记添加于肯定式中,操作于载体的量级,或减量或增量,皆从如何能最恰如其分地表情达意出发。

否定算子从语用角度而言并非羡余成分,具有信息纠差性、主观识解标记及对量域的调节功能,后者是其核心功能所在。

2) 否定标记的脱落及省略模式

含显性否定性的载体与羡余否定标记构成双重否定式,否定式为原式,否定标记为实义否定,否定式的裂变与后端否定词的脱落形成肯定式。该类格式共有3种,分别是"无时无刻(不)VP""非VP(不可)"和"不由得(不)VP"。

通过考察格式的历时演变、裂变路径及否定词的脱落机制,发

现该类格式形成模式具有以下共性:

(A) 其羡余否定的形成模式大致如下所示:

载体＋|否定词＋VP→载体＋|否定词|＋VP

(主观化、VP凸显独立性)

载体中的否定词与结构中的否定词构成双重否定,随着VP类型的多样化,VP凸显独立性,语义重心偏离而前移,否定式的后端否定词在主观化等因素诱发下,前移与载体构成结合体,并为格式所吸收,格式义不变而演化为肯定式,形成肯否式同义("非VP不可"的形成路径略有不同,"不可"与载体构成框式结构,进而脱落)。该主观化的过程伴随着载体X的语法化,格式由复谓结构转为偏正结构。

(B) 主观化对这类格式具有形式制约性

前文用韵律规则、副词共现特征等分析的形式制约条件,本质上都能用主观化和历时演变规律来解释。

(C) 载体显性否定义的失落性与语义压制理论相关

显性否定词"非""无"和"不"作为构式中的固有成分,受到构式所施加的语义上的结构压力,其本身的否定语义受到格式肯定义的压制,否定义被虚化,从而凸显了构式义,即主观必需性、主观行为的周遍性和主观情态的不可控性。

(D) 与第1类羡余否定格式相比,存在肯否式主观性强弱颠倒现象

第1类格式的否定式否定的是载体的模糊量域,其主观性大大超过肯定式;该类格式的肯定式与否定式相比,载体虚化,格式也由连谓结构演变为状中结构,该过程伴随着主观化的历程,"不"

的否定义也为载体所吸收而成为羡余成分,因此肯定式的主观性强于否定式。两类格式的形成模式和主观化路径截然不同,这与其载体的特性及历时演变历程息息相关。

3) 平行构式和意义耦合模式

该类格式的肯定式与否定式为平行格式,其否定式的否定词也为表达语义所必需,是肯否式的形式差值,其羡余是相对于意义耦合的肯定式的羡余。下分两种模式。

(A) 句法形式差异与意义耦合

该类格式共有 5 种,如"小心(别)VP"格式,其特征为以下几点:

Ⅰ. 载体为断言性隐性否定词

载体属隐性否定,其否定义明确,不具有模糊量的特性。如"小心"为具有隐性否定的载体。

Ⅱ. 肯否式体现规律性的句法形式差异

肯定式为谓宾式结构,否定式为正反叠加式复谓结构。

Ⅲ. 肯否式与句法差异对应的意象图式差异

结合认知域相关的构式形成途径,肯否式的观念图式可描摹为以下构式:

单意象的肯定构式:在句法形式表现为"VP_1(隐性否定类情感动词)+VP_2(客观情态或行为)"的谓宾式,在语义层面表当事者对某种非合意性客观结果的言明或规避性态度。

双意象的否定构式:该意义框架包括两个基本图式,其一为主观排斥某种客观事件;其二为对某种客观事件或可能性持消极性态度,且前者为主导图式,后者为附加图式。双意象图式的否定式是两种意象图式以 VP 客观情状为结点的叠加。就句法表现而言,主导格式"否定情态＋VP"为否定式的关键部分,附加格式谓宾式中的宾语又与该 VP 相重合(该宾语一般有名物化倾向),谓语成分常以含隐性否定义的动词充当,成为主导格式的前导成分和语义标识,主导格式与前导格式的叠加形成了"VP_1＋[Neg＋(情态动词)＋VP_2]"的句法形式。其中,谓宾式中的宾语与情态动词否定式中的动态宾语相重合,其谓语缩合为主导格式的谓头,形成了正反叠加式的双谓核结构,前导谓语与主导谓语分别从正反两个视角来说明主题。

Ⅳ. 肯否式的语用焦点的差异性

肯定式的新信息与焦点为载体 X 所指向的 VP,而否定式的新信息为主导谓语结构,即以"否定性的情态动词＋VP"("别"例外,但"别"具有鲜明的祈使语气特征,区别于一般否定副词,相当于"不要",与情态动词具相通性)为语用焦点。

Ⅴ. 羡余否定标记的特性

对于单个否定式来说,其否定词在句法、语义层面均为必需成分,而与肯定式构成异形同义时,否定词就成为逻辑语义相等的形式差值,成为相对的表层的羡余成分。"否定词＋(情态动词)＋VP"的谓核结构是主导谓语,提供了语句的预设条件,对准入的 VP 有语义填充作用,即否定式的 VP 的准入条件比肯定式的 VP 更为宽泛,如"小心(别)VP"格式,为肯定式时,VP 均为绝对的非合意事件;为否定式时,VP 的非合意性有时并不表现。

(B) 特殊语气情态下的中介格式

该类格式共有 3 种,其特征如下。

Ⅰ. 载体及构式都具有鲜明的语气情态色彩

载体语义高度虚化;构式具有强烈的情态色彩,分别为客观必需性情态格式"(还)(不)得＋VP/NP"、威慑性情态格式"看我(不)VP"和测度性情态格式"别(不)是＋VP"。

Ⅱ．载体的情态标记化

格式的载体都为情态标记,负载言者主语的主观情态色彩,"得"为道义情态词,激发格式主观推断的客观必需义;"看我"则为话语标记词,激发格式的提醒注意的威慑义;"别"为测度语气标记,激发格式对非预期性信息的揣测意义。

Ⅲ．羡余否定标记的形成机制

格式肯否式的构成均有不同的路径,两者间无相互演化关系,两者的同义在于中介格式的搭桥作用。否定式反诘句和双重否定句式为肯否同义的介质格式,前者向非疑问句式即该类格式否定式的转化与语义确定性的提升相关,而引起提升的语言机制则为载体强烈的主观情态性因素,如陈述句"还(不)得 VP。"肯否同义以否定式反诘句"还不得 VP?"为中间格式;后者载体的主观情态色彩覆盖双重否定的强主观性功能,将后端否定压制而为单元否定,如"看我不 VP"实由"看我不 VP 才怪/不……"转化而来。

Ⅳ．羡余否定标记的特性

否定词从形式而言,为肯否式的差值,但就否定式本身而言,"不"仍保留实在的否定语义,绝非冗余成分;从语效而言,否定式的原型为强语义确定级别的反诘式或双重否定式,因此,比肯定式更强调言者主语的主观确定性。

(6) 羡余否定标记的结构所属层级

相关问题及结论如下。

1) 建立了层级切分的三维系统判定标准。

(A) 显性句法形态标准(假设)：语音虚化、与后置 Att 共现的允准条件；

(B) 深层语义标准(解释)：语义弱化机制、羡余否定词在内层结构体中的语义功能；

(C) 形成动因标准(验证)：动因模式投射到句法结构层次的对应性。

2) 经三维系统标准判定后，羡余否定标记的所属性如下：

组合情况分为 3 类：(A) 与 X 或 Att 构成结构体，两者比例相当；(B) 单独成立；(C) 构成框式结构。因此，羡余否定词绝大多数情况下都位于格式的内层，与格式内成分直接连接，形成一定句法关系，构成整体性结构。

另外，同样的动因机制下形成的格式往往具有相同的层次切分，即羡余否定词呈现相同的归属性，羡余否定格式的层级切分及否定标记的依附结构与其语义和生成机制上表现出系统的对应性，形成互相印证的关系。

(7) 羡余否定标记的否定辖域及焦点界定

1) 除模糊量载体的"X＋Neg＋Att"格式(如"差点没 VP")以外，整体格式的否定辖域及焦点特征呈现普遍性规律，如下：

(A) 其否定语序都属正序否定"Neg＋Pred"，否定词的辖域及焦点均符合常规否定的类型，可按一般否定句确定焦点的方式进行界定；

(B) Neg 可与 X 或 Att 组成结构体，前者 Neg 的否定辖域与

焦点重合,为载体 X;后者否定辖域为 Att,否定焦点指向 Att 所在小句的自然焦点;

(C) 源于同一形成机制的格式其否定辖域及焦点存在相对的一致性。

2) 模糊量载体格式"X+Neg+Att"具有特殊的否定辖域及焦点特征,结论如下:

(A) 否定辖域的范围及非连续性

该类格式的否定辖域包括 X 和 Att,体现跨越否定词的非连续性特征。

(B) 载体被否定焦点化

根据辅重原则,载体 X 被赋予调核重音,为否定焦点所在。另外,根据源于焦点——预设关系的语境推导原则,载体 X 被指派为 Neg 的否定焦点。

(C) 羡余否定词具有准焦点标记功能

羡余否定词符合焦点化成分的特征,在句法上可省略,具有焦点标记特征,但在语义上并未完全虚化,体现焦点算子的特性,根据这一矛盾性结果,羡余否定词应为准焦点标记。这一特性源于以下因素:

Ⅰ. 与羡余否定式的特性相关:羡余否定词的语义羡余性是由羡余否定的羡余性所赋予的;

Ⅱ. 羡余否定词对焦点具有语义操作性:羡余否定式中去除否定词后句义表达取向相同,但焦点成分的语义是存在变化的,否定词对焦点具有语义操作性,符合焦点算子的特性;

Ⅲ. 焦点算子和焦点标记本身具有边界模糊性。

(D) Neg 对 X 的逆序非常态否定

有两方面因素：Ⅰ.源于 X 类程度量级与否定词搭配的语义形式扭曲性；Ⅱ.Neg 具有准附缀化倾向,在对 X 的语义否定与 $V_。$ 的核心吸附双重牵制下,Neg 从 X 前移位至 $V_。$ 前,但仍与 X 构成整体性搭配。该种否定词、辖域等构成机制的解释是"X(量级副词)＋Neg＋VP"类羡余否定格式的系统共性。

10.2　创新及不足之处

本书的创新之处表现为以下几方面：

(1) 羡余否定格式三要素的基本框架的确立

以往研究多将羡余否定格式看作各种零散格式的"大杂烩",格式之间相对独立,而本书则将羡余否定格式纳入系统框架中,确定了羡余否定的基本构式：①形式特征：以载体 X、否定标记 Neg 及附加成分 Att 为基本三要素,按 5 种线性顺序排列,且以"X＋Neg＋Att"为原型格式；②语义特征：肯否式构成等值的命题意义；③语用特征：传达特定的语用意图。

以往研究多集中关注否定标记 Neg,本书则凸显格式三要素的互动关系尤其是载体的重要地位。载体是承载羡余否定的相对固化的成分,可进入羡余否定格式系统的载体有以下几类：①主观模糊量类：即属于一定的量域范畴；②显性否定类：并具语法化特征(动词虚化为副词)；③断言性隐性否定类；④情态标记类：语义高度虚化。

羡余否定的生成机制与载体类别密切相关,载体与 Neg 的互动关系是形成肯否同义的关键,具体如下表。

表 46　载体类别与羡余否定生成机制的对应性

载体类别	格式	Neg 与载体 X 关系	羡余否定生成类别
主观模糊量	差点(没)VP、好(不)AP、难免(不)VP、(不要)太 AP、(不)一会儿 VP、(没)VP 前、VP 了(不)一会儿	Neg 调节 X 的量级，为主观量标记。	构式的添加及强化
显性否定	不由得(不)VP、无时无刻(不)VP、非 VP(不可)	X 与 Neg 构成双重否定，X 的语法化伴随 Neg 的前移及隐入。	否定标记的脱落及省略
断言性隐性否定	小心(别)VP、拒绝(不)VP、忍住(不)VP、责怪(不该)VP、阻拦(不让)VP	X 与 Neg 构成正反双意象结构，分别负载客观结果及主观意愿的消极意义。	平行格式及意义耦合
情态标记	看我(不)VP、别(不)是 VP、(不)得 VP	X 的主观情态色彩引致中介格式与含 Neg 的否定式的转化。	平行格式及意义耦合

（2）各层面系统性的解释和论证

本书紧扣共性的原则，首先横向探究了各类格式在各个层面的整体性特征，如格式构成要素、形式、句法界定、语义功能、语域类别、否定标记的隐现、格式的层级切分、否定辖域及焦点界定、生成机制等；其次，尝试从纵向上构拟上述各层面间的对应性，如层级切分模式、否定辖域焦点类型与生成机制间的两两对应关系，旨在为该类现象寻求系统性的理论解释和事实论证，从而建构羡余否定格式从形式到意义到生成机制的系统模型。

（3）静态研究与动态研究的结合及新语言理论的引入

以往研究多注重静态的角度，尤其是句法语义层面的分析，尽管也有研究者从生成及语用等角度进行分析,但多集中于个别格式,缺乏整体性与系统性,且所用理论单一化。本书采取静态与动态相结合的方式,采取"静态—动态—静态"的研究路线,即在对羡余否定格式的句法、语义、语域、形式受制等作静态分析的基础上,引入量域理论、主观化、语义压制、认知图式、凸显观、中介构式等理论,将 18 种羡余否定格式归为 3 类 4 种动态生成模式,其次又对照动态的形成机制,从层级切分、否定辖域、焦点等静态角度解释两者间的对应性,实现了从静态研究到动态分析,再以动态研究的结论印证静态研究,从而论证其系统对应性的目的。

(4)新的研究角度及问题探索

以往研究存在重复性研究较多,研究角度及结论缺乏新意等问题,本书尝试从一些新的角度对新的问题进行探索,如羡余否定格式 3 类 4 种动态生成模式的探索,即模式一——构式的添加及强化、模式二——否定标记的脱落及省略、模式三——平行格式及意义耦合(正反双意象图式和特殊语气情态的中介格式),以及每种模式与特定关联理论的联系。对以往被忽略的格式的分析,旨在全面而充分地解释该类现象,另有层级及否定辖域的分析等。

本书的研究也存在一些不足之处。

(1)研究的范围及对象

本书研究的 18 种羡余否定格式,仅限于目前所观察到的格式,羡余否定现象为开放性的系统,仍有一些格式还未涉及和关注。另外,本书的研究对象仅限于单句层面,对于涉及句间关系,以关联复句形式或语篇形式存在的格式,并未关注。

(2)分类的系统性

本书的分类层面有两种:一为形式层面,即按照三要素的位置关系的分类,旨在从形式角度对格式进行分析;二为生成模式角度,即按照生成机制的角度对其归类。这两种分类标准存在相对孤立、格式交叉的现象,还未找到可综合形式、语义、功能层面的精确的分类系统。

(3) 对某些现象的解释

限于本人的研究水平和时间,对某些羡余否定格式的解释还缺乏完善和充分的论证。

10.3　今后的研究方向

关于今后的研究方向,笔者拟从以下几方面加以说明。

羡余否定现象具有复杂性和多样性,在今后的研究中,除对更多的格式对象进行挖掘及建立更精确、完善的分类系统外,还有以下方面值得思考。

(1) 羡余否定现象的类型学考察

结合前人研究及相关语料发现,羡余否定现象不仅仅局限于汉语普通话,表现为以下几方面。

1) 其他语言中的同类现象

羡余是普遍的语言现象,而羡余否定是否是多种语言的共性,具有语言类型学特征,是有待考证的问题。目前,仅有沈家煊、王助等研究者发现在英语和法语中存在此类现象,而对其他语言中同类现象的考察,还是空白。

2) 方言中的同类现象

本书谈到的"(不要)太＋AP"格式即是一种方言色彩极浓的羡余否定格式,它发源于吴语,被吸收入普通话并日益流行。其他方言的语料中也存在类似现象。

由于篇幅和工作量等因素,笔者并未对羡余否定格式的类型学特征进行探究。在下一步的研究中,笔者将以语系、语种为横轴,各类羡余否定格式为纵轴,对多种语言中的此类现象做一番考证。重点计划对印欧语系、汉藏语系、阿尔泰语系和闪含语系进行考察,力求能发现一些规律和类型学特征。

另外,通过调查不同方言区各类羡余否定格式的使用情况,笔者可对肯定形式和否定形式在方言中的语义呈现进行考察,并与普通话中的这类现象相对照,揭示其相同及相异之处。笔者将重点分析两方面的问题:(A)不同方言区中不同羡余否定格式的对应用法;(B)不同方言区中羡余否定格式肯定形式与否定形式的使用调查。试图调查方言使用者对两种形式的接受度、偏向使用其中一种形式时的特定的语言环境。对方言中同类现象的调查,有助于考察羡余否定在各种方言中的发展情况,也可与普通话中相近格式做对照,对该类现象的历史来源有辅助性的考证作用。

(2)羡余否定的语境选择性

羡余否定作为一种语用策略,是交际者动态地顺应语境的结果,促使交际的顺利进行,反映了人们对话语的认知过程和话语本身与语境的关联性。如何通过分析各类羡余否定格式出现的语境,对羡余否定各类格式的语境选择性和语用功能的实现过程做出解释,是突破句子层面限制,尝试从语篇角度解读羡余否定现象的新视角。

总之,本书的研究仍处于初期尝试阶段,如何建立一个成熟、完善、多层面的羡余否定系统模型仍是笔者今后的研究目标所在。

参考文献

中文文献

［1］北京大学中文系现代汉语教研室：《现代汉语》(增订本)，北京：商务印书馆，2012年。

［2］蔡维天：《谈"只"与"连"的形式语义》，《中国语文》2004年第2期。

［3］曹婧一：《羡余否定的语用认知分析》，首都师范大学硕士学位论文，2007年。

［4］曹小云：《〈五代史平话〉中已有肯定式"好不"用例出现》，《中国语文》1996年第2期。

［5］曹秀玲：《"得"字的语法化和"得"字补语》，《延边大学学报(社会科学版)》2005年第3期。

［6］曹澂明：《〈肯定式"好不"产生的时代〉质疑》，《中国语文》1992年第1期。

［7］陈昌来：《现代汉语句子》，上海：华东师范大学出版社，2000年。

［8］陈振宇、朴珉秀：《话语标记"你看"、"我看"与现实情态》，

《语言科学》2006 年第 2 期。

[9] 戴耀晶:《试论现代汉语的否定范畴》,《语言教学与研究》2000 年第 3 期。

[10] 戴耀晶:《试说"冗余否定"》,《修辞学习》2004 年第 2 期。

[11] 戴昭铭:《弱化、促化、虚化和语法化——吴方言中一种重要的演变现象》,《汉语学报》2004 年第 2 期。

[12] 丁声树、吕叔湘、李荣等:《现代汉语语法讲话》,北京:商务印书馆,1961 年。

[13] 董为光:《语言认知心理对"差点儿 DJ"结构的影响》,《语言教学与研究》2001 年第 3 期。

[14] 董秀芳:《无标记焦点和有标记焦点的确定原则》,《汉语学习》2003 年第 1 期。

[15] 渡边丽玲:《"差一点"句的逻辑关系和语义结构》,《语言教学与研究》1994 年第 3 期。

[16] 范开泰、张亚军:《现代汉语语法分析》,上海:华东师范大学出版社,2000 年。

[17] 范群:《"给"的语法化考察及其在句子中的焦点标记功能》,山西大学硕士学位论文,2005 年。

[18] 范晓:《正确理解并处理静态和动态的关系——语法学方法论的原则之一》,《河南大学学报(社会科学版)》1988 年第 2 期。

[19] 范晓、张豫峰:《语法理论纲要》,上海:上海译文出版社,2003 年。

[20] 范振强:《"不由得"的语法化和主观化》,《重庆理工大学学报(社会科学)》2011 年第 11 期。

[21] 方光焘:《方光焘语言学论文集》,北京:商务印书馆,1997年。

[22] 方梅:《汉语对比焦点的句法表现手段》,《中国语文》1995年第4期。

[23] 冯江鸿:《反问句的语用研究》,上海:上海财经大学出版社,2004年。

[24] 冯胜利:《汉语的韵律、词法与句法》,北京:北京大学出版社,1997年。

[25] 冯胜利:《论语体的机制及其语法属性》,《中国语文》2010年第5期。

[26] 冯志伟:《现代语言学流派(修订本)》,西安:陕西人民出版社,1999年。

[27] 傅惠钧:《命题否定与情态否定:明清汉语是非诘问句类型探讨》,《汉语学报》2009年第3期。

[28] 高明乐:《试谈汉语"都"的定义问题》,《语言教学与研究》2002年第3期。

[29] 高增霞:《汉语担心-认识情态词"怕""看""别"的语法化》,《中国社会科学院研究生院学报》2003年第1期。

[30] 郭攀:《"非A不B"句型的出现及其发展》,《华中师范大学学报(人文社会科学版)》1999年第3期。

[31] 郭锐:《汉语动词的过程结构》,《中国语文》1993年第6期。

[32] 何金松:《肯定式"好不"产生的时代》,《中国语文》1990年第5期。

[33] 洪波、董正存:《"非X不可"格式的历史演化和语法化》,《中国语文》2004年第3期。

[34] 侯国金:《冗余否定的语用条件——以"差一点＋(没)V、小心＋(别)V"为例》,《语言教学与研究》2008年第5期。

[35] 胡德明:《否定疑问句形成反问的条件》,《宁夏大学学报(人文社会科学版)》2009年第6期。

[36] 胡丽珍、雷冬平:《论"除非"的功能及其句式演变》,《中南大学学报(社会科学版)》2007年第2期。

[37] 胡建华:《否定、焦点与辖域》,《中国语文》2007年第2期。

[38] 胡适:《胡适文选》第三卷,北京:商务印书馆,1922年。

[39] 华劭:《名词的指称、词义和句法功能》,《外语学刊》1995年第1期。

[40] 黄伯荣、廖序东:《现代汉语》,北京:高等教育出版社,1979年。

[41] 黄河:《常用副词共现时的顺序》,严家炎,袁行霈:《缀玉集》,北京:北京大学出版社,1990年。

[42] 黄盛璋:《否定与逻辑——否定词的习惯用法》,《语文学习》1954年第1期。

[43] 江蓝生:《概念叠加与构式整合——肯定否定不对称的解释》,《中国语文》2008年第6期。

[44] 蒋静忠、魏红华:《焦点敏感算子"才"和"就"后指的语义差异》,《语言研究》2010年第4期。

[45] 蒋平:《汉语"差一点＋(没)DJ"句式的再讨论》,《南昌大学学报(社会科学版)》1998年第2期。

[46] 蒋琪、金立鑫:《"再"与"还"重复义的比较研究》,《中国语文》1997年第3期。

[47] 蒋严、潘海华:《形式语义学引论》,北京:中国社会科学出版

社,1998年。

[48] 解惠全:《谈实词的虚化》,《语言研究论丛》编委会:《语言研究论丛》(第4辑),天津:南开大学出版社,1987年。

[49] 李晋霞:《"好"的语法化与主观性》,《世界汉语教学》2005年第1期。

[50] 李兰香:《话说"难免"》,《语文建设》2000年第7期。

[51] 李铁根:《"不"、"没(有)"的用法及其所受的时间制约》,《汉语学习》2003年第2期。

[52] 李小玲:《北京话里的"差点儿"句式》,《汉语学习》1986年第1期。

[53] 李彦凤:《"什么"的否定对象考察》,《广东海洋大学学报》2007年第2期。

[54] 李瑛:《"不"的否定意义》,《语言教学与研究》1992年第2期。

[55] 李宇凤:《也论测度疑问副词"莫"的来源》,《语言科学》2007年第5期。

[56] 李宇凤:《从语用回应视角看反问否定》,《语言科学》2010年第5期。

[57] 李宇明:《"一量＋否定"格式及有关强调的问题》,《华中师范大学学报(人文社会科学版)》1998年第5期。

[58] 李宇明:《汉语量范畴研究》,武汉:华中师范大学出版社,2000年。

[59] 李振中:《框式结构"非……不可"用于估测表达的历时考察》,《古汉语研究》2013年第2期。

[60] 李治平:《"难免"和"难免不"》,《长沙理工大学学报(社会科学版)》2010年第2期。

[61] 刘丹青、徐烈炯：《焦点与背景、话题及汉语"连"字句》，《中国语文》1998年第4期。

[62] 刘丹青、唐正大：《话题焦点敏感算子"可"的研究》，《世界汉语教学》2001年第3期。

[63] 刘丹青：《语法调查研究手册》，上海：上海教育出版社，2008年。

[64] 刘丹青：《汉语否定词形态句法类型的方言比较》，(日本)《中国语学》2005年第252期。

[65] 刘丽艳：《作为话语标记语的"不是"》，《语言教学与研究》2005年第6期。

[66] 刘丽萍：《先设、焦点和否定的辖域歧义》，北京语言文化大学硕士学位论文，2003年。

[67] 刘甜：《构式"没VP之前"的语用义探究》，《云南师范大学学报(对外汉语教学与研究版)》2011年第3期。

[68] 刘娅琼、陶红印：《汉语谈话中否定反问句的事理立场功能及类型》，《中国语文》2011年第2期。

[69] 刘月华、潘文娱、故韦华：《实用现代汉语语法》(增订本)，北京：商务印书馆，2001年。

[70] 卢鸿莉：《"VP之前""没VP之前"同一性与互补性浅谈》，《江汉大学学报(人文科学版)》2010年第3期。

[71] 鲁晓琨：《现代汉语基本助动词语义研究》，北京：中国社会科学出版社，2004年。

[72] 鲁晓琨：《焦点标记"来"》，《世界汉语教学》2006年第2期。

[73] 陆俭明：《句法语义接口问题》，《上海外国语大学学报》2006年第3期。

[74] 陆俭明:《构式语法理论的价值与局限》,《南京师范大学文学院学报》2008 年第 1 期。

[75] 罗红昌:《汉语单双音节选择与优选模式》,《语言科学》2009 年第 3 期。

[76] 吕叔湘:《中国文法要略》,北京:商务印书馆,1956 年、1982 年。

[77] 吕叔湘:《现代汉语单双音节问题初探》,《中国语文》1963 年第 1 期。

[78] 吕叔湘:《汉语语法分析问题》,北京:商务印书馆,1979 年。

[79] 吕叔湘:《现代汉语八百词》,北京:商务印书馆,1980 年。

[80] 吕叔湘:《疑问·否定·肯定》,《中国语文》1985 年第 4 期。

[81] 马宏程:《与全句功能范畴相关的语法标记的类型学考察——以全句否定标记为例》,华中师范大学博士学位论文,2009 年。

[82] 马黎明:《试论现代汉语中的"悖义"结构》,《齐齐哈尔大学学报(哲学社会科学版)》2000 年第 2 期。

[83] 马清华:《现代汉语的委婉否定格式》,《中国语文》1986 年第 6 期。

[84] 马庆株:《自主动词和非自主动词》,《中国语言学报》1988 年第 3 期。

[85] 毛修敬:《汉语里的对立格式》,《语言教学与研究》1985 年第 2 期。

[86] 孟庆章:《"好不"肯定式出现时间新证》,《中国语文》1996 年第 2 期。

[87] 倪建文:《"一……也不(没)"句式的分析》,《汉语学习》2001 年第 4 期。

[88] 聂莉娜：《反问的非零形答句》，《修辞学习》2001年第5期。

[89] 聂志平：《有关"得"字句的几个问题》，《辽宁师范大学学报（社会科学版）》1992年第3期。

[90] 潘建华：《每个句子都有焦点吗?》，《山西师大学报（社会科学版）》2000年第3期。

[91] 裴学海：《古书虚字集释》，北京：中华书局，1954年。

[92] 彭利贞：《论语义成分的溢出与隐入》，《语言科学》2004年第5期。

[93] 彭利贞：《情态动词受"没"外部否定现象考察》，《现代中国语研究》2005年第7期。

[94] 彭玉海：《语义学和语用学　深层与表层结构》，《外语教学》1998年第1期。

[95] 齐沪扬、连蜀：《动词性短语与动词的功能比较》，《上海师范大学学报（哲学社会科学版）》2000年第4期。

[96] 齐沪扬：《论现代汉语语气系统的建立》，《汉语学习》2002年第2期。

[97] 钱敏汝：《否定载体"不"的语义-语法考察》，《中国语文》1990年第1期。

[98] 钱乃荣：《上海话大词典》，上海：上海辞书出版社，2007年。

[99] 仇虹：《谈中日否定表达中的肯定式否定式同义现象》，《双语学习》2007年第7期。

[100] 裘荣棠：《"难免要犯错误"和"难免不犯错误"》，《语文学习》1980年第4期。

[101] 任鹰：《动词词义在结构中的游移与实现——兼议动宾结

构的语义关系问题》,《中国语文》2007 年第 5 期。

[102] 邵敬敏:《"非 X 不 Y"及其变式》,《中国语文天地》1988 年第 1 期。

[103] 邵敬敏:《"连 A 也/都 B"框式结构及其框式化特点》,《语言科学》2008 年第 4 期。

[104] 邵敬敏、黄燕旋:《"半 A 半 B"框式结构研究》,《陕西师范大学学报(哲学社会科学版)》2011 年第 2 期。

[105] 沈家煊:《"差不多"和"差点儿"》,《中国语文》1986 年第 6 期。

[106] 沈家煊:《"语用否定"考察》,《中国语文》1993 年第 5 期。

[107] 沈家煊:《"好不"不对称用法的语义和语用解释》,《中国语文》1994 年第 4 期。

[108] 沈家煊:《不对称和标记论》,南昌:江西教育出版社,1999 年。

[109] 沈开木:《"不"字的否定范围和否定中心的探索》,《中国语文》1984 年第 6 期。

[110] 申小龙:《汉语与中国文化》,上海:复旦大学出版社,2003 年。

[111] 石毓智:《对"差点儿"类羡余否定句式的分化》,《汉语学习》1993 年第 4 期。

[112] 石毓智:《肯定和否定的对称与不对称》,北京:北京语言文化大学出版社,2001 年。

[113] 石毓智:《论判断、焦点、强调与对比之关系——"是"的语法功能和使用条件》,《语言研究》2005 年第 4 期。

[114] 水行:《"一会儿"和"不一会儿"的同值域》,《世界汉语教

学》1987 年第 4 期。

[115] 孙汝建：《句子的否定和句子的局部否定》，《南通师范学院学报(哲学社会科学版)》2004 年第 2 期。

[116] 孙汝建：《肯定与肯定焦点》，《南京师范大学文学院学报》2004 年第 3 期。

[117] 索绪尔：《普通语言学教程》，北京：商务印书馆，1999 年。

[118] 谭永祥：《汉语修辞美学》，北京：北京语言学院出版社，1992 年。

[119] 田聪：《概念合成理论评述》，《首都师范大学学报(社会科学版)》2006 年第 S3 期。

[120] 王灿龙：《句法组合中单双音节选择的认知解释》，中国语文杂志社：《语法研究和探索(十一)》，北京：商务印书馆，2002 年。

[121] 王灿龙：《说"VP 之前"与"没(有)VP 之前"》，《中国语文》2004 年第 5 期。

[122] 王灿龙：《"非 VP 不可"句式中"不可"的隐现——兼谈"非"的虚化》，《中国语文》2008 年第 2 期。

[123] 王灿龙：《"连"字句的焦点与相关的语用问题》，中国社会科学院语言研究所，《中国语文》编辑部：《庆祝〈中国语文〉创刊 50 周年学术论文集》，北京：商务印书馆，2004 年。

[124] 王进文：《现代汉语羡余否定及其格式研究》，扬州大学硕士学位论文，2008 年。

[125] 王蕾：《肯定否定同义现象研究》，北京大学硕士学位论文，2006 年。

[126] 王力：《王力语言学论文集》，北京：商务印书馆，2000 年。

[127] 王曼:《现代汉语"无 A 无 B"格式研究》,华东师范大学硕士学位论文,2011 年。

[128] 王楠:《"无时无刻"与"无时无刻不"》,《中国语文》2010 年第 6 期。

[129] 王森:《东干话的语序》,《中国语文》2001 年第 3 期。

[130] 王希杰:《语法研究中的静态和动态》,《语言教学与研究》1993 年第 3 期。

[131] 王晓凌:《非现实性语义研究》,上海:学林出版社,2009 年。

[132] 王寅:《认知语言学的意义新观:体验性概念化——十三论语言体验性》,《解放军外国语学院学报》2008 年第 4 期。

[133] 王银:《助动词和语气副词"别"的功能、用法及其来源研究》,上海师范大学硕士学位论文,2008 年。

[134] 王志英:《羡余否定的格式及制约条件》,《阜阳师范学院学报(社会科学版)》2012 年第 1 期。

[135] 王助:《现代汉语和法语中否定赘词的比较研究》,《外语教学与研究》2006 年第 6 期。

[136] 温锁林、贺桂兰:《有关焦点问题的一些理论思考》,《语文研究》2006 年第 2 期。

[137] 吴福祥:《汉语语法化研究的当前课题》,《语言科学》2005 年第 2 期。

[138] 武惠华:《"不由得"和"不得不"的用法考察》,《汉语学习》2007 年第 2 期。

[139] 伍铁平:《读三本新出版的语言学概论教科书》,《中国语文》1983 年第 2 期。

[140] 席嘉:《"除"类连词及相关句式的历时考察》,《语言研究》2010年第1期。

[141] 肖治野:《试析副词"不由"的语法化》,《湛江师范学院学报》2007年第2期。

[142] 徐杰、李英哲:《焦点和两个非线性语法范畴:"否定""疑问"》,《中国语文》1993年第2期。

[143] 徐杰:《普遍语法原则与汉语语法现象》,北京:北京大学出版社,2001年。

[144] 徐烈炯:《焦点的不同概念及其在汉语中的表现形式》,《现代中国语研究》2001年第3期。

[145] 徐盛桓:《"否定范围"和"否定中心"的新探索》,《外语学刊》1983年第1期。

[146] 徐永生:《"VP之前"与"没(有)VP之前"区别特征分析》,《十堰职业技术学院学报》2008年第2期。

[147] 玄玥:《描述性状中结构作谓语的自然焦点》,《世界汉语教学》2007年第3期。

[148] 杨静夷:《"差一点(没)"句式新说》,《沧州师范专科学校学报》2004年第4期。

[149] 杨凯荣:《"量词重叠+(都)+VP"的句式语义及其动因》,《世界汉语教学》2003年第4期。

[150] 杨树达:《词诠》,上海:商务印书馆,1928年。

[151] 杨子、王雪明:《"好不AP"的构式新解——兼谈词汇压制下的构式稳定性》,《外语与外语教学》2013年第4期。

[152] 叶建军:《疑问副词"莫非"的来源及其演化——兼论"莫"等疑问副词的来源》,《语言科学》2007年第3期。

[153] 殷树林:《说话语标记"不是"》,《汉语学习》2011年第1期。

[154] 尹洪波:《否定词与副词共现的句法语义研究》,中国社会科学院研究生院博士学位论文,2008年。

[155] 余康发、陈烈:《绝对冗余和相对冗余》,《景德镇高专学报》2006年第3期。

[156] 于娜:《"不免"和"难免"的句法语义分析》,《漯河职业技术学院学报》2007年第4期。

[157] 袁宾:《近代汉语"好不"考》,《中国语文》1984年第3期。

[158] 袁宾:《"好不"续考》,《中国语文》1987年第2期。

[159] 袁毓林:《论否定句的焦点、预设和辖域歧义》,《中国语文》2000年第2期。

[160] 袁毓林:《流水句中否定的辖域及其警示标志》,《世界汉语教学》2000年第3期。

[161] 袁毓林:《多项副词共现的语序原则及其认知解释》,北京大学汉语语言学研究中心《语言学论丛》编委会:《语言学论丛(第26辑)》,北京:商务印书馆,2002年。

[162] 袁毓林:《句子的焦点结构及其对语义解释的影响》,《当代语言学》2003年第4期。

[163] 袁毓林:《"都"的语义功能和关联方向新解》,《中国语文》2005年第2期。

[164] 袁毓林:《试析"连"字句的信息结构特点》,《语言科学》2006年第2期。

[165] 袁毓林:《动词内隐性否定的语义层次和溢出条件》,《中国语文》2012年第2期。

[166] 曾少波:《"没有VP之前"研究》,华南师范大学硕士学位论

文,2005 年。

[167] 张爱玲:《"不要太……"冗余否定成分分析》,《语文学刊》2006 年第 6 期。

[168] 张斌:《现代汉语虚词词典》,北京:商务印书馆,2006 年。

[169] 张伯江:《疑问句功能琐议》,《中国语文》1997 年第 2 期。

[170] 张东华:《"差点儿+没+VP"格式辨析》,《柳州职业技术学院学报》2004 年第 2 期。

[171] 张发明:《"一会儿"和"不一会儿"》,《汉语学习》1984 年第 6 期。

[172] 张国宪:《现代汉语形容词功能与认知研究》,北京:商务印书馆,2006 年。

[173] 张海涛:《"好不 X"格式发展演变初探》,《焦作师范高等专科学校学报》2008 年第 4 期。

[174] 张明辉、王虎:《否定判断句否定辖域内的焦点指派规律》,《语文研究》2009 年第 1 期。

[175] 张全生:《现代汉语焦点结构研究》,南开大学博士学位论文,2009 年。

[176] 张新清:《从"不要太潇洒"说起》,《语文知识》2001 年第 2 期。

[177] 张谊生:《"非 X 不 Y"及其相关句式》,《徐州师范学院学报》1992 年第 2 期。

[178] 张文超:《浅析"没 VP 之前"》,《焦作大学学报》2010 年第 1 期。

[179] 张文兰:《"不由得"和"由不得"用法探析》,《绥化学院学报》2010 年第 4 期。

[180] 张谊生：《现代汉语副词探索》，上海：学林出版社，2004年。

[181] 张谊生：《试论主观量标记"没""不""好"》，《中国语文》2006年第2期。

[182] 张豫峰：《关于汉语句子焦点问题的两点思考》，《中州学刊》2006年第2期。

[183] 赵旻燕：《元语言否定的认知语用研究》，浙江大学博士学位论文，2010年。

[184] 赵万勋：《北京话里"差点儿"句式的调查与分析》，《北京社会科学》2009年第3期。

[185] 赵元任、田砥：《汉语结构各层次间形态与意义的脱节现象》，《国外语言学》1981年第1期。

[186] 郑娟曼、张先亮：《"责怪"式话语标记"你看你"》，《世界汉语教学》2009年第2期。

[187] 周一民：《北京话里的"差点儿没 VP"句式》，《语言教学与研究》2003年第6期。

[188] 朱德熙：《说"差一点"》，《中国语文》1959年第9期。

[189] 朱德熙：《汉语句法中的歧义现象》，《中国语文》1980年第2期。

[190] 朱德熙：《语法讲义》，北京：商务印书馆，1982年。

[191] 朱德熙：《语法答问》，北京：商务印书馆，1985年。

[192] 朱迪：《"差点没……"结构的考察研究》，黑龙江大学硕士学位论文，2010年。

[193] 宗守云：《焦点标记"数"及其语用功能》，《语言研究》2008年第2期。

[194] 邹立志:《"好不 A"诸现象的语义语用考察》,《世界汉语教学》2006 年第 3 期。

[195] 邹秋珍、胡伟:《"无 A 无 B"框架构式研究》,《广西社会科学》2012 年第 11 期。

外文文献

[1] Briton, L. & Traugott, E. C., *Lexicalization and Language Change*, Cambridge: Cambridge University Press, 2005.

[2] Brown, P. & Levinson, S., "Universals in language usage: politeness phenomena", In *Questions and Politeness: Strategies in Social Interation*, ed. by Goody, E., Cambridge: Cambridge University Press, 1978.

[3] Davidson, D., "The logical form of action sentences", In *The Logic of Decision and Action*, ed. by Nicholas Rescher, Pittsburgh: University of Pittsburgh Press, 1967.

[4] Finegan, E., "Subjectivity and subjectivisation: an introduction". In *Subjectivity and Subjectivisation: Linguistic Perspective*, ed. by Stein, D. & Wright, S., Cambridge: Cambridge University Press, 1995.

[5] Fauconnier, G., "Polarity and the scale principle", *Chicago Linguistic Society*, 1975(11).

[6] Fauconnier, G., *Mental Spaces: Aspects of Meaning*

Construction in Natural language, Cambridge MA: MIT Press, 1985.

[7] Fillmore, Charles J. , "The case for case", In *Universals in Linguistic Theory*, ed. by Bach, E. and Harms, R. T. , New York: Holt. Rinehart and Winston, 1968.

[8] Frank, J. , "You call that a rhetorical question? Forms and functions of rhetorical questions in conversation", *Journal of Pragmatics*, 1990(14).

[9] Goldberg, A. E. , *A Construction Grammar Approach to Argument Structure*, Chicago: The University of Chicago Press, 1995.

[10] Halliday, M. A. K. , *An Introduction to Functional Grammar*($2^{nd}ed.$), London: Arndd, 1994.

[11] Heim, I. R. , *The Semantics of Definite and Indefinite Noun Phrases*, Ph. D. Dissertations, UMass, Amherst, 1982.

[12] Heine, Bernd, Ulrike Claudi and Friederike Hunnemeyer, *Grammaticalization: A Conceptual Framework*, Chicago: University of Chicago Press, 1991.

[13] Hopper, P. J. & Traugott, E. C. , *Grammaticalization*, Cambridge: Cambridge University Press, 2003.

[14] Huang, C. T. James, "Wo pao de kuai and Chinese phrase structure", *Language*, 1988(64).

[15] Jackendoff, R. S. , *Semantic Interpretation in Generative Grammar*, Mass: The MIT Press, 1972.

[16] Jespersen, Otto. , *The Philosophy of Grammar*, London: George Allen & Unwin. Ltd. , 1924.

[17] Koopman, Hilda & Dominique Sportiche, "Variables and the bijection principle", *The linguistic Review*, 1982(2).

[18] Kuno, S. , *Functional Syntax: Anaphora, Discourse and Empathy*, Chicago: The University of Chicago Press, 1987.

[19] Langacker, R. W. , "Syntactic reanalysis", In *Mechanisms of Syntactic Change*. ed. by C. N. Li. , Austin: University of Texas Press, 1977.

[20] Langacker, R. W. , *Foundations of Cognitive Grammar* vol. Ⅰ & Ⅱ , ed. by the Board Of Trustees of the Leland Stanford Junior University, 1987/1991,北京:北京大学出版社(影印版),2004.

[21] Langacker, R. W. , "On the continuous debate about discreteness", *Cognitive Linguistics*, 2006(17).

[22] Lee, Po-lun Peppina & Pan, Haihua, "The Chinese negation marker bu and its association with focus", *Linguistics*, 2001(39).

[23] Lyons, J. , *Semantics*, Cambridge: Cambridge University Press, 1977.

[24] Partee, B. H. , "Topic, focus and quantification", In *Proceedings of Semantic and Linguistic Theory I.* , ed. by Moore, S. & Wyner, A. E. Ithaca, NY: Cornell University Press, 1991.

[25] Partee, B. H., "Focus, quantification and semantics-pragmatics issues", In *Focus: Linguistic, Cognitive, and Computational Perspectives*, ed. by Peter Bosch and Rob van der Sandt, Cambridge: Cambridge University Press, 1999.

[26] Quirk, R. & Greenbaum, S. & Leech, G. & Svartvik, J., *A Grammar of Contemporary English*, London: Longman, 1972.

[27] Rooth, M., *Association With Focus*, Ph. D. Dissertations, UMass, Amherst, 1985.

[28] Sacks, H., Schegloff, E. A. & Jefferson, G., "A Simplest Systematics for the organization of turntaking for conversation", In *Language*, 1974(50).

[29] Talmy, L., *Toward a Cognitive Semantics*, Cambridge: The MIT Press, 2000.

[30] Trask, R. L., *Historical Linguistics*, Edward Arnold (Publishers)Ltd., 1996. 由外语教学与研究出版社 2000 年引进。

[31] Ungerer, F. & Schmid, H. J., *An Introduction to Cognitive Linguistics*, Beijing: Foreign Language Teaching and Research Press, 2001.

[32] Vendler, Z., *Linguistics in Philosophy*, New York: Cornell University Press, 1967.

[33] Verschueren, J., *Pragmatics as a Theory of Linguistic Adaptation*, Antwerp: International Pragmatics Association,

1987.

[34] Wang, S. Y. William, "Two aspect markers in mandarin", *Language*, 1965(3).

[35] Zipf, G. K., *Human Behavior and the Principle of Least Effort: An Introduction to Human Ecology*, Cambridge, Mass: Addison-Wesley Press, NC., 1949.

图书在版编目(CIP)数据

现代汉语羡余否定格式研究/王蕾著. —上海：复旦大学出版社,2020.9
ISBN 978-7-309-14928-9

Ⅰ.①现… Ⅱ.①王… Ⅲ.①现代汉语-否定(语法)-研究 Ⅳ.①H146.3

中国版本图书馆 CIP 数据核字(2020)第 040302 号

现代汉语羡余否定格式研究
王 蕾 著
责任编辑/谷 雨

复旦大学出版社有限公司出版发行
上海市国权路 579 号　邮编：200433
网址：fupnet@fudanpress.com　http://www.fudanpress.com
门市零售：86-21-65102580　团体订购：86-21-65104505
外埠邮购：86-21-65642846　出版部电话：86-21-65642845
上海崇明裕安印刷厂

开本 890×1240　1/32　印张 14.25　字数 316 千
2020 年 9 月第 1 版第 1 次印刷

ISBN 978-7-309-14928-9/H·2976
定价：78.00 元

如有印装质量问题，请向复旦大学出版社有限公司出版部调换。
版权所有　侵权必究